Schriften des Betriebs-Beraters
Band 84

Arbeitszeitflexibilisierung 140 Unternehmen und ihre Modelle

unter Berücksichtigung des neuen
Arbeitszeitgesetzes und wichtiger Tarifverträge

von

Professor Dr. Karl Linnenkohl
Universität Gesamthochschule Kassel,

Dr. Hans-Jürgen Rauschenberg
Richter am Arbeitsgericht Suhl

3., neubearbeitete und erweiterte Auflage 1996

Verlag Recht und Wirtschaft GmbH
Heidelberg

1. Auflage 1992 · ISBN 3-8005-6897-7
2. Auflage 1993 · ISBN 3-8005-6897-7
3. Auflage 1996 · ISBN 3-8005-3023-6

Die Deutsche Bibliothek – CIP-Einheitsaufnahme

Linnenkohl, Karl:
Arbeitszeitflexibilisierung : 140 Unternehmen und ihre Modelle ; unter Berücksichtigung des neuen Arbeitszeitgesetzes und wichtiger Tarifverträge / von Karl Linnenkohl ; Hans-Jürgen Rauschenberg. – 3., neubearb. und erw. Aufl. – Heidelberg : Verl. Recht und Wirtschaft, 1996

(Schriften des Betriebs-Beraters ; Bd. 84)
Bis 2. Aufl. u.d.T.: Arbeitszeitflexibilisierung
ISBN 3-8005-3023-6

NE: Rauschenberg, Hans-Jürgen:; GT

ISBN 3-8005-3023-6

© 1996 Verlag Recht und Wirtschaft GmbH, Heidelberg

Das Werk einschließlich aller seiner Teile ist urheberrechlich geschützt. Jede Verwertung außerhalb der engen Grenzen des Urheberrechtsgesetzes ist ohne Zustimmung des Verlages unzulässig und strafbar. Das gilt insbesondere für Vervielfältigungen, Bearbeitungen, Übersetzungen, Mikroverfilmungen und die Einspeicherung und Verarbeitung in elektronischen Systemen.

Satz: Mitterweger Werksatz GmbH, 68723 Plankstadt b. Heidelberg

Druck und Verarbeitung: Wilhelm & Adam, Werbe- und Verlagsdruck GmbH, 63150 Heusenstamm

∞ Gedruckt auf säurefreiem, alterungsbeständigem Papier nach ANSI-Norm, hergestellt aus chlorfreiem Zellstoff (TCF).

Printed in Germany

Vorwort zur ersten Auflage

Die Verfasser haben mit dem Versuch, die Vielzahl der flexiblen Arbeitszeitmodelle auf 11 Grundmuster (Arbeitszeitformen) zu reduzieren, Neuland betreten. Sie hoffen, damit der betrieblichen Praxis einen Dienst zu erweisen. 140 Unternehmen mit ihren Arbeitszeitmodellen werden dargestellt. Unseren betrieblichen Interviewpartnern sei an dieser Stelle für die Bereitschaft zur Information gedankt. Von ihnen haben wir entscheidende Anregungen für unser Vorhaben erhalten. Für die Ermunterung zur Veröffentlichung unserer Ergebnisse danken wir auch Frau Felicitas Linnenkohl, Kassel. Herrn Dirk A. Reh gilt für seinen besonderen Einsatz bei der Erarbeitung des Manuskriptes der kollegiale Dank der Mitautoren. Die Untersuchungen „vor Ort" waren möglich, weil diese Teil eines Projektes darstellen, das von der Deutschen Forschungsgemeinschaft gefördert wird.

Frau Iris Tomiuk danken die Verfasser für die Mitarbeit bei der Textherstellung.

Die Verfasser wünschen sich, daß ihr Buch auf Interesse stoßen möge, getreu ihrem Motto, „ein Buch aus der Praxis für die Praxis" zu schaffen.

Kassel, im Januar 1992 *Die Verfasser*

Vorwort zur dritten Auflage

Die Nachfrage nach geeigneter Literatur zur Information und Unterstützung bei der Einführung und Gestaltung flexibler Arbeitszeit in der betrieblichen Praxis macht eine dritte Auflage erforderlich, nachdem die zweite, unveränderte Auflage vergriffen ist.

Nachdem die Arbeitszeitverkürzung in der Wirtschaft allgemein in Richtung auf die 35-Stunden-Woche voranschreitet, muß sich jetzt

Vorwort

auch der mittelständische Unternehmer fragen, wie er durch eine entsprechende Neugestaltung der Arbeitszeit die Kosten der Arbeitszeitverkürzung auffangen bzw. neutralisieren oder zumindest abmildern kann.

Das vorliegende Buch soll ihm hierbei eine Hilfe sein. Zu diesem Zweck sind die Arbeitszeitmodelle durch einige „Trendsetter", wie z. B. die Modelle von Mettler Toledo oder von der VAG, ergänzt worden. Außerdem ist der arbeitszeitrechtliche Entscheidungsrahmen unter Berücksichtung des seit 1. Juli 1994 geltenden Arbeitszeitgesetzes (ArbZG), das mit seinem Wortlaut im Anhang beigefügt ist, überarbeitet worden. Als Arbeitshilfe für den Praktiker sind die Anlagen um Gesetzestexte und Tarifverträge erweitert worden.

Die vollständige Überarbeitung der dritten Auflage lag in den Händen der Autoren Linnenkohl und Rauschenberg. Frau Dipl. Oek. Regina Schütz und Herrn Rechtsreferendar Bernd Stein danken wir für die Durchsicht und Korrektur der Druckfahnen sowie für die Einrichtung des Sachregisters.

Kassel, im Januar 1996 *Die Verfasser*

Inhaltsverzeichnis

Abkürzungsverzeichnis 13

Einleitung 15

A. Grundmuster: Die Teilzeitarbeit 27
    I. Definition 27
    II. Praktizierte Arbeitszeitmodelle 27
    III. Rechtlicher Entscheidungsrahmen 40
        1. Gesetzliche Grundlagen 40
        2. Kollektivvertragliche Grundlagen 40
        3. Individualrechtliche Grundlagen 41
    IV. Bewertung 41

B. Grundmuster: Die Überarbeit/Mehrarbeit 42
    I. Definition 42
    II. Praktizierte Arbeitszeitmodelle 42
    III. Rechtlicher Entscheidungsrahmen 46
        1. Gesetzliche Grundlagen 46
        2. Kollektivvertragliche Grundlagen 47
        3. Individualrechtliche Grundlagen 47
    IV. Bewertung 48
        1. Flexibilisierungspotential 48
        2. Vor- und Nachteile 48
            a) Arbeitgeber-Sicht 48
            b) Arbeitnehmer-Sicht 48
        3. Ausblick 48

C. Grundmuster: Die Schichtarbeit (i. V. m. Flexi 2 und 1) 49
    I. Definition 49
    II. Praktizierte Arbeitszeitmodelle 49
    III. Rechtlicher Entscheidungsrahmen 70
        1. Gesetzliche Grundlagen 70
        2. Kollektivvertragliche Grundlagen 71

Inhaltsverzeichnis

     3. Individualrechtliche Grundlagen 72
     4. Rechtliche Besonderheiten der Schichtarbeit bei
        der Kombination mit anderen Arbeitszeitformen..... 72
  IV. Bewertung 72
     1. Flexibilisierungspotential 72
     2. Vor- und Nachteile 73
        a) Arbeitgeber-Sicht 73
        b) Arbeitnehmer-Sicht.................... 74
     3. Ausblick 74

D. Grundmuster: Die Freischicht.................... 75
  I. Definition 75
  II. Praktizierte Arbeitszeitmodelle 75
  III. Rechtlicher Entscheidungsrahmen 87
     1. Gesetzliche Grundlagen 87
     2. Kollektivvertragliche Grundlagen.............. 88
     3. Individualrechtliche Grundlagen 88
  IV. Bewertung 89
     1. Flexibilisierungspotential 89
     2. Vor- und Nachteile 90
        a) Arbeitgeber-Sicht 90
        b) Arbeitnehmer-Sicht.................... 90
     3. Ausblick 90

E. Grundmuster: Die Gleitzeit (einfache) 92
  I. Definition 92
  II. Praktizierte Arbeitszeitmodelle 92
  III. Rechtlicher Entscheidungsrahmen 94
     1. Gesetzliche Grundlagen 94
     2. Kollektivvertragliche Grundlagen.............. 94
     3. Individualrechtliche Grundlagen 95
  IV. Bewertung 95
     1. Flexibilisierungspotential 95
     2. Vor- und Nachteile 95
        a) Arbeitgeber-Sicht 95
        b) Arbeitnehmer-Sicht.................... 95
     3. Ausblick 95

F. Grundmuster: Die flexible Altersgrenze und der gleitende Übergang in den Ruhestand 96
    I. Definition 96
    II. Praktizierte Arbeitszeitmodelle 96
    III. Rechtlicher Entscheidungsrahmen 99
        1. Gesetzliche Grundlagen 99
        2. Kollektivvertragliche Grundlagen 99
        3. Individualrechtliche Grundlagen 100
    IV. Bewertung 100
        1. Flexibilisierungspotential 100
        2. Vor- und Nachteile 101
            a) Arbeitgeber-Sicht 101
            b) Arbeitnehmer-Sicht.................... 101
        3. Ausblick 101

G. Grundmuster: Die Gleitzeit (qualifizierte) 102
    I. Definition 102
    II. Praktizierte Arbeitszeitmodelle 102
    III. Rechtlicher Entscheidungsrahmen 117
        1. Gesetzliche Grundlagen 117
        2. Kollektivvertragliche Grundlagen 117
        3. Individualrechtliche Grundlagen 118
    IV. Bewertung 118
        1. Flexibilisierungspotential 118
        2. Vor- und Nachteile 119
            a) Arbeitgeber-Sicht 119
            b) Arbeitnehmer-Sicht.................... 119
        3. Ausblick 120

H. Grundmuster: Die Anpassung der Arbeitszeit an den Arbeitsanfall (kapazitätsorientierte variable Arbeitszeit – KAPOVAZ) 121
    I. Definition 121
    II. Praktizierte Arbeitszeitmodelle 121

Inhaltsverzeichnis

    III. Rechtlicher Entscheidungsrahmen 123
        1. Gesetzliche Grundlagen 123
        2. Kollektivvertragliche Grundlagen 124
        3. Individualrechtliche Grundlagen 125
    IV. Bewertung 125
        1. Flexibilisierungspotential 125
        2. Vor- und Nachteile 126
           a) Arbeitgeber-Sicht 126
           b) Arbeitnehmer-Sicht..................... 126
        3. Ausblick 126

I. Grundmuster: Das Job Sharing (Arbeitsplatzteilung) 128
    I. Definition 128
        1. Job Sharing im engeren Sinne 128
        2. Job Pairing 129
        3. Job Splitting 129
        4. Split Level Sharing 129
    II. Praktizierte Arbeitszeitmodelle 130
    III. Rechtlicher Entscheidungsrahmen 133
        1. Gesetzliche Grundlagen 133
        2. Kollektivvertragliche Grundlagen 134
        3. Individualrechtliche Grundlagen 135
    IV. Bewertung 136
        1. Flexibilisierungspotential 136
        2. Vor- und Nachteile 136
           a) Arbeitgeber-Sicht 136
           b) Arbeitnehmer-Sicht..................... 136
        3. Ausblick 137

J. Grundmuster: Die „amorphe" Arbeitszeit 138
    I. Definition 138
    II. Praktizierte Arbeitszeitmodelle 138
    III. Rechtlicher Entscheidungsrahmen 144
        1. Gesetzliche Grundlagen 144
        2. Kollektivvertragliche Grundlagen 144
        3. Individualrechtliche Grundlagen 145

Inhaltsverzeichnis

    IV. Bewertung 146
        1. Flexibilisierungspotential 146
        2. Vor- und Nachteile 146
          a) Arbeitgeber-Sicht 146
          b) Arbeitnehmer-Sicht.................... 146
        3. Ausblick 146

K. Grundmuster: Die selbstbestimmte Arbeitszeit bei Trennung von Betriebs- und Arbeitsstätte 148
    I. Definition 148
    II. Praktizierte Arbeitszeitmodelle 149
    III. Rechtlicher Entscheidungsrahmen 150
        1. Gesetzliche Grundlagen................... 150
        2. Kollektivvertragliche Grundlagen............. 150
        3. Individualrechtliche Grundlagen 151
    IV. Bewertung 151
        1. Flexibilisierungspotential 151
        2. Vor- und Nachteile 152
          a) Arbeitgeber-Sicht 152
          b) Arbeitnehmer und arbeitnehmerähnliche Personen............................ 152
        3. Ausblick 152

Anhang: Checklisten für die Gestaltung von Betriebsvereinbarungen über die Einführung von Teilzeit, Freischichten, Gleitzeit und KAPOVAZ 153

        Arbeitszeitgesetz (ArbZG) einschließlich einer kurzen inhaltlichen Zusammenfassung 156

        Tarifvertragsgesetz (TVG) 176

        §§ 77, 87 Betriebsverfassungsgesetz (BetrVG)....... 181

        Tarifvereinbarung zwischen der Volkswagen AG und der Industriegewerkschaft Metall – Bezirksleitung Hannover vom 15. Dezember 1993............... 183

        Einzelne Tarifverträge 188
        1. MTV Metallindustrie Südbaden 188
        2. MTV Metall- und Elektroindustrie Berlin/ Brandenburg 192

Inhaltsverzeichnis

    3. MTV Chemische Industrie 201
    4. BRTV Baugewerbe 207
    5. MTV Groß- und Außenhandel NRW. 211
    6. BAT mit § 15 e BAT-O 214

Verzeichnis der Unternehmen 223

Zu den Autoren 227

Literaturverzeichnis 228

Sachregister 230

Abkürzungsverzeichnis

Abs.	Absatz
AFG	Arbeitsförderungsgesetz
AG	Aktiengesellschaft
AP	Arbeitsrechtliche Praxis
ArbZG	Arbeitszeitgesetz (Artikel 1 des ArbZRG)
ArbZRG	Gesetz zur Vereinheitlichung und Flexibilisierung des Arbeitszeitrechts (Arbeitszeitrechtsgesetz) vom 6. 6. 1994 (BGBl. I S. 1170)
ATG	Altersteilzeitgesetz
AuR	Arbeit und Recht
AV	Arbeitsvertrag
AZ	Arbeitszeitvolumen
AZO	Arbeitszeitordnung
BAT	Bundes-Angestelltentarifvertrag
BB	Betriebs-Berater
Bd.	Band
BDA	Bundesvereinigung der deutschen Arbeitgeberverbände
BeschFG	Beschäftigungsförderungsgesetz
BetrVG	Betriebsverfassungsgesetz
BGB	Bürgerliches Gesetzbuch
BRTV	Bundesrahmentarifvertrag
BT-Drucks.	Bundestags-Drucksache
BV	Betriebsvereinbarung
BZ	Bemessungszeitraum
bzw.	beziehungsweise
ca.	zirka
CAD	Computer Aided Design
DAG	Deutsche Angestelltengewerkschaft
d.h.	das heißt
DM	Deutsche Mark
Dt.	Deutsche
F.A.Z.	Frankfurter Allgemeine Zeitung
FP	Flexibilisierungspotential
Fußn.	Fußnote
GAZ	gleitende Arbeitszeit
GewO	Gewerbeordnung

Abkürzungsverzeichnis

GmbH	Gesellschaft mit beschränkter Haftung
HAG	Heimarbeitsgesetz
HAS	Handbuch für Arbeits- und Sozialrecht, Nomos Verlagsgesellschaft, Baden-Baden
i.d.R.	in der Regel
i.e.S.	im engeren Sinne
inkl.	inklusive
IRWAZ	Individuelle regelmäßige Wochenarbeitszeit
i.S.d.	im Sinne des
i.V.m.	in Verbindung mit
JASchG	Jugendarbeitsschutzgesetz
JAZ	Jahresarbeitszeit
KAPOVAZ	Kapazitätsorientierte variable Arbeitszeit
KG	Kommanditgesellschaft
KSchG	Kündigungsschutzgesetz
ISDN	Integrated Services Digital Network
Min.	Minuten
MTV	Manteltarifvertrag
NN	nomen nescio (Namen unbekannt)
Nr.	Nummer
NZA	Neue Zeitschrift für Arbeits- und Sozialrecht
p.a.	pro anno
rd.	rund
s.	siehe
sog.	sogenannt(e)
Std.	Stunden
TAZ	Tagesarbeitszeit
TV	Tarifvertrag
TVG	Tarifvertragsgesetz
TZ	Teilzeit
u.a.	und andere
U.S.A.	United States of America
usw.	und so weiter
v.	vom
VAG	Volkswagen AG
vgl.	vergleiche
WAZ	Wochenarbeitszeit
z.B.	zum Beispiel
z.Z.	zur Zeit

Einleitung

Das Neuartige, das uns die Arbeitszeitverkürzung der letzten Jahre gebracht hat, ist die „Arbeitszeitflexibilisierung", eine Option zu humaner und wirtschaftlicher Gestaltung der Arbeit. Jeder soziale Fortschritt muß finanzierbar bleiben, soll er nicht gegenteilige Folgen, also Kontraeffekte, auslösen. Dies gilt auch für die Arbeitszeitverkürzung. Nachdem für die Zeit ab 1. 10. 1995 in der Metallindustrie die 35-Stunden-Woche vereinbart worden ist, verliert die bloße Arbeitszeitverkürzung immer mehr die „Aura des sozialen Fortschrittes", zumal mit der 35-Stunden-Woche vorläufig ein Endpunkt in der Frage der Arbeitszeitverkürzung erreicht sein dürfte. Damit gewinnt die Flexibilisierung der Arbeitszeit als Chance zu weiterer Verbesserung der Arbeitsbedingungen sowie auch als Möglichkeit zum Abfedern der durch die Arbeitszeitverkürzung verursachten Kosten eine besondere Bedeutung.

Für die Frage der Neugestaltung der Arbeitszeit verkörpert der sogenannte „Leber-Kompromiß" in der Metallindustrie des Jahres 1984 einen „Wendepunkt", ein neues „Zeitalter". Der Leber-Kompromiß stellte das traditionelle „rigide Arbeitszeitregime" des 8-Stunden-Tages und der 40-Stunden-Woche in Frage und leistete einen Beitrag zur Gestaltung individueller (z. B. familienfreundlicher) Arbeitszeiten bei gleichzeitiger Arbeitszeitverkürzung sowie dem Versuch der Schaffung neuer Arbeitsplätze zum Abbau der Arbeitslosigkeit. Das „Zaubermittel" hierzu war das Angebot zur „Entkoppelung" von Arbeitszeit und Maschinenzeit, wie dies bereits von den Mehr-Schichtsystemen her bekannt ist. Hierfür sah der Leber-Kompromiß folgende Flexibilisierungsmodelle vor:

„Leber-Kompromiß" und Arbeitszeitflexibilisierung

1. Flexi 1-Modell (Arbeitgeber) oder „differenzierte Arbeitszeit" (IG-Metall):

Die individuelle regelmäßige Arbeitszeit der Arbeitnehmer konnte – aufgrund des Leber-Kompromisses – unterschiedlich zwischen 37 und 40 Stunden betragen, wobei im Durchschnitt des Betriebes 38,5 Stun-

Einleitung

den erreicht sein mußten. Bei weiterer Arbeitszeitverkürzung verringert sich jedoch die Untergrenze stetig, so daß sie bei der 35-Stunden-Woche (in der Metallindustrie ab 1.10.1995) mit 30 Wochenstunden im Teilzeitbereich liegen würde. In den Metalltarifabschlüssen 1989/90 ist daher die Alternative der einzelvertraglich zu vereinbarenden 40-Stunden-Woche für 13 bzw. 18 % der Belegschaft (teilweise einschließlich der AT- und leitenden Angestellten), das sog. „Göppinger"-Modell, vorgesehen und fortgeschrieben worden. Dadurch läßt sich die effektive betriebliche Arbeitszeit um bis zu einer Stunde erhöhen (vgl. Abb. 1: „Die (prozentual) begrenzte 40-Stunden-Woche). Damit ist „Flexi 1" praktisch hinfällig geworden.

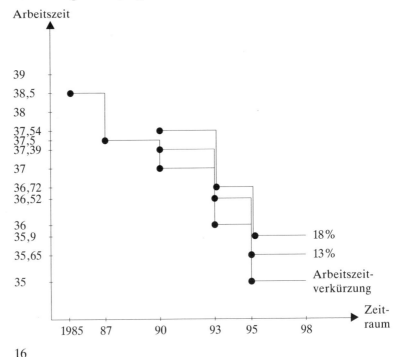

Abb. 1: Die (prozentual) begrenzte 40-Stunden-Woche

Einleitung

2. Flexi 2-Modell (Arbeitgeber) oder „Umverteilung" (Umschichtung) der Wochenarbeitszeit:

Die individuelle regelmäßige Wochenarbeitszeit kann regelmäßig auf die Werktage und Wochen umverteilt werden, wobei die individuelle regelmäßige Wochenarbeitszeit (IRWAZ) des jeweiligen Arbeitnehmers nach dem Flexi 2-Modell des Leber-Kompromisses im Durchschnitt von längstens zwei Monaten erreicht bzw. ausgeglichen sein mußte. Gemäß §3 Satz 2 ArbZG beträgt der gesetzlich zulässige Ausgleichszeitraum nunmehr 6 Kalendermonate oder 24 Wochen; in einem Tarifvertrag oder auf Grund eines Tarifvertrags in einer Betriebsvereinbarung kann die Festlegung eines anderen Ausgleichszeitraumes, z.B. auf der Basis einer Jahresarbeitszeit (JAZ), zugelassen werden (§7 Abs. 1 Nr. 1b) ArbZG). Ebenso wie „Flexi 1" (vgl. oben) ist damit auch „Flexi 2" praktisch hinfällig geworden.

3. Flexi 3-Modell oder „Freischichten-Regelung":

Die tatsächliche Wochenarbeitszeit kann weiterhin 40 Stunden betragen, und die Arbeitszeitverkürzung durch „freie Tage" bzw. Freischichten gewährt werden. Zur Frage der Anzahl der Freischichten im Verhältnis zur Dauer der Wochenarbeitszeit s. Abb. 2: „Freischicht (Flexi 3)", und zur Planung der individuellen Schichtpläne die Abb. 3: „BMW, Werk Regensburg", S. 18.

Abb. 2: Freischicht (Flexi 3)

WAZ	Erste Freischicht	Ausgleichszeitraum z. B. 1 Jahr
40 Stunden	0	0
38,5 Stunden	26	9
37 Stunden	13	18
36 Stunden	10	24
35 Stunden	8	30

Einleitung

Abb. 3: BMW, Werk Regensburg

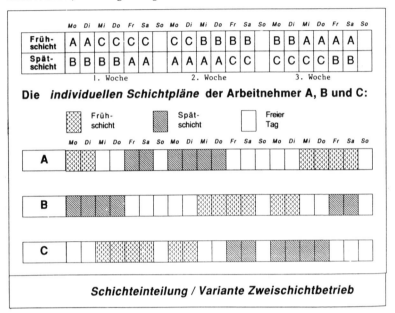

Anm.: zusätzlich 1 individuelle Ausgleichsschicht alle 4 Wochen pro Mitarbeiter (11 pro Jahr)
Einarbeitung der entfallenen Samstagsspätschicht an einem der schichtfreien Tage als Beispiel für versetzte Arbeitszeiten im Rahmen eines Zweischichtbetriebes (unabhängig von der Aktualität des Modelles).

Begriff und Potential der Arbeitszeitflexibilisierung

Zum besseren Verständnis der Diskussion um die Frage der Arbeitszeitflexibilisierung ist es dienlich, den „Begriff der Arbeitszeitflexibilisierung" zu definieren. Die Arbeitszeit als solche wird durch ihre zeitliche Lage sowie Dauer, den sogenannten chronometrischen sowie chronologischen Faktor, bestimmt. Ist mindestens einer dieser beiden Faktoren, also entweder die zeitliche Lage oder die Zeitdauer, permanent veränderbar, so liegt eine „flexible" Arbeitszeit vor, wobei die Veränderbarkeit einseitig durch Arbeitgeber oder Arbeitnehmer oder durch beide Seiten möglich sein muß. Bei der Arbeitszeitflexibilisierung han-

Abb. 4: Grundmuster (Arbeitszeitformen)

Arbeits-zeit	Beschränkt flexible Arbeitszeit	Flexible Arbeitszeit			Selbst-bestimmte Arbeitszeit
		Lage	Dauer	Lage + Dauer	
– Teilzeit (A.)	– Überarbeit/ Mehrarbeit (B.) – Schichtarbeit (i.V.m. Flexi 2 u. 1) (C.)	– Freischicht (Flexi 3) (D.) – Gleitzeit (einfache) (E.)	– Flexible Altersgrenze (F.)	– Gleitzeit (qualifizierte) (G.) – KAPOVAZ (H.) – Job Sharing (I.) – „Amorphe" Arbeitszeit (J.)	Bei Trennung von Betriebs- u. Arbeitsstätte – Heimarbeit – Telearbeit – Heimarbeitsplatz (K.)

delt es sich also um offene Systeme, die andauernde Gestaltungsmöglichkeiten beinhalten. Ein flexibles System für den Arbeitgeber stellt die „KAPOVAZ" (kapazitätsorientierte variable Arbeitszeit), für den Arbeitnehmer die Gleitzeit (GAZ) dar.

Darüber hinaus kann man „beschränkt flexible" Arbeitszeitmodelle unterscheiden, die zwar Flexibilisierungsoptionen enthalten, aber nicht permanent veränderbar sind. Das bedeutet, ist von der Option zur Abänderung Gebrauch gemacht worden, dann entfallen weitere Flexibilisierungsmöglichkeiten und das System „erstarrt" wieder, d. h. es bleibt fortan fixiert. Diese Art der Arbeitszeitmodelle kann man als „halboffene" Systeme bezeichnen. Beispiele: Über- und Mehrarbeit sowie Schichtarbeit (vgl. Abb. 4: „Grundmuster").

In quantitativer Hinsicht läßt sich feststellen, daß das „Flexibilisierungspotential" mit zunehmender Arbeitszeitverkürzung wächst. Um das quantitative Flexibilisierungspotential im Einzelfall festzustellen, ist von dem jeweiligen Bemessungszeitraum, der Tages- oder Wochen- oder Jahresarbeitszeit, auszugehen und hiervon die verkürzte Arbeitszeit abzuziehen, um das quantitative Flexibilisierungspotential zu ermitteln. Die Formel lautet: Bemessungszeitraum minus Arbeitszeit = Flexibilisierungspotential (vgl. Abb. 5: „Quantitatives Flexibilisierungspotential", S. 20).

Im Rahmen der Arbeitszeitdiskussion wird der Begriff der Arbeitszeitflexibilisierung vielfach nicht in einem technischen – als „terminus

Einleitung

Abb. 5: Quantitatives Flexibilisierungspotential (FP)

BZ	Stunden	AZ	FP
TAZ	8	6	2
WAZ	48	36	12
JAZ	2.496	1.872	624

AZ = Arbeitszeit
BZ = Bemessungszeitraum
JAZ = Jahresarbeitszeit
TAZ = Tagesarbeitszeit
WAZ = Wochenarbeitszeit

Formel: BZ − AZ = FP

technicus" –, sondern in einem umfassenderen Sinne verstanden. Insoweit werden hierunter alle neuen Formen der Arbeitszeit subsumiert, die von der traditionellen starren Arbeitszeit abweichen, wie beispielsweise die Teilzeit, obwohl diese keine flexible Arbeitszeit, wohl aber eine Alternative zur starren Vollzeit darstellt.

Denkt man – im Hinblick auf die geschichtliche Entwicklung der Flexibilisierung der Arbeitszeit – an „Überarbeit", d. h. Überstunden und Mehrarbeit mit tarifvertraglich vereinbartem Zuschlag, sowie an die „Schichtarbeit", so hat es schon seit Anbeginn der industriell organisierten Arbeit „flexible" Arbeitszeit gegeben. Auch der Arbeitszeitordnung des Jahres 1938 war bereits die „Umverteilung" der Arbeitszeit (§ 4 AZO) bekannt. Hierfür sind nunmehr die §§ 3 und 7 ArbZG maßgeblich.

1. Gleitzeit

Eine neuere Variante stellt die „Gleitzeit" (GAZ) dar, die Ende der 50er und zu Beginn der 60er Jahre vorwiegend für den Bürobereich aufkam. Bei der GAZ handelte es sich um einen Beitrag zur Steigerung der Attraktivität der Arbeitsbedingungen angesichts von Arbeitskräftemangel infolge „überhitzter" Konjunktur im Zeichen des beginnenden „Wirtschaftswunders" der Nachkriegszeit.

Bei der GAZ unterscheidet man die „einfache", bei der lediglich Beginn und Ende variabel sind, sowie die „qualifizierte", bei der außerdem die tägliche Arbeitszeitdauer unter Berücksichtigung einer meist mit Anwesenheitspflicht verbundenen Kernzeit variabel gestal-

Einleitung

Abb. 6: GAZ. Betriebliche Entwicklungsstufen

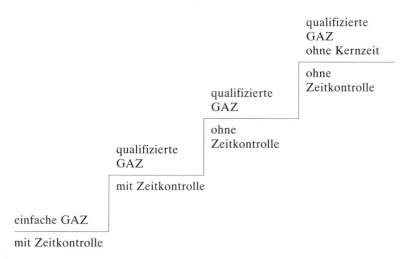

tet, auf andere Tage übertragen und innerhalb bestimmter Zeiträume ausgeglichen werden kann (vgl. Abb. 6: „GAZ").

2. Job Sharing

Etwa 20 Jahre später, Anfang der 80er Jahre, kommt – zunächst in der chemischen Industrie – die Diskussion um „Job Sharing" auf. Das Beschäftigungsförderungsgesetz spricht von „Arbeitsplatzteilung" (§ 5 Abs. 1 BeschFG). Sieht man von einigen Musterbeispielen, wie dem Konfektionshaus „Beck" in München ab, ist Job Sharing nicht verbreitet und nur auf Einzelfälle beschränkt. Arbeitsplatzteilung stellt an die Abstimmung der betroffenen Arbeitnehmer hohe Anforderungen; hinzu kommt, daß viele Unternehmen nach wie vor mit dem Angebot von Teilzeit zurückhaltend sind; im übrigen fürchten Betriebsräte und Gewerkschaften eine „Entsolidarisierung" der Arbeitnehmer.

3. KAPOVAZ

Bei der KAPOVAZ – das Beschäftigungsförderungsgesetz spricht von „Anpassung der Arbeitszeit an den Arbeitsanfall" (§ 4 BeschFG) – geht es um eine variable Gestaltung der Arbeitszeit, die ausschließlich

Einleitung

unternehmensorientiert ist. Sie ist die unternehmerische Reaktion auf eine schwankende oder unsichere Auftragslage, wie sie auch das Fahren von Sonderschichten darstellt.

4. Jahresarbeitszeit

Einen neuen Diskussionspunkt stellt die „Jahresarbeitszeit" (JAZ) dar, für die sich der Sachverständigenrat zur Begutachtung der gesamtwirtschaftlichen Entwicklung in seinem Jahresgutachten 1989/90 eingesetzt hat. Bei der Jahresarbeitszeit wird das höchstzulässige Arbeitszeitvolumen nicht auf Wochen- sondern auf Jahresbasis einzel- oder kollektivvertraglich festgelegt (vgl. § 7 Abs. 1 Nr. 1b; Abs. 3 Satz 1 ArbZG). Die Jahresarbeitszeit ist ein Beispiel für „amorphe" Arbeitszeit (s. unten 5.).

5. „Amorphe" Arbeitszeit

Die Jahresarbeitszeit kann man als „amorphe" Arbeitszeit bezeichnen, weil sie keine Struktur weder nach Lage noch nach Dauer aufweist; sie wird ausschließlich durch ihr Arbeitszeitvolumen, wie z.B. die Jahresarbeitszeit, also durch eine bestimmte Arbeitszeitmenge, definiert. Weitere Formen „amorpher" Arbeitszeit sind der variable Arbeitstag, die variable Arbeitswoche sowie das Sabbatical. Bei der „amorphen" Arbeitszeit sind Lage und Dauer der jeweiligen Arbeitszeit offen; sie können variabel gestaltet werden, so daß die „amorphe" Arbeitszeit eine flexible Arbeitszeitform darstellt.

6. Selbstbestimmte Arbeitszeit

Bei der selbstbestimmten Arbeitszeit, die bei Trennung von Betriebs- und Arbeitsstätte auftritt, relativiert sich die Bedeutung der Arbeitszeit noch weitergehend als bei der amorphen Arbeitszeit, weil der Beschäftigte die Arbeitsleistung zeitlich fast völlig autonom gestalten kann; das Arbeitszeitvolumen hat keine entscheidende Funktion mehr, die Flexibilisierung von Lage und Dauer der Arbeitszeit wird beliebig, weil das Arbeitsergebnis in den Vordergrund tritt (vgl. Abb. 7: „Grundmuster", S. 23).

Die aufgeführten Formen flexibler Arbeitszeit sind Grundmuster (Arbeitszeitformen), auf die sich alle übrigen Arbeitszeitmodelle zurückführen lassen; diese stellen nur „Variationen" eine dieser

Abb. 7: Bewertung der Grundmuster

Formen beschränkt flexibler und flexibler Arbeitszeit	Arbeitnehmerorientiert	Arbeitgeberorientiert aus der Sicht der Praxis	Neutral	Rechtliche Zulässigkeit
– Teilzeit	+			+ (TV, BV, AV)
– Überarbeit (Überstunden)		+		+ (TV, BV, AV)
– Mehrarbeit (aufgrund TV) u. Kurzarbeit)		+		+ (TV, BV, AV)
– Schichtarbeit		+		+ (ArbZG, TV, BV, AV)
– Umverteilung der Arbeitszeit	+	++		+ (ArbZG, TV, BV, AV)
– „Differenzierte" als „Göppinger"-Modell		+		+ (TV, BV)
– Freischicht	+	++		+ (TV, BV, AV)
– GAZ (einfache)	++	+		+ (ArbZG, TV, BV, AV)
– Flexible Altersgrenze	++			+ (TV, BV, AV)
– GAZ (qualifizierte)	++	+		+ (ArbZG, TV, BV, AV)
– KAPOVAZ		+		+ (BeschFG, TV, BV, AV)
– Job Sharing	+			+ (BeschFG, TV, BV, AV)
– „Amorphe" AZ (JAZ, Sabbatical)			+	+ (TV, BV, AV)

ArbZG = Arbeitszeitgesetz
AV = Arbeitsvertrag
AZO = Arbeitszeitordnung
BV = Betriebsvereinbarung
GAZ = Gleitende Arbeitszeit (Gleitzeit)
JAZ = Jahresarbeitszeit
TV = Tarifvertrag

Einleitung

Arbeitszeitformen dar. Sämtliche Arbeitszeitmodelle der über 140 untersuchten Unternehmen lassen sich auf 11 Grundmuster (einschließlich Teilzeit) zurückführen, wenn man von den einzelnen Variationen absieht, in denen die Besonderheiten der jeweiligen Praxis zum Ausdruck kommen (vgl. Abb. 7: „Grundmuster", S. 23).

Methodisches Vorgehen zur Flexibilisierung der betrieblichen Arbeitszeit

Abb. 8: Sechs-Phasen-Methode

1. **Analyse-Phase**
   Analyse des Ist-Zustandes (z. B. der Stand der Arbeitsorganisation)
   Ziele des Unternehmens bzw. Betriebes (Soll-Zustand)
2. **Orientierungs- und Such-Phase**
   (z. B. anhand der *Grundmuster*)
3. **Entscheidungs-Phase**
   Bewertung der *Grundmuster* auf dem Hintergrund der eigenen Unternehmensziele
   Entwicklung eines eigenen optimalen Flexibilisierungs-Modelles (*Grundmuster* + spezifische Varianten)
4. **Planungs-Phase**
   Maßnahmen zur Umsetzung des Flexibilisierungs-Modelles unter Berücksichtigung der Beteiligungsrechte des Betriebsrates als „Planungspartner"
5. **Implementierungs-Phase**
   Einführung des Flexibilisierungs-Modelles
6. **Evaluations-Phase**
   Überprüfung und Auswertung der Erfahrungen mit dem eingeführten Flexibilisierungs-Modell; gegebenenfalls Anbringung von Korrekturen!

Wie in dem vorstehenden Schaubild (Abb. 8) dargestellt, kann man die sechs Phasen methodisch u.a. als *Analyse-, Orientierungs-* und *Such-* sowie als *Entscheidungsphase* bezeichnen, in denen es um die Bewertung der Grundmuster auf dem Hintergrund der eigenen betrieblichen Ziele sowie um die Entwicklung eines eigenen optimalen Flexibilisierungsmodelles (Grundmuster plus spezifische Varianten) geht.

Hieran schließen sich die *Planungs-* sowie die *Implementierungsphase* an. Als Voraussetzung einer erfolgreichen betrieblichen Arbeitszeitflexibilisierung sollte der Implementierung ein umfassender Planungsprozeß vorausgehen. Empirische Untersuchungen im Rahmen eines von

Einleitung

mir durchgeführten DFG-Forschungsprojektes über das Problem der Arbeitszeitflexibilisierung haben gezeigt, daß gerade die rechtzeitige Beteiligung des Betriebsrates bei der Planung unabdingbare Voraussetzung für das spätere optimale Funktionieren flexibler Arbeitszeitmodelle im betrieblichen Alltag ist. Die frühzeitige Einbindung des Betriebsrates in den Planungsprozeß stellt also nicht nur eine „lästige" Pflicht des Arbeitgebers dar, sondern dient auch dessen eigenen Interessen. Wie bereits angemerkt, kann ein Arbeitszeitmodell nur dann optimal funktionieren, wenn die Arbeitnehmer es akzeptieren, sie also auch ihre Belange berücksichtigt wissen (Akzeptanzproblematik). Dies muß um so mehr gelten, als dem Betriebsrat *erhebliche Beteiligungsrechte* im Zusammenhang mit der Gestaltung der betrieblichen Arbeitszeit (§ 87 Abs. 1 Nr. 2 und 3 BetrVG) und dem Einsatz von Zeiterfassungssystemen als potentiellen technischen Überwachungseinrichtungen (§ 87 Abs. 1 Nr. 6 BetrVG) zustehen. Für eine optimale Gestaltung des Planungsprozesses empfiehlt sich z.B. die Bildung eines *Projektteams*, in das die beteiligten Interessen und der Sachverstand eingebunden sind.

In der Implementierungsphase geht es darum, die in der Planungsphase gewonnenen Erkenntnisse in ein tragfähiges und funktionierendes Konzept umzusetzen. Die beste Grundlage dafür bietet eine Betriebsvereinbarung über die Gleitzeit.

Die *Evaluations-Phase* dient vor allem der Überprüfung der bisherigen Erfahrungen mit dem eingeführten Arbeitszeitflexibilisierungsmodell, um gegebenenfalls Korrekturen anbringen zu können.

Aufbau des Buches

Die nachstehend aufgeführten Flexibilisierungsmodelle sind nach den zugrundeliegenden Grundmustern (Arbeitszeitformen) sowie der Branche geordnet und inhaltlich dargestellt. Sodann folgt, nachdem sämtliche zu einem Grundmuster gehörigen Flexibilisierungsmodelle aus den jeweiligen Branchen aufgeführt worden sind, die Darstellung des rechtlichen Entscheidungsrahmens. Hier geht es um das Aufzeigen der gesetzlichen sowie kollektivvertraglichen und individualrechtlichen Grundlagen, die bei Einführung und Anwendung der Arbeitszeitformen zu beachten sind, also um die Behandlung der Frage der rechtlichen Zulässigkeit.

Einleitung

Den Abschluß der Betrachtung bildet die Bewertung des jeweiligen Grundmusters im Hinblick auf das vorhandene Flexibilisierungspotential sowie unter Berücksichtigung der Interessenlage von Arbeitgeber und Arbeitnehmer (vgl. Abb. 7: „Bewertung der Grundmuster", S. 23).

Zur Benutzung des Buches

Zur Benutzung des Buches ist zu empfehlen, von dem gesuchten Grundmuster sowie der eigenen Branche, dem das Unternehmen angehört, auszugehen und sich sodann über die jeweilige Arbeitszeitform (Grundmuster), z. B. das Freischicht-Modell, anhand der aufgeführten betrieblichen Flexibilisierungsmodelle, zu orientieren.

Sämtliche aufgeführten Flexibilisierungsmodelle werden erfolgreich angewandt. Es handelt sich um insgesamt über 140 Beispielfälle, die eine breite Grundlage für die eigene Entscheidungsfindung liefern.

A. Grundmuster: Die Teilzeitarbeit

I. Definition

Teilzeitarbeit wird zwar oft als flexible Form der Arbeitszeitgestaltung bezeichnet. Dies ist jedoch nicht zutreffend. Bei der Teilzeitarbeit handelt es sich vielmehr um eine Arbeitszeitverkürzung ohne Lohnausgleich (siehe Einleitung). Allein aus der Tatsache, daß ein Arbeitnehmer teilzeitbeschäftigt ist, folgt weder, daß die Lage der Arbeitszeit noch deren Dauer einseitig veränderbar ist. Die Teilzeit ist daher grundsätzlich keine Form flexibler Arbeitszeitgestaltung. Gemäß § 2 Abs. 2 Satz 1 Beschäftigungsförderungsgesetz (BeschFG) sind Arbeitnehmer teilzeitbeschäftigt, wenn deren regelmäßige Wochenarbeitszeit kürzer ist als die regelmäßige Wochenarbeitszeit vergleichbarer vollzeitbeschäftigter Arbeitnehmer.

II. Praktizierte Arbeitszeitmodelle

Eisen-, Metall- und Elektroindustrie

Unternehmen	Arbeitszeitmodell (Kurzbeschreibung)
BMW, Regensburg	Teilzeit und Gleitzeitregelung: Dabei müssen die vertraglich festgelegte Sollarbeitszeit von mindestens 3 Stunden und die Vereinbarungen für eine eventuelle Partner-Teilzeit beachtet werden. Als Gleitzeitübertrag ist ein Guthaben bzw. Defizit von maximal 7,5 Stunden möglich[1].
Daimler-Benz-Konzern	Teilzeitarbeit und mehr „Zeitsouveränität".
Drägerwerk AG, Lübeck	Gleitzeitregelungen auch für Teilzeitkräfte. Für den Arbeitsanfang liegt die Gleitspanne zwischen 6.45–8.15 Uhr, für das Arbeitsende zwischen 15–17.45 Uhr. Kernzeit von 8.15–15 Uhr. Für die

1 Geregelt durch Betriebsvereinbarung.

A. Die Teilzeitarbeit

Eisen-, Metall- und Elektroindustrie (Forts.)

Unternehmen	Arbeitszeitmodell (Kurzbeschreibung)
	Teilzeitkräfte gelten 20 verschiedene Zeitarten mit einem Tages-Maximum von 10 Stunden und einem Wochen-Maximum von 45 Stunden. Gleitzeitübertrag in den Folgemonat bis zu 15 Stunden.
EMERSON ELECTRIC GmbH & Co., Waiblingen	Teilzeit als Ergänzung zur Vollzeitarbeit in Form einer Hausfrauenschicht (16–20 Uhr). Teilzeit-Schicht-Modell: 1. Schicht: 6–11.30 Uhr, 20 Minuten Pause. 2. Schicht: 11.30–17 Uhr, 20 Minuten Pause. 3. Schicht: 17–22.30 Uhr, 20 Minuten Pause. Die Schichtführer und Springer arbeiten in der üblichen Wechselschicht: 1. Schicht: 6–14.30 Uhr, 50 Minuten Pause. 2. Schicht: 14.20–22.30 Uhr, 50 Min. Pause.
Hewlett-Packard GmbH, Böblingen	Teilzeit
IBM, Stuttgart	Teilzeit
Klöckner Möller GmbH, Bonn	Teilzeitplätze (515, fast nur Frauen).
Landert-Motoren AG, Bülach bei Zürich	Teilzeit (freie Arbeitszeit-Wahl): Individuelle Regelung weniger als 10 Stunden und nicht mehr als 44 Stunden/Woche, d. h. es sind Wochenstunden zwischen 40 und 10 möglich: 39 Stunden/Woche bei 97,6 % des Einkommens. 35 Stunden/Woche bei 83,8 % des Einkommens. 30 Stunden/Woche bei 72,3 % des Einkommens.
Mannesmannröhren-Werke AG, Düsseldorf	Teilzeit: auf ein Jahr befristeter Vertrag auf der 20-Stunden-Wochen-Basis für Ausgebildete.
MTU Friedrichshafen GmbH	Teilzeit

Praktizierte Arbeitszeitmodelle

Eisen-, Metall- und Elektroindustrie (Forts.)

Unternehmen	Arbeitszeitmodell (Kurzbeschreibung)
RAFI GmbH & Co. in Berg bei Ravensburg	Teilzeit (4, 5 oder 6 Stunden/Tag) Vier-Tage-/Drei-Tage-Woche
Siemens AG, München	Teilzeit (in der Tendenz KAPOVAZ): In Mischformen, u. a. Kombination von Schichtarbeit und Teilzeit: – Normalschicht (ganztags mit ein- bis mehrtägigen Freizeitblöcken und halbtags)[2] und freitags früher Schluß. – Normalschicht (halbtags) mit Gleitzeit und Vario. – Dauerkurzschichten (früh, mittel, spät): – – Dauer-Frühschicht (5 Stunden). – – Dauer-Mittagsschicht (5 Stunden) von 13.00–18.10 Uhr. – – Dauer-Spätschicht (5 Stunden) von 15.45–21.00 Uhr (freitags bis 19.45 Uhr). – – Dauer-Spätschicht (6 bzw. 6,5 Stunden) von 16.40–23.00 Uhr. – Versetzte Spätschichten und Wochenend-/Feiertagsarbeit (Werkstudenten). Durchschnittliche IRWAZ (individuelle regelmäßige wöchentliche Arbeitszeit) von 18 Stunden. – Teilzeitregelungen zur Besetzung eines Vollarbeitsplatzes (zwei Mitarbeiter teilen sich im zeitlichen Wechsel einen Arbeitsplatz). – Individuelle Regelungen, insbesondere für Frauen, die auf Wunsch weniger als acht Stunden am Tag arbeiten können (z. B. 4 oder 6 Stunden/Tag). – Übergangsregelungen in den Ruhestand, d. h. in den letzten vier Jahren bis zur Pensionierung können 20 Stunden statt 40 Stunden/Woche gearbeitet werden (50 % arbeiten, 75 % verdienen)[3].

---

2 Problem ist hier der häufige Tätigkeitswechsel (sog. „Pufferfunktion").
3 Dies wird auch als 75er-Regelung bezeichnet.

A. Die Teilzeitarbeit

Eisen-, Metall- und Elektroindustrie (Forts.)

Unternehmen	Arbeitszeitmodell (Kurzbeschreibung)
Stahlunternehmen	Teilzeitarbeit von Berufsanfängern nach abgeschlossener Lehre.
Volkswagen AG, Wolfsburg	Teilzeit[4]: – Vier-Stunden-Modell (2 Arbeitnehmer teilen sich einen Arbeitsplatz); – Zwei-Tage-/Drei-Tage-Modell (2 Arbeitnehmer auf einem Arbeitsplatz, wobei ein Arbeitnehmer an zwei Tagen und 1 Arbeitnehmer an drei Tagen vollzeitbeschäftigt ist). – Modell für Alleinerziehende: Zwei Arbeitsplätze werden in drei Zeitintervalle aufgeteilt, wobei die Mittagsschicht starr ist.
C. A. Weidmüller GmbH & Co., Detmold	Teilzeit mit Rückkehrgarantie auf einen Vollzeitarbeitsplatz.

Chemieindustrie

Unternehmen	Arbeitszeitmodell (Kurzbeschreibung)
BASF AG	– Im „Ettenheimer Modell" arbeiten (überwiegend) Frauen in drei von ihnen selbst entworfenen Teilzeitschichten jeweils 31,8 Wochenstunden. – – Traditionelle Hauptformen sind die 5-Tage-Woche bei 4- bis 4,25-Stunden-Tag, die 4- oder 3-Tage-Woche mit 8-Stunden-Tag. – – Individuell ausgearbeitete BASF-Modelle: 1 Woche arbeiten, 1 Woche frei; 2 Wochentage jeweils 5 Stunden; 5 Wochentage jeweils 2,5 Stunden. – Daneben existieren noch Mischformen von verkürzter Tages- und Wochenarbeitszeit.

---

4 Abgeschlossener Tarifvertrag über Teilzeitarbeit.

Praktizierte Arbeitszeitmodelle

Chemieindustrie (Forts.)

Unternehmen	Arbeitszeitmodell (Kurzbeschreibung)
	– Teilzeitarbeit (32-Stunden-Woche) bei der Übernahme jugendlicher Ausgebildeter (Berufsanfänger) nach abgeschlossener Lehre[5]. – Altersfreizeit ab dem 58. Lebensjahr, wodurch man zunächst alle 14 Tage an den vier Stunden eines Nachmittags nicht zu arbeiten braucht. – Frühpensionierung ab 58. Lebensjahr (Alters-Teilzeit, auch gleitender Ruhestand). Bei zehnjähriger Betriebszugehörigkeit wird die Arbeitszeit auf 20 Stunden wöchentliche Arbeitszeit reduziert, im Durchschnitt von 4 bis 6 Wochen.
Bayer AG, Leverkusen	Teilzeit: Klassische 4 Stunden Halbtagsmuster am Vormittag (trifft auf 75 % der Mitarbeiter zu). 25 % der Mitarbeiter haben unterschiedliche Teilzeitmuster, wie z. B. 3- und 2-Tage-Wochen, 4-Tage-Wochen mit 4 und 7 Stunden pro Tag. – Zudem aufgeteilte Teilzeittätigkeit (sog. „Site Sharing") zwischen Büro- und häuslichem Arbeitsplatz für qualifizierte Arbeitsaufgaben (keine Heimarbeit).
B. Braun Melsungen AG	Im gewerblichen Bereich sind 52 % teilzeitbeschäftigt. Hier besteht für die Mitarbeiter die Möglichkeit, 90, 80, 70, 60 oder nur 50 % der Arbeitszeit eines Vollzeitbeschäftigten zu arbeiten. Im Angestelltenbereich gibt es acht Arbeitszeitvarianten: 1. 12 Std. 30 Min./Woche = 2 Std. 30 Min./Tag. Anteil = 32,05 % bezogen auf 39-Stunden-Woche. 2. 20 Std. 00 Min./Woche = 4 Std. 00 Min./Tag. Anteil = 51,28 % bezogen auf 39-Stunden-Woche.

---

[5] Durch eine 32-Stunden-Woche konnten 108 statt 80 ausgebildete Jugendliche (bei bisher 40 Wochenstunden) übernommen werden.

A. Die Teilzeitarbeit

Chemieindustrie (Forts.)

Unternehmen	Arbeitszeitmodell (Kurzbeschreibung)
	3. 22 Std. 30 Min./Woche = 4 Std. 30 Min./Tag. Anteil = 57,69 % 4. 25 Std. 00 Min./Woche = 5 Std. 00 Min./Tag. Anteil = 64,10 % 5. 27 Std. 30 Min./Woche = 5 Std. 30 Min./Tag. Anteil = 70,51 % 6. 30 Std. 00 Min./Woche = 6 Std. 00 Min./Tag. Anteil = 76,92 % 7. 32 Std. 30 Min./Woche = 6 Std. 30 Min./Tag. Anteil = 83,33 % Pause von 30 Min. (männlich + weiblich) 8. 35 Std. 00 Min./Woche = 7 Std. 00 Min./Tag. Anteil = 89,74 % Pause von 30 Min. (männlich + weiblich) Altersteilzeit bzw. Vorruhestandsregelung: Ältere Arbeitnehmer können von der 35-Stunden-Woche Gebrauch machen. „Hausfrauenschicht" (umfaßt 65 % des vom Beschäftigten geschuldeten Arbeitsvolumens). Arbeitnehmer arbeiten täglich 4 Stunden und jeden zweiten Samstag (voll).
Chemiebetrieb	Stufenweise Betriebszeiterweiterung auf Vollzeit-/Teilzeitbasis zwischen Ein- und Zweischichtbetrieb. Kombinierte Vollzeit-/Teilzeitsysteme mit zusätzlich einzustellenden Teilzeitkräften, deren wöchentliche Arbeitszeit 18 Stunden nicht unterschreiten sollte. Dadurch entsteht Wochenbetriebszeit von mind. 58 Wochenstunden im tageweisen oder durchgehenden Zwei-Schichtbetrieb ohne Einbeziehung des Samstags.
Chemieindustrie	Innovative Teilzeitarbeit (ohne tägliche Anwesenheitspflicht auf Wochen-, Monats- oder Jahresbasis (teilweise auch „Block-Freizeit" genannt). Wöchentlich alternierend 1. Woche Mo./Di. jeweils 8 Stunden, 2. Woche Mi./Do./Fr. jeweils 8 Stunden.

Praktizierte Arbeitszeitmodelle

Chemieindustrie (Forts.)

Unternehmen	Arbeitszeitmodell (Kurzbeschreibung)
Farbwerke Hoechst AG, Frankfurt	Teilzeitarbeit von Berufsanfängern nach abgeschlossener Lehre, d. h. auf ein Jahr befristeter 20-Stunden-Vertrag für die Übernahme von ausgebildeten Chemielaboranten.
E. Merck AG, Darmstadt	Zwei in Handwerksberufen Ausgelernte auf einem Vollzeitarbeitsplatz.
Pegulan-Werke AG, Frankenthal	Alters-Teilzeit (gleitender Ruhestand) als Angebot zur stunden-/tageweisen Reduktion der tariflichen Wochenarbeitszeit bei Erreichen eines bestimmten Lebensalters (über 60 Jahre) und bestimmter Betriebszugehörigkeit. Bei Zugehörigkeit von 10 Jahren kann man alternativ 2 Stunden pro Tag verkürzen bzw. 1 Tag pro Woche oder 1 Woche in 4 Wochen.
Schering AG, Berlin	Teilzeitarbeit: Modell I: Traditionelle TZ (täglich 4, 5, 6 Stunden). Modell II: Arbeitsplatzteilung (3 auf 2), d. h. drei Mitarbeiter teilen sich zwei Arbeitsplätze. Für zwei Mitarbeiter beträgt die wöchentliche Arbeitszeit je 30 Stunden, 20 Stunden wöchentliche Arbeitszeit bleiben für den dritten Arbeitnehmer bei einer 5-Tage-Woche. Modell III: Zwei Mitarbeiter arbeiten im wochenweisen Wechsel. In der ersten Woche beträgt die wöchentliche Arbeitszeit 40 Stunden, die zweite Woche ist dann jeweils frei. Modell IV: Teilzeit und Gleitzeit, d. h. Teilzeit kann auf einen ganzen Tag verlängert werden. Dabei sammeln sich dann Zeitguthaben an. Modell V: Frei bestimmbare Verkürzung der Arbeitswoche auf 3 oder 4 Tage.

A. Die Teilzeitarbeit

Chemieindustrie (Forts.)

Unternehmen	Arbeitszeitmodell (Kurzbeschreibung)
	Modell VI: Geringfügige Teilzeit, d. h. es werden weniger als 4 Stunden täglich und weniger als 20 Stunden in der Woche gearbeitet.

Handel

Unternehmen	Arbeitszeitmodell (Kurzbeschreibung)
Betten-Fachgeschäft Gebr. Barhorn, Emden	Teilzeitarbeit von Berufsanfängern nach abgeschlossener Lehre.
Bayerische Brauereien	Lebensarbeitszeit: 30-Stunden-Woche für Mitarbeiter ab 60 Jahre. 35-Stunden-Woche für Mitarbeiter ab 55 Jahre.
Großhandelsbetrieb	Teilzeit-/Vollzeitsysteme zum Ausgleich erheblicher Arbeitsanfallschwankungen.
Karstadt AG, Essen	Beschäftigte können bei Vertragsabschluß wählen, ob sie für ihre mindestens 20 Stunden/Woche an drei Tagen oder täglich nur vormittags, nachmittags oder abends an der Kasse stehen wollen.
Textilbetrieb	– 4 : 1-System bei sechstägiger Betriebswoche mit zwei Vollzeit- und zwei Teilzeitbelegschaften. Die wöchentliche Arbeitszeit der Vollzeitbelegschaft beträgt 40 Stunden und die der Teilzeitbelegschaft 32 Stunden.
	– 4 : 1-System mit drei Vollzeit- und einer Teilzeitbelegschaft bei 6-Tage-Betriebswoche[6]. Die Vollzeitbelegschaft arbeitet 40 Stunden/Woche und die Teilzeitbelegschaft 24 Stunden/Woche. Hierbei beginnt eine Vollzeitbelegschaft in der ersten, eine in der dritten und eine in der fünften Woche. Eine andere Möglichkeit ist, daß die Vollzeitbeleg-

---

6 Die Betriebszeit, die aus der Summe der Belegschafts-Arbeitszeiten besteht, beträgt 144 Stunden/Woche.

Praktizierte Arbeitszeitmodelle

Handel (Forts.)

Unternehmen	Arbeitszeitmodell (Kurzbeschreibung)
	schaften A, B, C 38 Wochenstunden und die Teilzeitbelegschaft D 30 Wochenstunden arbeiten. 6-Tage-Betriebswoche mit 2/3-Besetzung der Nachtschicht mit zwei Vollzeit- und zwei Teilzeitbelegschaften. Die Vollzeitbelegschaften arbeiten 40 Stunden/Woche, die Teilzeit- 24 Stunden/Woche.
Deutsche Unilever GmbH, Hamburg	Teilzeit in der Zeit von 6–10 Uhr, 10–14 Uhr, 14–18 Uhr und 18–22 Uhr. Hausfrauen-Teilzeitspätschicht in der Zeit von 17–23 Uhr.

Dienstleistungen (Banken usw.)

Unternehmen	Arbeitszeitmodell (Kurzbeschreibung)
Deutsche Bank, Frankfurt	– Teilzeit für Abteilungsdirektorin in der Zentrale. – Teilzeit – familienfreundliches Modell: Jeder Arbeitnehmer mit mindestens drei Jahren Betriebszugehörigkeit hat den Anspruch, während der Kinderbetreuung eine Teilzeitstelle anzutreten.
Bankgewerbe	Innovative Teilzeit, d. h. monatlich alternierend vor bzw. nach „ultimo" 25.–31. bzw. 1.–5. jeweils acht Stunden.
Bertelsmann Distribution GmbH, Gütersloh	– Teilzeitarbeitsverhältnisse: hier werden ständig Teilzeitkräfte mit 4,5 oder 6 Stunden täglich beschäftigt – Ebenso flexible Teilzeitkräfte auf der Basis 30, 75, 82, 85, 94, 103, 112, 131 oder 140 Stunden im Monat. Die Entlohnung erfolgt monatlich, selbst wenn in den einzelnen Monaten unterschiedliche Stundenaufkommen zu verzeichnen waren. Das Entgelt bleibt stetig als Monatszahlung und führt zu der im Jahresdurchschnitt tariflich

A. Die Teilzeitarbeit

Dienstleistungen (Banken usw.) (Forts.)

Unternehmen	Arbeitszeitmodell (Kurzbeschreibung)
	vorgeschriebenen Arbeitszeit. Zeitgutschriften erfolgen über ein Jahres-Zeitkonto. Zum Jahresende darf die Höhe der Stunden ± 15 Stunden betragen. Der Mitarbeiter kann zwischen 4 und 10 Arbeitsstunden täglich variieren[7]. – Teilzeit und Gleitzeit: Die Teilzeitkräfte nehmen an der gleitenden Arbeitszeit teil. Die Soll-Arbeitszeit beträgt täglich 7,4 Stunden (netto), für die Teilzeitkräfte ist sie anteilig verkürzt. Bei nicht ständig beschäftigten Teilzeitkräften wird der Einsatztag in Absprache mit ihnen und dem Vorgesetzten vereinbart.
BHW Bausparkasse AG, Hameln	Teilzeitarbeit (familienfreundlich): Bis zu 20 % der regelmäßig beschäftigten Arbeitnehmer können teilzeitbeschäftigt sein. Mitarbeiter mit Kindern unter 16 Jahren haben einen Anspruch auf Vormittagsbeschäftigung. Teilzeitbeschäftigte Arbeitnehmer haben einen Anspruch auf Förderungs-, Weiterbildungs- und Umschulungsmaßnahmen wie Vollzeitbeschäftigte. Eine versicherungsfreie Tätigkeit ist ausgeschlossen. Dem Wunsch eines Arbeitnehmers auf Rückwandlung in eine Vollzeitbeschäftigung ist Rechnung zu tragen[8].
Deutsche Bundesbahn	Teilzeitarbeit von Berufsanfängern nach abgeschlossener Lehre.
Hamburgische Elektrizitätswerke, Hamburg	Vorübergehende Teilzeitarbeit für Berufsanfänger nach abgeschlossener Lehre.

---

7 Dieses System ist seit 1985 für die gesamte Belegschaft realisiert.
8 Bsp. Tarifvereinbarung über die Wiedereinstellung von Arbeitnehmern, die nach der Geburt eines Kindes aus dem Arbeitsverhältnis ausscheiden. Hier ist eine halb- oder auch ganztägige Aufnahme der Kinder der Mitarbeiter in den Betriebskindergarten möglich.

Praktizierte Arbeitszeitmodelle

Dienstleistungen (Banken usw.) (Forts.)

Unternehmen	Arbeitszeitmodell (Kurzbeschreibung)
Interflex Datensysteme GmbH, Stuttgart	Teilzeit (auch Gleitzeit für Teilzeitbeschäftigte).
Städtisches Krankenhaus, Frankfurt-Höchst	Dienstzeitmodell (freie Schichtwahl): auch Teilzeitarbeit auf Dauer oder nur vorübergehend. Jede Pflegekraft hat die Wahl, in welcher der drei Schichten (Früh-, Spät-, Nachtschicht) sie arbeiten will. Ansonsten gilt Fünf-Tage-Woche mit 38,5 Stunden. Der Tagdienst liegt in der Zeit von 7.30–16 Uhr.
Nordelbisches Kirchenamt, Kiel	Teilzeit: 36 Pastoren-Ehepaare teilen sich jeweils eine Pfarrstelle.
Sender Freies Berlin (SFB)	Teilzeit: Im Halbjahresrhythmus kann man hier sein Geld verdienen.
Sparkasse	Teilzeit à la carte mit Job pairing.
Stadtverwaltung Bochum	Teilzeitarbeit von Berufsanfängern nach abgeschlossener Lehre.
VVA Vereinigte Verlagsauslieferung GmbH	Stetige Teilzeit, d. h. 4, 5 oder 6 Stunden/Tag. Unstetige Teilzeit, d. h. 32, 80, 100 oder 120 Stunden/Monat[9].

Sonstige

Unternehmen	Arbeitszeitmodell (Kurzbeschreibung)
Bahlsen KG, Hannover	Flexible Teilzeit (auch in Führungsetagen): Beispiel 1: Dienstag und Donnerstag ganztägig, d. h. 8–9 Tage pro Monat sind fix (Regelarbeitszeit). Außerdem wird eine Vereinbarung zur Arbeitsleistung an 11 Tagen im Monat getroffen.

---

9 Hierzu existiert eine Betriebsvereinbarung.

A. Die Teilzeitarbeit

Sonstige (Forts.)

Unternehmen	Arbeitszeitmodell (Kurzbeschreibung)
	Hierbei sind 2–3 Tage pro Monat variabel (sie können auch angesammelt werden) und nach Bedarf einsetzbar. Kontinuierliches Entgelt von 50,6 % des Vollzeitentgeltes. Beispiel 2: Tägliche Regelarbeitszeit ist fix, und zwar 4,5 Stunden in der Zeit von 8–12.30 Uhr (= 1.175 Stunden p. a.). Die vereinbarte Jahresarbeitszeit beträgt 1.450 Stunden, das sind 69,5 % Teilzeit/Entgelt. Im Rahmen der Differenz von 1.450 – 1.175 = 275 Stunden wird Bereitschaft zur zusätzlichen Arbeit bis 8 Stunden pro Tag vorausgesetzt. Beispiel 3: Mittwoch und Donnerstag (ganztags) fix, d. h. 8–9 Tage pro Monat. Es besteht Vereinbarung der Arbeitsleistung an 13 Tagen im Monat. Dabei können auch 4–5 Tage pro Monat angesammelt werden, sind aber nach Bedarf einsetzbar. Kontinuierliches Entgelt von 59,8 % des Vollzeitentgelts. Andere Varianten: 1 Woche arbeiten, 1 Woche frei plus 13 variable Arbeitstage im Jahr = ca. 55 % Teilzeit (d. h. 55 % des Vollzeitentgeltes). Oder 3 Tage arbeiten, 2 Tage pro Woche frei (z. B. Freitag und Montag) = verlängertes Wochenende mit ca. 60 % Teilzeit. Oder 2 Tage fest, 1 Tag variabel pro Woche (60 % Teilzeit). Oder 3 Tage fest, 26 Tage pro Jahr variabel (70 % Teilzeit). Oder 1 Woche pro Monat frei, mit Ansparmöglichkeit (77 % Teilzeit). Oder 39 Wochen arbeiten (9 Monate), 13 Wochen variabel frei (3 Monate) = 75 % Teilzeit. Oder quartalsweise unterschiedliche Arbeitszeiten, z. B. 1. Quartal 100 % Vollzeit, 2. Quartal Freizeit, 3. Quartal 60 % Teilzeit und 4. Quartal 40 % Teilzeit, ergibt im Jahresdurchschnitt ca. 50 % Teilzeit, wobei die Teilzeit-Quartale entsprechend den obigen Beispielen gestaltet sein können.

Praktizierte Arbeitszeitmodelle

Sonstige (Forts.)

Unternehmen	Arbeitszeitmodell (Kurzbeschreibung)
Büroartikel-hersteller	Integrierte Vollzeit-/Teilzeitsysteme. Täglich verkürzte Vollzeitarbeitszeiten in Verbindung mit einer neuen Arbeitszeitregelung für die Abendteilzeitarbeit[10].
Hessische-Niedersächsische Allgemeine (HNA), Kassel	Teilzeit in allen denkbaren Facetten (60–90 % gemessen an der Vollzeit). Jedoch nur Vereinbarungen mit mindestens 20 Stunden/Woche. Zwei- bis Drei-Tage-Modelle.
NN	Wochenteilzeit (Blockteilzeit), d. h. 20 bis 30 Stunden/Woche und mehrere freie Tage aufeinander sowie Zusatz- und Langzeiturlaub.
NN (Schweden)	Teilzeit (hier gilt alles bis zu 35 Stunden/Woche). Ab der 17. Arbeitsstunde ist man sozial- und arbeitsrechtlich den Vollzeitbeschäftigten gleichgestellt. Ab der 22. Arbeitsstunde erhält man eine Teilpension. Gleitender Übergang in den Ruhestand über einen Fünf-Jahres-Zeitraum.
NN	Teilzeit in den Formen: – Halbjahresarbeit; – flexibel zu gestaltende 20-Stunden-Woche; – Zwei- bis Drei-Tage-Woche; – individuell vereinbarte tägliche Stundenzahl.
NN	Teilzeit-integrierende Mehrschicht-Systeme, d. h. Aufteilung der täglichen/wöchentlichen Betriebszeit in Arbeitszeit-Module unterschiedlicher Gliederung (z. B. tagsüber, nachts, samstags, sonntags) und Länge (z. B. in 2er-Schritten zwischen 4 und 10 Stunden). Durch Aneinanderreihung entsteht die betriebliche (vollkontinuierliche) Schichtplanung[11].

10 Umsetzung der Arbeitszeitverkürzung bei gleichzeitiger Erweiterung der Betriebszeit.
11 Praxisbeispiele hierfür sind die rollierenden Arbeitszeit-Systeme mit ungleichmäßig verteilten Schichtwechselzeitpunkten und höherer Anzahl von Arbeitnehmern als Arbeitsplätzen (z. B. 5 Arbeitsplätze, 6 Arbeitnehmer).

A. Die Teilzeitarbeit

Sonstige (Forts.)

Unternehmen	Arbeitszeitmodell (Kurzbeschreibung)
NN	Flexible Pensionierung (gleitender Übergang in den Ruhestand und Abruf-Teilzeit).
Pieroth GmbH, Burg Layen	Innovative Teilzeit, d. h. monatlich alternierend vor bzw. nach „ultimo" in der Zeit vom 25.–31. und 1.–5. eines Monats bei täglich acht Stunden. Gleitender Übergang in den Ruhestand: Mitarbeiter ab dem 60. Lebensjahr arbeiten 35 Stunden/Woche (bei Vergütung für 37,5-Stunden-Woche). Mitarbeiter ab dem 63. Lebensjahr arbeiten 30 Stunden bei einer Vergütung für 35 Stunden/Woche. Mitarbeiter können mit 63 bzw. 65 Jahren in den Ruhestand treten und zusätzlich einen Arbeitsvertrag bis maximal 1.000 DM erhalten.
Pinsel- und Bürstenhersteller, Mittelfranken	Wochenteilzeitarbeit (Blockteilzeitarbeit), d. h. wählbar zwischen 20 und 39 Stunden mit entsprechenden Blockfreizeiten, also mehreren aufeinanderfolgenden freien Tagen.

III. Rechtlicher Entscheidungsrahmen

1. Gesetzliche Grundlagen

Spezifische Arbeitsschutzgesetze werden durch die Teilzeitarbeit nicht berührt, allerdings ist § 2 Abs. 1 BeschFG zu beachten, der eine unterschiedliche Behandlung gegenüber vollzeitbeschäftigten Arbeitnehmern untersagt.

2. Kollektivvertragliche Grundlagen

Vorstellbar ist, daß in einem Tarifvertrag eine gewisse Mindeststundenzahl für die Teilzeitbeschäftigung festgeschrieben wird, um eine geringfügige Beschäftigung auszuschließen. Hieran hat sich dann der tarifgebundene Arbeitgeber zu halten.

Auch unterliegt die Einführung der Teilzeitarbeit (das „Ob") nicht der Mitbestimmung des Betriebsrates. Hingegen besteht ein erzwingbares Mitbestimmungsrecht des Betriebsrates gemäß § 87 Abs. 1 Nr. 2 BetrVG bei generellen Regelungen über Lage und Verteilung der Arbeitszeit. Bei reinen Einzelmaßnahmen (z. B. lediglich ein Arbeitnehmer ist betroffen) ohne kollektiven Bezug ist kein Mitbestimmungsrecht gegeben.

3. Individualrechtliche Grundlagen

Maßgebend für die Einführung der Teilzeitarbeit ist somit meist die einzelvertragliche Vereinbarung zwischen Arbeitnehmer und Arbeitgeber.

IV. Bewertung

Wie bereits oben unter A. erwähnt, handelt es sich bei der Teilzeitarbeit nicht um eine flexible Arbeitszeitform. Ein besonderes Flexibilisierungspotential ist mit der Teilzeitarbeit aber dann verbunden, wenn sie mit anderen Arbeitszeitformen, wie z. B. der Gleitzeit, kombiniert wird. Auch bietet sich die Teilzeitarbeit als Ergänzung der Voll- oder Teilzeitarbeit an.

B. Grundmuster:
Die Überarbeit/Mehrarbeit

I. Definition

Mehrarbeit ist die über die gesetzliche Arbeitszeit, Überarbeit die über die regelmäßige betriebliche Arbeitszeit hinaus geleistete Arbeit.

In den Arbeitsschutzgesetzen ist geregelt, in welchem Umfang Mehrarbeit überhaupt zulässig ist. Die wichtigsten Bestimmungen zum Arbeitszeitschutz sind im ArbZG und im JArbSchG enthalten (vgl. auch *Bäck*, ArbZG).

Aus dem Inhalt des Arbeitsvertrages ergibt sich meist, in welchem Umfang der Arbeitnehmer zur Überarbeit verpflichtet ist. Davon zu unterscheiden ist die Frage, ob und in welchem Umfang Überarbeit (aber auch Mehrarbeit) zu vergüten ist. Im Gegensatz zur AZO (§ 15) enthält das ArbZG keine Regelung hinsichtlich einer Mehrarbeitsvergütung, so daß keine **gesetzliche** Grundlage für eine solche Vergütung (mehr) besteht. Sofern über die (vertraglich oder tariflich) geschuldete Arbeitszeit hinaus gearbeitet wird, sind Zuschläge deshalb nur dann zu zahlen, wenn im Arbeitsvertrag oder im Tarifvertrag (sofern dieser auf das Arbeitsverhältnis anzuwenden ist) dafür eine Rechtsgrundlage vorhanden ist (vgl. aber § 6 ArbZG).

II. Praktizierte Arbeitszeitmodelle

Eisen-, Metall- und Elektroindustrie

Unternehmen	Arbeitszeitmodell (Kurzbeschreibung)
Alfa Romeo, Mailand	Überstunden maximal 150 Stunden pro Jahr und Beschäftigten. Ein Lohnzuschlag von 50 % wird gewährt.
Audi AG	Sonderschichten: generell bis zu 6 Sonderschichten und an 4 Samstagen außerplanmäßig.

Praktizierte Arbeitszeitmodelle

Eisen-, Metall- und Elektroindustrie (Forts.)

Unternehmen	Arbeitszeitmodell (Kurzbeschreibung)
Drägerwerk AG, Lübeck	Mehrarbeit kann in Geld oder Freizeit abgegolten werden. Wird Mehrarbeit über Freizeit ausgeglichen, ist ein Zeitraum vom Anfall der Mehrarbeit bis zu 6 Monaten zum Ausgleich möglich. Sind im Mehrarbeitsspeicher Stunden angesammelt worden, so kann eine Entnahme bis zu 3 Tagen zusammenhängend erfolgen.
Ford UK Halewood, Liverpool	Samstags-Sonderschichten (müssen von Woche zu Woche mit Gewerkschaften abgestimmt werden). Überstunden (20 % im Jahr).
Hewlett-Packard GmbH, Böblingen	Zuschlagspflichtige Überstunden fallen an, wenn mehr als 40 Stunden gearbeitet wird. Zusätzlich zu den Tarif-Zulagen erhalten die Mitarbeiter pro fünf geleisteter Überstunden einen Bonus von einer Stunde. Diese Stunden werden dem persönlichen Zeitkonto gutgeschrieben oder wahlweise als Gehaltszuschlag ausgezahlt.
Krupp Polysius AG, Beckum	Mehrarbeit: genehmigte Mehrarbeit wird mit allen tariflichen Zuschlägen bezahlt.
Landert Motoren AG, Bülach	Wird pro Woche 1 Stunde mehr gearbeitet als 40 Wochenstunden (derzeit kann die Arbeitszeit laut schweizerischem Arbeitsgesetz noch 45 Wochenstunden betragen), erhält man 1 Ferienwoche pro Jahr. Werden 2 Stunden Mehrarbeit eingebracht, erhält man 2 zusätzliche Ferienwochen. Maximal werden aber 3 Stunden Mehrarbeit als Limit vorgegeben.
MAHO AG, Werk Emstal[11a]	Freiwillige Samstagsarbeit (Ausnahme: auch Sonntag). Mehrarbeit auf freiwilliger Basis mit zusätzlicher Entlohnung.
Metallbetrieb	Zuschlagspflichtige Mehrarbeit wird grundsätzlich durch Freizeit ausgeglichen.

11a wurde inzwischen aufgelöst.

B. Die Überarbeit/Mehrarbeit

Eisen-, Metall- und Elektroindustrie (Forts.)

Unternehmen	Arbeitszeitmodell (Kurzbeschreibung)
Computerhersteller NCR GmbH, Augsburg	Plus-Stunden werden wie Überstunden behandelt und mit Zuschlag vergütet. Nur die Zuschläge werden ausgezahlt. Die Stunden kommen auf ein Langzeitkonto. Bis zu 10 Stunden täglich und 50 Stunden/Woche. Allerdings darf im Durchschnitt mehrerer Monate die vorgeschriebene Arbeitszeit nicht überschritten werden (zu den Grenzen vgl. § 3 ArbZG).
Adam Opel AG, Rüsselsheim	Bis zu 10 Überstunden/Woche bzw. 20 Überstunden/Monat für die Dauer von 8 Wochen (in Form von Sonderschichten). Samstags-Sonderschichten (als zuschlagspflichtige Mehrarbeit von 33,33 bis 50 %). Außerdem wird eine Antrittsprämie von DM 15,– je Schicht gewährt (bei mindestens 6 Stunden Arbeitsleistung).
Ch. Schweizer und Söhne GmbH, Schramberg	Durch vier Mannschaften wird eine Betriebszeit von 134 Stunden/Woche erreicht. Jedes Team fährt im vierwöchigen Rhythmus 16 achtstündige Schichten und eine sechsstündige Schicht am Montag. Bei Störungen im Betriebsablauf und Krankheiten springen „Freischichtler" ein (wird dann als Überstunde bezahlt).
J. M. Voith GmbH, Heidenheim	Über Zeitkonten (Langzeitkonto) wird eine Hälfte der Überstunden verbucht, die andere samt den Zuschlägen für sämtliche Überarbeit ausgezahlt. Bei einer Zeitschuld bzw. -guthaben von 100 Stunden wird über Kurzarbeit bzw. über Neueinstellungen diskutiert.
Volkswagen AG, Wolfsburg	Überarbeitsvolumen beträgt 20 Stunden monatlich (maximal). Samstagsschichten nach Absprache mit dem Betriebsrat möglich. Überarbeit wird erst nach einer Arbeitszeit von 7 Stunden 24 Minuten im Viertel-Stunden-Rhythmus vergütet. Mehrarbeit ist auch über das Ende der Gleitzeitspanne hinaus möglich.

Praktizierte Arbeitszeitmodelle

Eisen-, Metall- und Elektroindustrie (Forts.)

Unternehmen	Arbeitszeitmodell (Kurzbeschreibung)
C. A. Weidmüller GmbH & Co., Detmold	Die Überstunden sind von der Gleitzeit zu trennen und werden gesondert bezahlt. Mehr geleistete Arbeit wird nur dann als Überarbeit vergütet, wenn diese angeordnet und genehmigt ist.

Chemieindustrie

Unternehmen	Arbeitszeitmodell (Kurzbeschreibung)
B. Braun Melsungen AG	Überstunden werden „gefahren". Seit Jahren ist es Usus, diese Stunden nicht zu vergüten, sondern über Freizeit auszugleichen. Insgesamt ist es aber das Ziel, Überstunden zu vermeiden.

Handel

Unternehmen	Arbeitszeitmodell (Kurzbeschreibung)
Bertelsmann AG, Gütersloh	Freizeitausgleich von Mehrarbeit, d. h. „Abfeiern" von Überstunden und/oder an Samstagen/Sonntagen/Feiertagen erbrachten Arbeitsleistungen.
Textilbetrieb	Überarbeit: Samstags-Spätschicht. Dadurch Aufstockung der Betriebszeit auf 144 Stunden/Woche.

Dienstleistungen (Banken usw.)

Unternehmen	Arbeitszeitmodell (Kurzbeschreibung)
Gustav und Grete Schickedanz Holding KG, Fürth	Überstunden: notwendige längere Arbeitszeit an besonders arbeitsintensiven Tagen wird durch eine entsprechende kürzere Arbeitszeit an anderen Tagen ausgeglichen.
Softwarehaus	Überstunden werden durch entsprechend bezahlte Freistellungen ausgeglichen.

B. Die Überarbeit/Mehrarbeit

Dienstleistungen (Banken usw.) (Forts.)

Unternehmen	Arbeitszeitmodell (Kurzbeschreibung)
Volksbank Bad Cannstatt	Überzeiten können in ganzen Tagen abgefeiert werden.

Sonstige

Unternehmen	Arbeitszeitmodell (Kurzbeschreibung)
Hasenkopf Kunststoffkonfektionierung, Mehring	Die durch Jahresarbeitszeitregelung (2002 Stunden pro Jahr, 52 Wochen, 38,5-Stunden-Woche, wöchentliche Arbeitszeit von 35 bis 45 Stunden) anfallenden Mehrstunden werden am Jahresende in das Folgejahr übertragen. Der Ausgleich erfolgt durch zusätzlichen Urlaub. Für jede zehnte geleistete Mehrstunde gibt es 2 Freistunden.
Pinsel- und Bürstenhersteller, Mittelfranken	Samstagsarbeit: Je nach Wunsch ein- bis zweimal pro Monat mit Freizeitausgleich (auch für Überstunden).

III. Rechtlicher Entscheidungsrahmen

1. Gesetzliche Grundlagen

Maßgebend für die rechtliche Zulässigkeit von Über- und Mehrarbeit ist nicht mehr die Arbeitszeitordnung (aus dem Jahre 1938), sondern das Arbeitszeitgesetz vom 6. Juni 1994. Nach den gesetzlichen Bestimmungen beträgt zwar die werktägliche Arbeitszeit grundsätzlich 8 Stunden. Die Arbeitszeit kann jedoch auf 10 Std. erhöht werden. Der Ausgleichszeitraum, in dem eine durchschnittliche Arbeitszeit von 8 Stunden erreicht werden muß, beträgt 6 Kalendermonate (bisher 1 Doppelwoche). Auf diese Weise kann über einen längeren Zeitraum bis zu 10 Stunden gearbeitet werden.

Darüber hinaus läßt § 7 ArbZG weitere Verlängerungen der Arbeitszeit zu, wenn Tarifverträge oder Betriebsvereinbarungen, die auf der

Rechtlicher Entscheidungsrahmen

Grundlage eines Tarifvertrages (Öffnungsklausel) geschlossen wurden, diesbezügliche Vorschriften vorsehen (siehe Anhang).

2. Kollektivvertragliche Grundlagen

Die Tarifpartner haben die Möglichkeit, im Tarifvertrag einen Rahmen oder eine Höchstgrenze für die Zahl der wöchentlich oder monatlich zu leistenden Überstunden festzuschreiben.

Gemäß § 87 Abs. 1 Nr. 3 BetrVG hat der Betriebsrat ein zwingendes Mitbestimmungsrecht bezüglich der vorübergehenden Verkürzung oder Verlängerung der betriebsüblichen Arbeitszeit. Allerdings besteht das Mitbestimmungsrecht des Betriebsrates nur dann, wenn von der Einführung der Überarbeit mehrere Arbeitnehmer (kollektiver Bezug) betroffen sind. Soll nur ein Arbeitnehmer Überarbeit leisten, so besteht kein Mitbestimmungsrecht des Betriebsrates. Der Betriebsrat und der Arbeitgeber können die Einführung der Überarbeit sowohl durch eine formlose Regelungsabsprache als auch durch eine Betriebsvereinbarung, die gemäß § 77 Abs. 2 Satz 1 BetrVG schriftlich niedergelegt werden muß, einführen. Der Vorteil der Betriebsvereinbarung ist darin zu sehen, daß sie gemäß § 77 Abs. 4 Satz 1 BetrVG gegenüber den Arbeitnehmern des Betriebes eine unmittelbare und zwingende einzelvertragliche Wirkung entfaltet und daher von den Arbeitnehmern zu beachten ist, ohne daß es einer zusätzlichen Abmachung bedarf, was bei einer bloßen Regelungsabsprache der Fall wäre.

3. Individualrechtliche Grundlagen

Grundsätzlich ist der Arbeitnehmer nur verpflichtet, die vertraglich vereinbarte Normalarbeitszeit zu erbringen. Soll er darüber hinaus zusätzliche Arbeit leisten, muß hierüber eine vertragliche Vereinbarung (schriftlich, mündlich oder durch schlüssiges Verhalten) getroffen werden. Kraft seines Direktionsrechtes kann der Arbeitgeber nur in Ausnahmesituationen (Notfällen) vom Arbeitnehmer verlangen, daß dieser aufgrund seiner Treuepflicht Überarbeit leistet.

Einer einzelvertraglichen Vereinbarung bedarf es dann nicht, wenn bereits eine Betriebsvereinbarung über die Einführung von Überarbeit abgeschlossen worden ist.

B. Die Überarbeit/Mehrarbeit

IV. Bewertung

1. Flexibilisierungspotential

Mit der Einführung der Überarbeit wird zugleich eine Option zur Veränderung der Arbeitszeitstruktur ausgeübt, wobei im Ergebnis die Arbeitszeit wieder erstarrt. Die Arbeitszeitform der Überarbeit ermöglicht somit nur eine **beschränkt** flexible Arbeitszeit. Durch die Verlängerung des Ausgleichszeitraums (§ 3 ArbZG) ist das „Flexibilisierungspotential" aber erheblich erweitert worden.

2. Vor- und Nachteile

a) Arbeitgeber-Sicht

Für den Arbeitgeber stellt die Überarbeit eine optimale Möglichkeit dar, kurzfristige personelle Engpässe, die durch Urlaub, Krankheit oder andere Abwesenheitszeiten der Arbeitnehmer entstehen, zu überbrücken, so daß sie insbesondere dazu dient, den Personalbestand des Betriebes auf einem möglichst niedrigen Niveau zu belassen. Allerdings kann die Option zur Einführung der Überarbeit, soweit ein kollektiver Bezug gegeben ist, nur im Zusammenwirken mit dem Betriebsrat erfolgen.

b) Arbeitnehmer-Sicht

Die Überarbeit bietet für den Arbeitnehmer den Vorteil, daß sich durch sie sein Lohn erhöht. Allerdings sind bei häufiger und umfangreicher Überarbeit die hieraus resultierenden potentiellen Gesundheitsgefahren zu beachten.

3. Ausblick

Auch für die Zukunft wird man davon ausgehen müssen, daß Überarbeit (Überstunden) weiterhin wegen der guten Reaktionsmöglichkeiten ihre betriebswirtschaftliche Bedeutung behält. Trotz gegenläufiger Initiativen der Gewerkschaften ist daher nicht damit zu rechnen, daß Überarbeit im großen Umfange abgebaut wird.

C. Grundmuster: Die Schichtarbeit

I. Definition

Unter Schichtarbeit soll hier die Aufteilung der betrieblichen Arbeitszeit in mehrere Zeitabschnitte mit versetzten Anfangszeiten bzw. unterschiedlicher Lage sowie unterschiedlicher Dauer verstanden werden. Die Schichtarbeit beinhaltet also die Gelegenheit, die Lage der Arbeitszeit (nicht aber deren Dauer) – meist nur einmalig – zu verändern, so daß insoweit eine Option zur Abwandlung der – hiernach wieder endgültig fixierten – Arbeitszeit besteht. Die Schichtarbeit als Arbeitszeitform wird überwiegend von größeren Betrieben bevorzugt, während sie in kleineren Unternehmen selten zur Anwendung kommt. Auch neigen Großbetriebe dazu, im Mehrschichtsystem (Früh-, Spät-, Nachtschicht) zu arbeiten, um so eine größere Ausnutzung der Maschinenlaufzeiten zu erreichen.

II. Praktizierte Arbeitszeitmodelle

Eisen-, Metall- und Elektroindustrie

Unternehmen	Arbeitszeitmodell (Kurzbeschreibung)
Alfa Romeo, Mailand	Ein-Schicht (Frühschicht 7.00 Uhr bei einer Schichtdauer von 8 Stunden und einer wöchentlichen Arbeitszeit von 40 Stunden). Bei einer Pause von täglich 0,5 Stunden beträgt die effektive wöchentliche Arbeitszeit 37,5 Stunden. Sonderschichten am Samstag.
BMW, Regensburg	Zwei-Schicht-Modell: Rollierende 4-Tage-Woche mit 9 Stunden/Tag bei 36 Stunden/Woche. Drei Arbeitnehmer kommen auf einen Arbeitsplatz (Früh-, Spät- und Freischicht). Die Arbeitnehmer müssen außerdem zwei von drei Samstagen (18 Stunden) arbeiten. Individuelle Schichtpläne (im Bereich der Qualitätssicherung).

C. Die Schichtarbeit (i.V.m. Flexi 2 und 1)

Eisen-, Metall- und Elektroindustrie (Forts.)

Unternehmen	Arbeitszeitmodell (Kurzbeschreibung)
Drägerwerk AG, Lübeck	Gleitzeitregelung auch im Schichtbetrieb.
EMERSON ELECTRIC GmbH & Co., Waiblingen	Bisher: Ein-Schicht-Betrieb mit fester wöchentlicher Arbeitszeit. Teilzeit-Schicht-Modell: 1. Schicht: 6–11.30 Uhr, 20 Minuten Pause. 2. Schicht: 11.30–17 Uhr, 20 Minuten Pause. 3. Schicht: 17–22.30 Uhr, 20 Minuten Pause. Die Schichtführer und Springer arbeiten in der üblichen Wechselschicht: 1. Schicht: 6–14.30 Uhr, 50 Minuten Pause. 2. Schicht: 14.20–22.30 Uhr, 50 Min. Pause.
Ford UK Halewood, Liverpool	– Zwei-Schicht-System bei einer wöchentlichen Arbeitszeit von 39 Stunden (nicht aber zwischen 20.30 Uhr abends und 7.30 Uhr morgens). – Drei-Schicht-System in Form der vollkontinuierlichen Produktion rund um die Uhr und auch an Wochenenden[12]. Samstags-Sonderschichten (müssen jedoch von Woche zu Woche mit Gewerkschaften abgestimmt werden).
General Motors Continental (GM), Antwerpen	Zwei-Schichten-Modell: Arbeitnehmer müssen maximal viermal pro Woche für je 10 Stunden bzw. in drei Wochen 11 Tage arbeiten. Bei 11 Tagen sind das 2 Wochen mit 4 Tagen und 1 Woche mit 3 Tagen. Jeder dritte Samstag muß durch eine Frühschicht abgedeckt werden. Hieraus ergibt sich eine wöchentliche Arbeitszeit von 36,4 Stunden = 170 Tage/Jahr, wobei aber 45 Stunden/Woche bezahlt werden. Die Frühschicht arbeitet von 5.30–15.30 Uhr und die Spätschicht von 15.30–2.30 Uhr. Während der 10 Stunden gibt es 50 Minuten Pause[13].

12 Dieses Drei-Schicht-System ist für die Zukunft geplant.
13 Hierüber wurde ein Tarifvertrag für die Zeit von 1988 bis 1992 abgeschlossen. Die Firma gewährt daneben ihren Arbeitnehmern 20 Tage Jahresurlaub. Ein solches Modell dürfte in Deutschland nicht zulässig sein, ohne daß die Tarifpartner bzw. Betriebspartner dafür die rechtliche Grundlage geschaffen haben.

Praktizierte Arbeitszeitmodelle

Eisen-, Metall- und Elektroindustrie (Forts.)

Unternehmen	Arbeitszeitmodell (Kurzbeschreibung)
Getriebehersteller	Stufenweise Betriebszeitenerweiterung zwischen Ein- und Zweischichtbetrieb. Durch die Besetzung von vier 1-Schicht-Arbeitsplätzen mit jeweils 5 Mitarbeitern ergeben sich folgende Betriebszeit-(Zwischen-)Stufen: 40 Std./45 Std./ 50 Std./60 Std./70 Std. pro Woche: – *40 Wochenstunden Betriebszeit (5:4-System):* Roulierendes Freizeitsystem. Jeder Mitarbeiter hat neben dem Samstag einen weiteren Tag pro Woche frei (vorwärts roulierend). Alle 5 Wochen resultiert daraus ein „superlanges" Wochenende von Donnerstagabend bis Dienstagfrüh. Ergibt 32 Std. wöchentliche Arbeitszeit und 8 Std. täglich. – *45 Wochenstunden Betriebszeit:* Gegenüber 40 Std. wöchentlicher Arbeitszeit werden hier 9 Std. täglich gearbeitet. Bei 5 Mitarbeitern beträgt die wöchentliche Arbeitszeit 36 Std., bei 4 Mitarbeitern 45 Std./Woche. – *50 Wochenstunden Betriebszeit:* Tagesarbeitszeit von 10 Std. Bei 4 Mitarbeitern sind das 40 Std./ Woche, bei 5 Mitarbeitern entstehen 50 Std./ Woche. – *60 Wochenstunden Betriebszeit (6:4-System mit halber Spätschichtbesetzung):* Bei einer 5-Tage-Woche nur durch Zweitschicht möglich. Die Mitarbeiter kommen auf 38,5 Std./Woche. – *70 Wochenstunden Betriebszeit (7:4-System mit ¾-Spätschichtbesetzung):* Der betroffenen Arbeitsplatzgruppe werden zwei weitere Mitarbeiter zugewiesen. Wöchentliche Arbeitszeit von 38,5 Std.

C. Die Schichtarbeit (i.V.m. Flexi 2 und 1)

Eisen-, Metall- und Elektroindustrie (Forts.)

Unternehmen	Arbeitszeitmodell (Kurzbeschreibung)
IBM Deutschland Informationssysteme, Stuttgart[13a]	(Konti-Schicht-Modell: Hier werden 22 Arbeitstage auf 35 Kalendertage eines Schichtzyklus verteilt. Dadurch entstehen feststehende Freischichtblöcke von bis zu 4 Tagen innerhalb von 5 Wochen.)
Klöckner Möller GmbH, Bonn	3-Schicht-Systeme (beziehen sich auf einzelne Belegschaftsgruppen).
Leuchtenhersteller	Betriebszeiterweiterung im Einschichtbetrieb in Kombination mit Gleitzeit (auch im gewerblichen Bereich): – 6:5-System mit eingestreuten zusätzlichen freien Tagen. – 6:5-System mit teilweise geblockten zusätzlichen freien Tagen. – 6:5-System mit zusätzlicher Freiwoche. – 5:4-System mit eingestreuten zusätzlichen freien Tagen. – 5:4-System mit teilweise geblockten zusätzlichen freien Tagen. – 5:4-System mit zusätzlicher Freiwoche.
Maschinenbaufirma	Betriebszeiterweiterung zwischen Ein- und Zweischichtbetrieb, so daß eine Betriebszeit über 38,5 und unter 77 Wochenstunden realisiert werden kann: – 3:2-System mit eingestreuten zusätzlichen freien Tagen im Einschichtbetrieb. – 3:2-System mit Freiwoche im Einschichtbetrieb. – 3:2-System mit vollständiger Einbeziehung der Spätschicht an einem Arbeitsplatz. – 3:2-System mit teilweiser Einbeziehung der Spätschicht an beiden Arbeitsplätzen. – 4:3-System mit Freiwoche im Einschichtbetrieb. – 5:4-System mit eingestreuten zusätzlichen freien Tagen im Einschichtbetrieb.

13a Nebenstehendes Modell hat nur noch Beispielcharakter, nachdem die IBM mit der DAG im Dezember 1993 einen Haustarifvertrag auf der Basis einer WAZ von 38 Stunden und eines erweiterten Gleitzeitmodells abgeschlossen hat.

Praktizierte Arbeitszeitmodelle

Eisen-, Metall- und Elektroindustrie (Forts.)

Unternehmen	Arbeitszeitmodell (Kurzbeschreibung)
	– 5:3-System mit teilweiser Einbeziehung der Spätschicht. – 7:4-System mit teilweise einbezogener Spätschicht und Freiwoche.
Metallbetrieb	Flexible Erweiterung der Nutzungszeit einer CAD-Anlage: – 5:2-System mit teilweise einbezogenem Samstag (Besetzungszeit von 6–20 Uhr und an 6 Tagen/Woche = 168 Stunden/Woche für 2 Arbeitsplätze). Gleitzeitsystem: 2-stündige Gleitspanne zwischen der 1. und 2. Schicht (Beginn der 1. Schicht zwischen 6 und 7 Uhr, 2. Schicht zwischen 9.30 und 11.30 Uhr sowie Ende der Vormittagschicht zwischen 14.30 und 16.30 Uhr). Zeitguthaben und -schulden werden über Zeitkonto geführt. Übertragung bis 15 Stunden in den Folgemonat.
Metallbetrieb	Betriebszeiterweiterung in einem Engpaßbereich der Fertigung (Gießerei). Entwicklung belastungsgerechter Arbeitszeitregelungen: – 5:4-System mit eingestreuten zusätzlichen freien Tagen. – 5:2-System mit eingestreuten zusätzlichen freien Tagen. – 10:9-System mit eingestreuten zusätzlichen freien Tagen.
Metallgießerei	Ausweitung der Betriebszeit im Mehrschichtbetrieb (einschließlich Sonntagsarbeit). D.h. 19 Schichten über Ausweitung der regelmäßigen Betriebszeit auf Samstag 22 Uhr bis Sonntag 6 Uhr: – *4-Schicht-System* mit Einstellung einer zusätzlichen Schichtbelegschaft. Schichtzyklus mind. 4 Wochen. Innerhalb von 12 Wochen werden jeweils 58 Schichten geleistet (18 Früh-, 19 Spät-,

C. Die Schichtarbeit (i.V.m. Flexi 2 und 1)

Eisen-, Metall- und Elektroindustrie (Forts.)

Unternehmen	Arbeitszeitmodell (Kurzbeschreibung)
	davon eine sonntags, sowie 21 Nachtschichten). Die Schichtlänge (= bezahlte Arbeitszeit von 8 Stunden) beträgt 38 Stunden, 40 Minuten/Woche. Die über die tarifliche wöchentliche Arbeitszeit von 38,5 Stunden hinaus geleisteten 10 Minuten addieren sich zu einer zusätzlichen Freischicht/Jahr. – *5-Schicht-System.* Schichtzyklus beträgt mindestens 5 Wochen. Innerhalb von 5 Wochen entstehen 3 Freizeitblöcke von 3 bzw. 4 Tagen. Insgesamt kurze Arbeitsphasen, wobei zwischen zwei Arbeitsphasen mind. 48 Stunden liegen. Die Sonntagsspätschicht ist individuell alle 15 Wochen einmal abzuleisten. Die wöchentliche Arbeitszeit beträgt knapp 31 Stunden. In 15 Wochen sind 58 achtstündige Schichten zu leisten. Hierdurch entsteht eine Zeitreserve von 3 Wochenstunden. – *Gemischte Schichtsysteme.* 3 Vollzeitbelegschaften und 1 Teilzeitbelegschaft. Für Vollzeitbelegschaft gilt ein dreiwöchiger Schichtzyklus, für Teilzeit ein gleicher Zyklus.
MTU Friedrichshafen GmbH	Gleitzeit im Zweischichtbetrieb: Gleitzeitregelung wie in der Verwaltung[14], allerdings besteht eine Gleitmöglichkeit nur bei Beginn der Frühschicht bzw. am Ende der Spätschicht. Die Schichtübergabe um 13 Uhr ist dabei fix. Die Ein- bzw. Ausgleitphase beträgt jeweils 50 Minuten. Es besteht weiterhin die Möglichkeit der Freinahme von halben Tagen (i.d.R. die zweite Hälfte der Spätschicht, d.h. Arbeitsende ist hier um 17.30 Uhr).

---

14 Die Mitarbeiter bestimmen selber Beginn und Ende ihrer täglichen Arbeitszeit innerhalb bestimmter Grenzen. Arbeitsbeginn zwischen 6.30 und 8 Uhr, Arbeitsende zwischen 15.12 und 17.30 Uhr. Kernzeit zwischen 8 und 15.12 Uhr (wird noch durch flexible Mittagspause von 11.45 bis 13.15 Uhr unterbrochen; Mindestpause hierbei 45 Minuten). Zeitguthaben von 20 Stunden bzw. -schulden von 10 Stunden können auf den folgenden Monat übertragen werden. Bei vorhandenem Guthaben kann der Arbeitnehmer in jedem Kalenderjahr bis zu 13 Tage zusätzlich zum Jahresurlaub frei nehmen.

Praktizierte Arbeitszeitmodelle

Eisen-, Metall- und Elektroindustrie (Forts.)

Unternehmen	Arbeitszeitmodell (Kurzbeschreibung)
Nacanco Deutschland GmbH	Vier-Schicht-Mannschaft: Die 1. Schicht arbeitet 40 Stunden/Woche, die 2. Schicht 32 Stunden/Woche, die 3. Schicht 48 Stunden/Woche und die 4. Schicht 24 Stunden/Woche. Im Durchschnitt 36-Stunden-Woche (wobei 40 Stunden/Woche bezahlt werden) bei einer Betriebszeit von 144 Stunden/Woche.
Adam Opel AG, Rüsselsheim	Zwei-Schicht-System: Frühschicht 5.45 Uhr bis 14 Uhr, Spätschicht 14 Uhr bis 22.15 Uhr. Der Schichtwechsel erfolgt wöchentlich. Maximale Betriebszeit von 136,25 Stunden, ergibt 37 Stunden/Woche (5 mal 24 Stunden, eine sechste Nachtschicht und Samstagsfrühschicht). Bis zu 10 Überstunden/Woche bzw. 20 Überstunden/Monat für die Dauer von 8 Wochen (in Form von Sonderschichten).
Opel, Antwerpen	Zwei-Schicht-System (von Montag bis Samstag): Gearbeitet werden etwa 9 Stunden/Tag bei einer Betriebszeit von 108 Stunden/Woche[15].
Peugeot-Werk, Poissy bei Paris	Zwei-Schicht-System: 1. Schicht von 7–15 Uhr, 2. Schicht von 15–23 Uhr. Jahresurlaub beträgt 5 Wochen und 4 Tage zusätzlich.
Philips GmbH Röhren- u. Halbleiterwerke, Hamburg	Regelmäßige 3-Schichtarbeit im wöchentlichen Wechsel: 1. Woche montags bis freitags von 6–14.15 Uhr. 2. Woche montags bis freitags 22–6.15 Uhr und 3. Woche montags bis freitags 14–22.15 Uhr. Die Wochenendschicht in der 1. Woche Freitag von 6–14.15 Uhr und Samstag/Sonntag 6–18 Uhr. In der 2. Woche Samstag/Sonntag 18–6 Uhr. Alle Zeiten sind jeweils einschließlich Pausen.
RAFI GmbH & Co., Berg bei Ravensburg	Schichtarbeit (ohne Gleitzeit).

---

15 Seit 23.4.1986.

C. Die Schichtarbeit (i.V.m. Flexi 2 und 1)

Eisen-, Metall- und Elektroindustrie (Forts.)

Unternehmen	Arbeitszeitmodell (Kurzbeschreibung)
Risse & Co. GmbH, Warstein-Suttrop	Drei-Schicht-System (in der Spritzerei): Es wird rund um die Uhr an 5 Tagen in der Woche gearbeitet. Hierbei wird der Schichtplan individuell mit den Arbeitnehmern abgesprochen.
Ch. Schweizer und Söhne GmbH, Schramberg	*Zwei-Schicht-Betrieb* (gilt für 70 % der 750 Arbeitnehmer): Frühschicht von 5–14.45 Uhr, Spätschicht 14.45–0.30 Uhr, mit jeweils halbstündiger Pause. Die Maschinennutzungszeit/Woche beträgt 111 Stunden einschließlich Samstag. Drei Arbeitnehmer teilen sich beide Schichten; eine Gruppe „früh", eine „spät" und eine hat „frei". Jeder Arbeitnehmer arbeitet viermal pro Woche. Die beiden arbeitsfreien Tage nimmt der Arbeitnehmer hintereinander, so daß mit Sonntag häufig Freizeitblöcke von bis zu fünf Tagen entstehen. Innerhalb von 6 Wochen „fährt" jeder Arbeitnehmer insgesamt 24 Schichten bei einer wöchentlichen Arbeitszeit von 37 Stunden. *Dritte Schicht* (neu eingerichtet): Hier arbeiten nur Personen, die eigens für diese Schicht eingestellt wurden. *Galvanik-Abteilung und CNC-Bohrerei:* Betriebszeit von 134 Stunden/Woche durch vier Mannschaften. Die Betriebswoche für die Maschinen beginnt mit der Nachtschicht um 0.00 Uhr (Montag) und endet mit verkürzter Frühschicht am Samstag 14 Uhr. Jedes Team „fährt" im vierwöchigen Rhythmus 16 Schichten mit jeweils 8 Stunden und eine sechsstündige Schicht am Montag. Größere zusammenhängende Freizeitblöcke (bis zu 4 Tagen gekoppelt mit Sonntag) und eine wöchentliche Arbeitszeit von 33,5 Stunden (bei bezahlten tariflich vereinbarten 37 Stunden). Bei betrieblichen Störungen und Krankheiten springen „Freischichtler" ein (geleistete Stunden werden als Überstunden bezahlt).

Praktizierte Arbeitszeitmodelle

Eisen-, Metall- und Elektroindustrie (Forts.)

Unternehmen	Arbeitszeitmodell (Kurzbeschreibung)
SEL, Stuttgart	Konti-Schicht (rund um die Uhr, auch für Samstag und Sonntag) auf freiwilliger Basis.
Siemens AG, München	2-Schicht-Wechselschicht. 3-Schicht-Wechselschicht. Dauerfrüh-/Dauerspätschicht (5 Tage) sowie Dauernachtschicht (5 Tage von Montag bis Freitag, 22–6.00 Uhr). Kontinuierliche Schichtregelungen. Spezielle Schichtregelungen (verschiedene Freischichtmodelle): z.B. 3 Wochen täglich 8 Stunden, vierte Woche frei (über 30-Stunden-Vertrag). 1 Woche täglich 8 Stunden, eine Woche frei (über 20-Stunden-Vertrag). Vier Mitarbeiter in der 3-Schicht: Innerhalb von 3 Wochen werden 6 Tage Frühschicht, 5 Tage Spätschicht, 6 Tage Nachtschicht gearbeitet. Danach schließt sich eine Freiwoche an. Mehrfachbesetzung von Arbeitsplätzen. Mischformen: Mehrfachbesetzung/Schichtarbeit und Schichtarbeit/Teilzeit. Testschichten im Bereich der Entwicklung und in Überlappung von Arbeitszeiten im Hinblick auf die USA (7 bis 23 Uhr).
Trumpf GmbH & Co., Ditzingen	Schichtmodelle: Zwei-Schicht-Betrieb: Frühschicht von 5–14 Uhr, Spätschicht von 14–23 Uhr. 7 Arbeitnehmer teilen sich 3 Arbeitsplätze; davon haben 6 Arbeitnehmer einen Stammarbeitsplatz, 1 Arbeitnehmer hat Springerfunktion. Drei-Schicht-Betrieb: Frühschicht von 5–14 Uhr, Spätschicht von 14–23 Uhr, Nachtschicht von 22–5 Uhr. Hier kommen auf 8 Arbeitnehmer 3 Arbeitsplätze; davon haben 6 Arbeitnehmer Stammarbeitsplätze, und 2 Arbeitnehmer haben Springerfunktion.

C. Die Schichtarbeit (i.V.m. Flexi 2 und 1)

Eisen-, Metall- und Elektroindustrie (Forts.)

Unternehmen	Arbeitszeitmodell (Kurzbeschreibung)
Volkswagen AG, Wolfsburg	Drei-Schicht-System. Samstagsschichten und Dauernachtschichten (vorübergehend) von 22–6 Uhr sind nach Absprache mit dem Betriebsrat möglich.
Volvo, Limburg	– Zwei-Schicht (jeweils 8,5 Stunden): 1. Schicht von 6.30–15.30 Uhr, 2. Schicht von 15.30–0.30 Uhr. – Drei-Schicht (von Montag bis Freitag).
C. A. Weidmüller GmbH & Co., Detmold	Drei-Schicht-Betrieb: Freischichten. Schicht I von 6–14 Uhr, Schicht II von 14–22 Uhr, Schicht III von 22–6 Uhr. Im Drei-Schicht-Betrieb wird eine von den Mitarbeitern selbst zu bestimmende, bezahlte gleitende Pause von 20 Minuten festgelegt. Im Zwei-Schicht-Betrieb ist eine 15minütige Pause, und zwar in der Frühschicht von 9–9.15 Uhr sowie in der Spätschicht von 18–18.15 Uhr, vereinbart. Hausfrauenschichten (auch befristet bis zu einem halben Jahr, wobei die Befristung bedingt ist durch Saisongeschäft und BeschFG. Der Übergang zu unbefristeten Arbeitsverhältnissen ist hierbei von seiten des Arbeitgebers erwünscht).

Chemieindustrie

Unternehmen	Arbeitszeitmodell (Kurzbeschreibung)
BASF AG	Drei-Schicht-Modell (bei einer wöchentlichen Arbeitszeit von 31,5 Stunden): 1. Schicht (1. Woche) von 5–14 Uhr, Samstag frei. In der 2. Woche von 14–18.30 Uhr und jeden dritten Samstag von 5.30–14 Uhr. Die 3. Schicht von 17.30–23 Uhr, Samstag frei. – Reine Männerschicht (nicht mehr notwendig) 32,5 Stunden wöchentliche Arbeitszeit von 23–5 Uhr.

Praktizierte Arbeitszeitmodelle

Chemieindustrie (Forts.)

Unternehmen	Arbeitszeitmodell (Kurzbeschreibung)
	– Vollkonti-Schichtmodell (39,5 Stunden wöchentliche Arbeitszeit und jeder dritte Samstag bei 25 Freischichten). – Individuell ausgearbeitete BASF-Modelle: Eine Woche arbeiten, eine Woche frei.
Bayer AG, Leverkusen	„Neues Vollkonti-Arbeitszeitsystem" (inkl. Wochenendarbeit bei einer dann wöchentlichen Arbeitszeit von 37 Stunden)[16]: Fünf-Belegschaftsgruppen-System bei einer Betriebszeit von 168 Stunden/Woche und 33,6 Stunden[17] wöchentlicher Arbeitszeit. Bisher: *Gruppe 1* arbeitet 7 Tage Frühschicht von 6–14 Uhr und sonntags bis 18 Uhr. Danach folgt die Spätschicht von 14–22 Uhr. *Gruppe 2* arbeitet zunächst in der Spätschicht, dann in der Nachtschicht von 22–6 Uhr und Sonntag von 18–6 Uhr. *Gruppe 3* beginnt mit der Nachtschicht, dann folgen 7 freie Tage. *Gruppe 4* beginnt mit freien Tagen, danach folgen 7 Tage Frühschicht. Neu: Durch die zusätzliche *Gruppe 5* kann jetzt die Gruppe 1 häufiger wechseln zwischen Früh-, Spät- und Nachtschicht (keine 7-Tageblöcke mehr). Für die Gruppen 2–5 nicht mehr als 3 Nachtschichten in Folge, danach 3 freie Tage.
Bischof & Klein, Lengerich	Schicht-Modell bei tariflich vereinbarter Wochenarbeitszeit von 38,5 Stunden: 7:2 Schicht-System: Hier teilen sich 7 Mitarbeiter im 3-Schicht-Rhythmus wechselweise 2 Arbeitsplätze. Einer der 7 Mitarbeiter hat jeweils frei. Schichtdauer

---

[16] Es können aber 42 Stunden/Woche tatsächlich gearbeitet werden. Der Tarifvertrag sieht eine WAZ von 39 Stunden vor, die mit 12 Stunden pro Monat bzw. mit 18 Tagen/Jahr gutgeschrieben werden. Dieses neue Arbeitszeitmodell befindet sich bis 1995 in der Probphase. Danach soll es dann in allen Werken eingeführt werden.

[17] Die Differenz zwischen 33,6 Stunden und 37 Stunden wöchentlicher Arbeitszeit wird durch Ausgleichszeiten abgedeckt. Das bedeutet pro Mitarbeiter und Jahr zusätzlich 17 Arbeitstage, die gleichmäßig verteilt sind auf Tages-, Spät- und Nachtschichten.

C. *Die Schichtarbeit (i.V.m. Flexi 2 und 1)*

Chemieindustrie (Forts.)

Unternehmen	Arbeitszeitmodell (Kurzbeschreibung)
	von 7 Wochen, die Schichtfolge rückwärts (Nacht-, Spät-, Früh-Schicht). Schicht-Anfangs- und -Endzeiten liegen bei 6 Uhr, 14 Uhr und 22 Uhr. Im 7-Wochenzeitraum sind drei 5-Tage-Wochen und drei 6-Tage-Wochen enthalten. Die jeweils 7. Woche ist als Blockfreizeit arbeitsfrei. Innerhalb von 7 Wochen werden 264 Stunden (Gesamtarbeitszeit) gearbeitet. Ergibt eine durchschnittliche Wochenarbeitszeit von 37,71 Stunden. Differenz zur 38,5-Stunden-Woche beträgt 5,5 Stunden in 7 Wochen. Durch Bildung von 10-Wochen-Blöcken werden 7 Wochen des 7:2-Systems mit drei 40-Stunden-Wochen gekoppelt (Zeitguthaben von 4,5 Stunden). Der tariflich vorgeschriebene Wochendurchschnitt wird dann bis auf 1 Stunde erreicht. Diese Stunde wird bezahlt ohne Inanspruchnahme von Arbeitsleistung. Zudem müssen innerhalb der 10 Wochenblöcke einmal eine Samstags-Frühschicht, eine Sonntags-Nachtschicht und eine Samstags-Frühschicht vor jeder Freiwoche absolviert werden. Maschinennutzungszeit von Sonntagabend 22 Uhr bis Samstagmittag 14 Uhr.
B. Braun Melsungen AG	Ein- bis Vierschichtsysteme[18]. Vierschichtmodell (rund um die Uhr): Die Arbeitnehmer arbeiten an 6 Tagen/Woche 8 Stunden. Die vierte Woche ist arbeitsfrei. „Hausfrauenschicht"[19]: Arbeitnehmer arbeiten täglich 4 Stunden und jeden zweiten Samstag (voll).
Chemiebetrieb	Stufenweise Betriebszeiterweiterung auf Vollzeit-/Teilzeitbasis zwischen Ein- und Zweischichtbetrieb über Mehrfachbesetzungssysteme mit Arbeitsplatzkopplung:

18 Insgesamt bestehen Ein- bis Vierschichtsysteme. Die überwiegende Anzahl der Arbeitnehmer (70 %) arbeitet im Zweischichtsystem. Im Dreischichtrhythmus sind etwa 20 % und im Einschichtrhythmus 10 % der Mitarbeiter beschäftigt.
19 Die „Hausfrauenschicht" umfaßt 65 % des vom Beschäftigten geschuldeten Arbeitsvolumens.

Praktizierte Arbeitszeitmodelle

Chemieindustrie (Forts.)

Unternehmen	Arbeitszeitmodell (Kurzbeschreibung)
	6:5-System (6 Mitarbeiter besetzen 5 Arbeitsplätze). Wochenbetriebszeiten bis zu 60 Stunden im Einschichtbetrieb. Zyklusdauer 6 Wochen. *7:5-System* unter Einbeziehung des Samstags als regulärem Arbeitstag. Die Betriebszeit-Bandbreite bis zu 60 Stunden (ohne Überstunden). *Kombinierte Vollzeit-/Teilzeitsysteme* mit zusätzlich einzustellenden Teilzeitkräften, deren wöchentliche Arbeitszeit 18 Stunden nicht unterschreiten sollte. Wochenbetriebszeit von mindestens 58 Stunden im tageweisen oder durchgehenden 2-Schichtbetrieb ohne Einbeziehung des Samstags.
Dunlop-Reifen	Ausweitung der Betriebszeit vom 16-Wochen-Schichtbetrieb auf einen 18-Wochen-Schichtbetrieb, jeweils Sonntag abends bis Samstag abends 22 Uhr[20].
Fulda-Reifen	18 Schichten/Woche bei einer 6-Tage-Woche und wöchentlicher Arbeitszeit von 38–38,5 Stunden. Innerhalb von 16 Wochen müssen die 900 Arbeitnehmer 12 Wochen lang jeweils 6 Tage oder 45 Stunden/Woche arbeiten. Dazu kommen 3 Wochen mit jeweils 22,5 Stunden. In der 4., 8. und 12. Woche liegen je 3 Freischichten. Eine Woche à 38 Stunden bleibt frei.
Deutsche Goodyear, Köln	18 Schichten bei einer 6-Tage-Woche und wöchentlicher Arbeitszeit von 39 Stunden. Beginn Sonntag 22 Uhr, Ende Samstag 22 Uhr.
Martinswerk GmbH, Bergheim	5:1 Schichtplan „E": Mit 5 Mitarbeitern wird eine Wochenarbeitszeit von nur 33,6 Stunden erreicht (bei tariflichen 39 Wochenstunden). Die verbleibende Arbeitszeit wird durch sog. Springer-Schichten aufgefüllt. Jede Schicht beginnt am Montag und endet mit Ablauf der Woche. Nach jeder Nacht-

---

20 Beginn am 1.10.1989.

C. *Die Schichtarbeit (i.V.m. Flexi 2 und 1)*

Chemieindustrie (Forts.)

Unternehmen	Arbeitszeitmodell (Kurzbeschreibung)
	schicht folgt eine Freiwoche. Im Sommer wird auf die Springerwoche verzichtet, so daß in 40 Wochen ein 5-Schicht-Turnus und in 12 Wochen ein 4-Schicht-Turnus gefahren wird (im Kalenderjahr sind 35,6 Wochenarbeitsstunden vorgesehen). Außerhalb der Ferienzeit müssen pro Springerwoche im Durchschnitt 2 bis 3 Schichten geleistet werden (Springerwoche kann dabei auch eine Freizeitwoche sein).
Pharmahersteller	Erweiterung der Anlagenlaufzeiten im Mehrschichtbetrieb: *4:1-System.* Durchschnittliche wöchentliche Arbeitszeit von 36 Stunden bei einer Betriebszeit von 144 Stunden/Woche. Der Schichtzyklus beträgt 4 Wochen. Dabei entstehen 6 Früh-, Spät- und Nachtschichten. *7:2-System.* Betriebszeit von 144 Stunden und wöchentliche Arbeitszeit von 41,14 Stunden. Bei 7wöchigem Schichtzyklus entsteht bei einer wöchentlichen Arbeitszeit von 40 Stunden eine zusätzliche Freischicht. Insgesamt 12 Früh-, Spät- und Nachtschichten. *5:2-System.* Wöchentliche Arbeitszeit von 38,4 Stunden. Die Differenz von 1,6 Stunden/Woche zur 40-Stunden-Woche wird im 5wöchigen Schichtzyklus durch eine Zusatzschicht ausgeglichen.
Pirelli Reifenwerke, Breuberg	Vier-Schicht-Betrieb: 6-Tage-Woche bei 38-Stunden-Woche und zusätzlich Samstagsschichten bei hohem Freizeitausgleich.
Polygram Hannover	Schichtarbeitsmodell: von Samstagmorgen um 6.00 Uhr bis Montag um 6.00 Uhr. Wochenendschichtarbeit: sonnabends und sonntags 6 bis 14.30 Uhr oder von 14.30 bis 23 Uhr.

Praktizierte Arbeitszeitmodelle

Chemieindustrie (Forts.)

Unternehmen	Arbeitszeitmodell (Kurzbeschreibung)
Uniroyal, Aachen	– 15 Schichten an 5 Tagen (statt bisher 16 Schichten an 6 Tagen). – Wochenendschichten bei 32 Stunden (Samstag und Sonntag je 12 Stunden sowie an einem Wochentag 8 Stunden).

Handel

Unternehmen	Arbeitszeitmodell (Kurzbeschreibung)
Effen GmbH, Verden/Aller	Im Rahmen von einem 2-Schicht-, 3-Schicht- und 4-Schicht-System wird die 40-Stunden-Woche realisiert. Die Arbeitszeiten in den Schicht-Systemen betragen wöchentlich maximal 50 Stunden und mindestens 24 Stunden. Der Ausgleich zur 40-Stunden-Woche findet innerhalb von 15 Wochen statt. Die 40 Stunden im 3- und 4-Schicht-System beinhalten die Pausen, so daß es faktisch zu 37,5 Wochenstunden kommt. 3- und 4-Schicht-Systeme: 3-Schicht-System von Montag morgens 6 Uhr bis Samstagmorgen 6 Uhr. Schichtwechsel findet jeweils um 6, 14 und 22 Uhr statt. Das 4-Schicht-System beginnt am Sonntag um 24 Uhr bis Samstag 22 Uhr. Schichtwechsel um 6, 14 und 22 Uhr. Für die Schicht 14–22 Uhr gibt es 10 %, und für die Schicht 22–6 Uhr gibt es 35 % Zuschlag.
Einzelhandelsbetrieb	4:3-System mit eingestreuten zusätzlichen freien Tagen. Drei Varianten sind denkbar, weil die im vierwöchigen Zyklus anfallenden 6 freien Arbeitstage jeweils verschieden eingeteilt werden können.
Großhandelsbetrieb	Schichtplan mit tageweise unterschiedlicher Besetzungsstärke. Der Schichtzyklus beträgt 5 Wochen. Die individuelle Arbeitswoche beträgt 38,5 Stunden, wobei am Donnerstag 9 Stunden und an den übrigen Tagen jeweils 7 Stunden 22,5 Minuten gearbeitet

C. Die Schichtarbeit (i.V.m. Flexi 2 und 1)

Handel (Forts.)

Unternehmen	Arbeitszeitmodell (Kurzbeschreibung)
	wird. Für jeden Beschäftigten sind der Dienstag und der Freitag jeweils einmal und der Samstag dreimal arbeitsfrei.
Textilbetrieb	Verschiedene Betriebszeitvarianten im Dreischichtbetrieb: *4:1-System bei 6tägiger Betriebswoche.* Die Betriebszeit beträgt 144 Stunden/Woche (einschließlich der Pausenzeiten) bei einer wöchentlichen Arbeitszeit von 36 Stunden (bei bezahlten Pausen ohne Schichtüberlappungen). *4:1-System bei 6tägiger Betriebswoche mit zwei Vollzeit- und zwei Teilzeitbelegschaften.* Die Vollzeitbelegschaft arbeitet 40 Stunden/Woche und die Teilzeitbelegschaft 32 Stunden/Woche. *4:1-System mit drei Vollzeit- und einer Teilzeitbelegschaft bei einer 6-Tage-Betriebswoche.* Die Betriebszeit (entspricht der Summe der Belegschafts-Arbeitszeiten) beträgt 144 Stunden/Woche. Die Vollzeitbelegschaft arbeitet 40 Stunden und die Teilzeitbelegschaft 24 Stunden/Woche. Eine Vollzeitbelegschaft beginnt in der 1., eine in der 3. und eine andere in der 5. Woche. Eine andere Möglichkeit besteht darin, daß die Vollzeitbelegschaften A, B, C 38 Wochenstunden und eine Teilzeitbelegschaft D 30 Wochenstunden arbeiten. – *6-Tage-Betriebswoche mit $^2\!/_3$-Besetzung der Nachtschicht mit zwei Vollzeit- und zwei Teilzeitbelegschaften.* Vollzeitbelegschaften arbeiten 40 Stunden/Woche, Teilzeitbelegschaften 24 Stunden/Woche. – *6-Tage-Betriebswoche mit $^2\!/_3$-Besetzung der Nachtschicht mit $^9\!/_3$-Belegschaften.* Betriebszeit von 144 Stunden (rechnerisch 128 Stunden wöchentliche Arbeitszeit) und durchschnittliche Arbeitszeit von 42,67 Wochenstunden, d.h. bei 40-Stunden-

Praktizierte Arbeitszeitmodelle

Handel (Forts.)

Unternehmen	Arbeitszeitmodell (Kurzbeschreibung)
	Woche hat man alle drei Wochen eine zusätzliche Freischicht. – *Tagesteilung bei vier 6-Stunden-Schichten.* – *2 rückwärts rotierende 4:1-Systeme bei 6tägiger Betriebswoche auf der Basis von 6-Stunden-Schichten.* Betriebszeit von 144 Wochenstunden, wöchentliche Arbeitszeit von 36 Stunden. – *2 rückwärts kurzrotierende 4:1-Systeme bei 6tägiger Betriebswoche auf der Basis von 6-Stunden-Schichten.* Betriebszeit von 144 Stunden, wöchentliche Arbeitszeit von 36 Stunden. – *Kürzestmöglich rückwärts rotierende 4:1-Systeme bei 6tägiger Betriebswoche auf der Basis von 6-Stunden-Schichten.* Betriebszeit 144 Wochenstunden, wöchentliche Arbeitszeit 36 Stunden.
Textilbetrieb	Flexible Betriebszeitregelung im Dreischichtbetrieb: *Bisher:* Drei-Schichtsystem bei einer Betriebszeit von 120 Stunden/Woche von Montag 6 Uhr bis Samstag 6 Uhr. *Neu:* Frühschichtwochen 3 bis 6 Tage lang, Spätschicht- 3 bis 5 Tage lang (die Samstags-Spätschicht durch Überarbeit), die Nachtschichtwochen 6 Nächte (Beginn Sonntagabend, sonst 5 Nächte). Betriebszeit pro Woche zwischen 48 und 136 Stunden. D. h. 3 Früh- und Spätschichten bei 48 Stunden/Woche und 6 Früh- und Nacht- sowie 5 Spätschichten bei 136 Stunden/Woche Betriebszeit von Sonntag 22 Uhr bis Samstag 14 Uhr. Aufstockung auf 144 Stunden (durch Samstags-Spätschicht) erfolgt über Mehrarbeit. Innerhalb eines dreiwöchigen Schichtzyklus entsteht eine bezahlte Freischicht. Die effektive Arbeitszeit beträgt 37,33 Stunden (14 Schichten in 3 Wochen). Zeitkonto über zu leistende (Soll) bzw. eingeteilte (Ist) Schicht wird geführt.

C. *Die Schichtarbeit (i.V.m. Flexi 2 und 1)*

Handel (Forts.)

Unternehmen	Arbeitszeitmodell (Kurzbeschreibung)
Textilbetrieb	Flexibles Dreischichtsystem mit verstetigtem Arbeitsentgelt über Zusatzschichten (keine Über- oder Mehrarbeit, sondern vor- bzw. nachgeholte Arbeitszeit): Zusätzliche Frühschicht samstags von 6–14 Uhr. Damit erhöht sich die Betriebszeit um 6,7 % auf 128 Wochenstunden. Zusätzliche Samstags-Kurzschichten von 6–12 Uhr und von 12–18 Uhr, wobei die erste im Anschluß an die Früh-, die zweite im Anschluß an die Spätschichtwoche geleistet wird. Die Betriebszeit erhöht sich dabei um 10 % auf 132 Wochenstunden[21].
Deutsche Unilever GmbH, Hamburg	– Hausfrauen-Teilzeitspätschicht (17–23 Uhr). – Hausfrauenhalbschicht ohne Schichtwechsel. – Schichtarbeit mit Freiwoche. – Verlängerte Spätschicht mit Infrastrukturberücksichtigung (Schichtende flexibel zwischen 21 und 22 Uhr).

Dienstleistungen (Banken usw.)

Unternehmen	Arbeitszeitmodell (Kurzbeschreibung)
Bertelsmann Distribution GmbH, Gütersloh	Gleitende Arbeitszeit und Schichtvereinbarung (Auszug): Im Betriebszeiten-Modell 1 (Wechselschicht) liegt der Arbeitsbeginn in der Frühschicht zwischen 6 und 7 Uhr, das Arbeitsende zwischen 14 und 15 Uhr. Die Pausen sind variabel gestaltbar. Die Spätschicht beginnt zwischen 14 und 15 Uhr und endet zwischen 22 und 23 Uhr bei variablen Pausen.

21 Der Ausgleich erfolgt über zusätzliche Freizeit (Freizeitkonto). D.h. für jede Zusatzstunde, die samstags zwischen 6 und 12 Uhr geleistet wird, erhält man 1 Stunde 20 Minuten gutgeschrieben. Für jede Zusatzstunde, die samstags zwischen 12 und 18 Uhr geleistet wird, gibt es 1 Stunde 30 Minuten. Daraus ergibt sich für eine achtstündige Samstags-Frühschicht ein Guthaben von 11 Stunden, für morgendliche Samstags-Kurzschicht 8 Stunden und für die nachmittägliche Schicht 9 Stunden.

Praktizierte Arbeitszeitmodelle

Dienstleistungen (Banken usw.) (Forts.)

Unternehmen	Arbeitszeitmodell (Kurzbeschreibung)
	Die Frühschicht im Betriebszeiten-Modell 2 beginnt zwischen 6 und 7 Uhr und endet zwischen 14 und 15 Uhr (Pausen variabel). In der Spätschicht liegt der Arbeitsbeginn zwischen 9 und 10 Uhr, das Arbeitsende zwischen 17 und 18 Uhr (weitere Ausführungen zur Gleitzeit im einzelnen siehe unter Arbeitszeitmodell qualifizierte Gleitzeit).
BHW Bausparkasse AG, Hameln	Versetzte Arbeitszeit: Die rechnerische 35-Stunden-Woche wird innerhalb eines Zeitraumes von 2 Wochen erreicht. In der ersten Woche arbeitet der Mitarbeiter 37 Stunden, und zwar Montag bis Mittwoch je 9 Stunden (Langzeittage) sowie Donnerstag und Freitag je 5 Stunden (Kurzzeittage). In der zweiten Woche 33 Stunden, und zwar Montag bis Mittwoch je 5 Stunden (Kurzzeittage), Donnerstag und Freitag je 9 Stunden (Langzeittage). Durch zeitversetzte Arbeit teilen sich zwei Mitarbeiter einen Arbeitsplatz.
Gambro Dialysatoren KG, Hechingen	Zwei-Schichtsystem[22]: Schicht 1 von 6–14.30 Uhr, Schicht 2 von 14.30–23 Uhr. Dauernachtschicht von 23–6 Uhr. Samstag-Sonntag-Schicht von 6–18 Uhr und von 18–6 Uhr an 6 Tagen oder 45 Stunden/Woche.
Städtisches Krankenhaus, Frankfurt-Höchst	*Bisher:* Wechselschichtdienst (drei Schichten) und an jedem zweiten Wochenende sowie an den meisten Feiertagen. Starrer Rhythmus von Früh-, Spät- und Nachtschichten. *Neu:* Dienstzeitmodell (freie Schichtwahl)[23] über geregelte Fünf-Tage-Woche mit 38,5 Stunden. Jede Pflegekraft hat die Wahl, in welcher der drei Schichten sie arbeiten will, auch Teilzeitarbeit, auf Dauer oder nur vorübergehend. Die Tagesschicht fängt gegen 7.30 Uhr an und endet etwa um 16 Uhr.

22 Beginn am 1.4.1983.
23 Während der Versuchsphase kamen auf 12 vakante Stellen binnen kurzer Zeit mehr als 1.300 Bewerber. Für die strapaziösen Spät- und Nachtdienste gibt es übertarifliche Brutto-Zuschläge bis zu 1.200 DM monatlich.

C. Die Schichtarbeit (i.V.m. Flexi 2 und 1)

Sonstige

Unternehmen	Arbeitszeitmodell (Kurzbeschreibung)
AGFA-GEVAERT AG	Gleitzeitschichtmodell: Flexible Schichtarbeit durch Kombination von Gleitzeit und Tauschbörse mit der Schichtarbeit. Die Nachtschicht wird gegenüber der Frühschicht und Spätschicht verkürzt. Dadurch werden günstige Schichtwechselzeiten in Verbindung mit der Gleitzeit oder Absprache-Gleitzeit und einer Tauschbörse erreicht. Neben der günstigen Schichtfolge und Schichtwechselpolitik wird eine kürzere Schichtzyklusdauer erreicht.
Büroartikelhersteller	Umsetzung der Arbeitszeitverkürzung bei gleichzeitiger Erweiterung der Betriebszeit: Täglich verkürzte Vollarbeitszeiten in Verbindung mit einer neuen Arbeitszeitregelung für die Abendteilzeitarbeit: *5:4-System* mit vorwärts rollierendem zusätzlichem freiem Tag. Die Betriebszeit ohne Pausendurchlauf beträgt von Montag bis Donnerstag in der Zeit von 6–20 Uhr sowie am Freitag von 6–17.20 Uhr 63 Stunden und 30 Minuten. Mit Pausendurchlauf erhöht sich die Betriebszeit auf 67 Stunden 20 Minuten. Die Pausen von Montag bis Donnerstag je 50 Minuten, am Freitag 30 Minuten. Freischichtenregelung bei gleichmäßiger Verteilung der 38,5 Stunden auf Montag bis Freitag in Verbindung mit einer neuen Arbeitszeitregelung für die Abendteilzeitarbeit: *4:3-System* mit 5 zusätzlichen freien Tagen in 4 Wochen. Die Betriebszeit ohne Pausendurchlauf beläuft sich für Montag bis Freitag von 6–20 Uhr auf 65 Stunden 50 Minuten. Mit Pausendurchlauf 70 Stunden. Pausen von Montag bis Freitag je 50 Minuten.
Burda GmbH, Geschäftsbereich Druck, Offenburg	4-Schicht-Plan bei 34 Wochenstunden. Entgelt wird dabei wie für 37-Stunden-Woche gezahlt. Maschinenlaufzeit 136 Stunden pro Woche von Sonntagnacht

Praktizierte Arbeitszeitmodelle

Sonstige (Forts.)

Unternehmen	Arbeitszeitmodell (Kurzbeschreibung)
	22 Uhr bis Samstagmittag 14 Uhr. Darüber hinaus ist im Jahr 13mal Wochenendarbeit zu leisten (im Gegenzug erhält man 18 Tage Freizeit).
Nahrungsmittel-hersteller	Abbau von Dauermehrarbeit im Handwerkerbereich: 4:3-System mit teilweise einbezogener Spätschicht und Freiwoche. 4:3-System mit teilweise einbezogener Spätschicht und zusätzlichen eingestreuten freien Tagen in der Frühwoche. 5:3-System mit verdoppelter Spätschichtbesetzung. 5:3-System mit unterschiedlichen Besetzungsstärken.
NN	Teilzeit-integrierende Mehrschicht-Systeme, d. h. Aufteilung der täglichen bzw. wöchentlichen Betriebszeit in Arbeitszeit-Module unterschiedlicher Gliederung (z. B. tagsüber, nachts, samstags, sonntags) und Länge (z. B. in 2er-Schritten zwischen 4 und 10 Stunden). Durch Aneinanderreihung entsteht die betriebliche (vollkontinuierliche) Schichtplanung. Praxisbeispiele sind hierbei rollierende Arbeitszeit-Systeme mit ungleichmäßig verteilten Schichtwechselzeitpunkten und höherer Anzahl von Arbeitnehmern als Arbeitsplätzen (z. B. 5 Arbeitsplätze, 6 Arbeitnehmer).
Satzbetrieb	Flexible Arbeitszeitregelung im Ein- und Zweischichtbetrieb: Gleitzeitsystem: die tägliche Soll-Arbeitszeit beträgt 7,7 Stunden. Kernzeit ist von 7–12.45 Uhr bei 20 Minuten unbezahlter Pause. Die Gesamtarbeitszeitdauer beträgt 9 Stunden (hintere Gleitspanne). Das späteste Arbeitsende in der Frühschicht ist um 16.50 Uhr. Kernzeit der Spätschicht von 13.15–19 Uhr. Die vordere Gleitspanne frühestens um 9.10 Uhr.

C. Die Schichtarbeit (i.V.m. Flexi 2 und 1)

III. Rechtlicher Entscheidungsrahmen

1. Gesetzliche Grundlagen

Durch die Arbeitsschutzgesetze ist für bestimmte Gruppen von Arbeitnehmern die Schichtarbeit nur eingeschränkt möglich. So ist für Jugendliche nach § 14 Abs. 1 JASchG die Arbeit grundsätzlich auf die Zeit von 6–20 Uhr beschränkt und im Mehrschichtbetrieb nur von 6 Uhr bis 23 Uhr gestattet (zu den Ausnahmen vgl. § 14 Abs. 2 Jugendarbeitsschutzgesetz). Werdende und stillende Mütter dürfen nicht zwischen 20 Uhr und 6 Uhr beschäftigt werden und keine Mehrarbeit über 8,5 Stunden pro Tag leisten (§ 8 Abs. 1, Abs. 2 Nr. 3 MuSchG).

Früher durften Arbeiterinnen (gewerbliche Arbeitnehmerinnen) nicht in der Nachtzeit von 20 bis 6 Uhr und an den Tagen vor Sonn- und Feiertagen nicht nach 17 Uhr beschäftigt werden.

Nach einem Urteil des Bundesverfassungsgerichtes vom 28.1.1992 (1 BvR 1025/82, 1 BvL 16/83 und 1 BvL 10/91) verstieß das in § 19 AZO enthaltene Nachtarbeitsverbot wegen der Benachteiligung von Arbeiterinnen im Vergleich zu Arbeitern und weiblichen Angestellten gegen den Gleichheitssatz des Artikel 3 I, III GG.

Im Arbeitszeitgesetz ist eine § 19 Abs. 1 AZO entsprechende Regel nicht mehr enthalten. Das Nachtarbeitsverbot für Arbeiterinnen hat damit keine gesetzliche Grundlage mehr, so daß Nachtarbeit auch für gewerbliche Arbeitnehmerinnen (Arbeiterinnen) zulässig ist.

Nach wie vor kann (jetzt gemäß § 7 Abs. 1 ArbZG) die Arbeitszeit durch Tarifvertrag auf bis zu 10 Stunden täglich verlängert werden. In diesem Zusammenhang ist ferner anzumerken, daß es allgemein anerkannt ist, daß durch den Tarifvertrag zugleich auch ein längerer Zeitraum, in dem die IRWAZ im Durchschnitt erreicht bzw. ausgeglichen werden muß (Ausgleichszeitraum), festgelegt werden kann. Nach § 6 ArbZG darf die werktägliche Arbeitszeit der Nachtarbeitnehmer *grundsätzlich* 8 Stunden nicht überschreiten. Auch von dieser Regelung kann jedoch abgewichen werden, wenn kollektivvertraglich etwas anderes vereinbart ist (§ 7 Abs. 1 Nr. 4a ArbZG) oder wenn innerhalb von 4 Wochen im Durchschnitt eine Arbeitszeit von 8 Stunden werktäglich eingehalten wird (§ 6 Abs. 2 Satz 2 ArbZG).

2. Kollektivvertragliche Grundlagen

Regelungen über die Einführung und Gestaltung von Schichtarbeit können auch im Tarifvertrag enthalten sein. Soweit die Schichtarbeit gekoppelt ist mit einer Umverteilung der Arbeitszeit, sind die tarifvertraglichen Vorgaben für den tarifgebundenen Arbeitgeber zu beachten.

Die Schichtarbeit als solche hat sowohl Auswirkung auf Beginn und Ende der täglichen Arbeitszeit als auch auf die Verteilung der Arbeitszeit auf die einzelnen Wochentage, so daß ein zwingendes Mitbestimmungsrecht des Betriebsrates gemäß § 87 Abs. 1 Nr. 2 BetrVG besteht. Ferner ist zu beachten, daß durch tarifliche Bestimmungen die konkrete Umsetzung der Arbeitszeitflexibilisierung den Betriebspartnern, also Betriebsrat und Arbeitgeber, überlassen worden ist. Durch tarifvertragliche Öffnungsklauseln erhalten die Betriebspartner die Möglichkeit zum Abschluß von Betriebsvereinbarungen, die den Tarifvertrag ergänzen (sogenannte ergänzende Betriebsvereinbarung gemäß § 77 Abs. 3 Satz 2 BetrVG). Dies bedeutet eine Erweiterung der Regelungskompetenz der Betriebspartner, weil – ohne tarifliche Öffnungsklausel – gemäß § 77 Abs. 3 Satz 1 Arbeitsentgelte und sonstige Arbeitsbedingungen, wozu insbesondere auch die Arbeitszeit zählt, dann nicht Gegenstand einer Betriebsvereinbarung sein können, wenn sie durch Tarifvertrag geregelt sind oder üblicherweise geregelt werden. Im Ergebnis bedeutet dies, daß die betriebliche Regelungsebene gestärkt worden ist. Allerdings müssen Betriebsrat und Arbeitgeber die tarifvertraglichen Vorgaben beachten, können also von diesen nicht abweichen. Wie konkret die jeweiligen Vorgaben sind, hängt von dem jeweiligen Verbandstarifvertrag oder einem Haustarifvertrag ab. Da im Haustarifvertrag näher auf die besonderen betrieblichen Strukturen eingegangen wird, dürfte in diesem Falle der Gestaltungsbereich der Betriebspartner geringer als bei einem branchenbezogenen und daher allgemeiner gehaltenem Tarifvertrag sein.

Durch die dargestellte Taríföffnungsklausel besteht somit für den tarifgebundenen Betrieb die Möglichkeit, durch den Abschluß einer Betriebsvereinbarung, die gemäß § 77 Abs. 4 Satz 1 BetrVG für alle Arbeitnehmer unmittelbar und zwingend ist, eine einheitliche Arbeitszeitgestaltung durchzuführen.

Nur soweit keine Tarifsperre besteht (§ 77 Abs. 3 Satz 1 BetrVG), können Arbeitgeber und Betriebsrat von sich aus Betriebsvereinbarungen über die Gestaltung der Arbeitszeit abschließen. Auch das Arbeitszeit-

C. Die Schichtarbeit (i.V.m. Flexi 2 und 1)

gesetz bestimmt nämlich, daß abweichende Regelungen in einem Tarifvertrag oder auf Grund eines Tarifvertrages in einer Betriebsvereinbarung zugelassen werden können. Insoweit hat sich die Rechtslage durch das Arbeitszeitgesetz nicht geändert. Allerdings ist der Umfang der gesetzlichen Ausnahmeregelungen in § 7 ArbZG vergrößert.

3. Individualrechtliche Grundlagen

In der arbeitsrechtlichen Literatur ist umstritten, ob der Arbeitgeber bereits aufgrund seines Direktionsrechtes die Schichtarbeit in seinem Betrieb einführen kann. Daher empfiehlt es sich, bereits bei Abschluß des Einzelarbeitsvertrages mit dem Arbeitnehmer zumindest die Option für die Einführung der Schichtarbeit zu vereinbaren. Falls dies versäumt wurde, besteht nachträglich die Möglichkeit, im Wege einer Änderungskündigung diese Option zu begründen.

Findet auf das Unternehmen kein Tarifvertrag Anwendung, so ist für die Umverteilung der Arbeitszeit eine entsprechende einzelvertragliche Vereinbarung erforderlich.

4. Rechtliche Besonderheiten der Schichtarbeit bei der Kombination mit anderen Arbeitszeitformen

Wie die oben unter II. dargestellten Schichtmodelle zeigen, wird die Arbeitszeitform „Schicht" neben den bereits erwähnten Modellen auch mit anderen Arbeitszeitformen (Gleitzeit, Freischichtmodell) kombiniert. Die hieraus resultierenden besonderen rechtlichen Voraussetzungen werden jeweils bei den entsprechenden Arbeitszeitformen behandelt.

IV. Bewertung

1. Flexibilisierungspotential

Das Flexibilisierungspotential, das mit der Einführung der Schichtarbeit, allein oder in Verbindung mit anderen Modellen, verbunden ist, besteht in erster Linie darin, daß einmal eine Option zur Veränderung der Arbeitszeit ausgeübt werden kann. Ist dies geschehen, so besteht wiederum eine starre Arbeitszeit. Die Schichtarbeit kann somit nur als beschränkt flexible Arbeitszeitform bewertet werden. Insgesamt besteht daher nur ein (geringes) *beschränktes* Flexibilisierungspotential. Die Schichtarbeit ist daher als beschränkt flexible Arbeitszeit zu bewerten.

2. Vor- und Nachteile

a) Arbeitgeber-Sicht

Für den Arbeitgeber hat die Schichtarbeit den Vorteil, daß sie zu einer effektiveren Ausnutzung der technischen Einrichtungen seines Betriebes führt, weil insbesondere die Maschinenlaufzeiten erheblich ausgedehnt werden können. Deutlich wird dies beim Dreischichtbetrieb. Durch die Kombination der traditionellen Schichtarbeit mit der Umverteilung der Arbeitszeit wird eine bessere Arbeitsplatzausnutzung und eine daraus resultierende abgestufte Kapazitätserweiterung möglich. Hierdurch lassen sich die Verkürzungen der Wochenarbeitszeit kostenmäßig auffangen. So besteht die Möglichkeit, im Zweischicht-Betrieb die Schichtdauer auf je 10 Stunden festzulegen. Dies bedeutet eine Maschinenlaufzeit von 20 Stunden pro Tag. Daneben könnte noch eine dritte Schicht mit jeweils vier Stunden eingeführt werden (Teilzeit). Selbstverständlich sind noch weitere Kombinationen denkbar.

Aus finanzieller Sicht hat insbesondere die Kombination der Schichtarbeit mit der Umverteilung der Arbeitszeit den Vorteil, daß durch die Verlängerung der täglichen Arbeitszeit auf 10 Stunden eine zusätzliche Vergütung für Überstunden entfällt. Dies gilt auch dann, wenn nach den vereinbarten Schichtplänen der Samstag als regulärer Arbeitstag vorgesehen ist. Insoweit kann mit der Schichtarbeit eine Senkung der Betriebskosten erreicht werden.

Als Nachteil für den Arbeitgeber steht dem die Notwendigkeit eines umfassenden Arbeitszeitmanagements gegenüber, das ebenfalls mit gewissen Kosten verbunden ist, um die Arbeitszeit der einzelnen Arbeitnehmer zu koordinieren, damit eine kontinuierliche Produktion gewährleistet ist.

C. Die Schichtarbeit (i.V.m. Flexi 2 und 1)

b) Arbeitnehmer-Sicht

Soweit die traditionelle Schichtarbeit als Wechselschicht durchgeführt wird, entstehen für den Arbeitnehmer teilweise erhebliche Belastungen. So zeigt sich, daß gerade der wöchentliche Rhythmuswechsel von Früh-, Spät- und Nachtschicht mit nicht unerheblichen physischen wie psychischen Belastungen verbunden ist. Diese könnten dadurch gemildert werden, daß ein längerer Schichtrhythmus (z.B. ein Monat) anstelle des wöchentlichen Wechsels vereinbart wird. Auch bietet sich die Möglichkeit an, durch den Vierschichtbetrieb eine Entlastung des Arbeitnehmers zu erreichen. So könnte insbesondere die gesundheitsgefährdende Nachtschicht gegenüber den anderen Schichten abgekürzt werden. Eine arbeitnehmerfreundliche Ausgestaltung der Schichtarbeit könnte dadurch erfolgen, daß die Schichtarbeit mit der Umverteilung der Arbeitszeit verbunden wird. Die Arbeitnehmer erhielten einen längeren Freizeitblock und dadurch mehr Zeitsouveränität.

Insgesamt ist festzustellen, daß die bloße Schichtarbeit für den Arbeitnehmer nicht vorteilhaft ist. Erst in Verbindung mit anderen Arbeitszeitformen lassen sich die Nachteile der Schichtarbeit für den einzelnen Arbeitnehmer abmildern.

3. Ausblick

Angesichts der zunehmenden Technisierung der Arbeitsabläufe wird auch in Zukunft die Schichtarbeit als Arbeitszeitform wesentliche Bedeutung erhalten. Aufgabe eines modernen Arbeitszeitmanagements, welches auch die Interessen der Arbeitnehmer (human resources) berücksichtigt, muß es daher sein, die Schichtarbeit so auszugestalten, daß gesundheitliche Gefahren für die Arbeitnehmer minimiert werden und sich deren Arbeitszufriedenheit erhöht. In diesem Sinne bietet es sich an, die Schichtarbeit mit anderen Arbeitszeitformen zu kombinieren, insbesondere mit dem Freischichtmodell.

D. Grundmuster: Die Freischicht

I. Definition

Unter Freischicht kann man die Gewährung von Freizeit zum Ausgleich von Mehr- oder Überarbeit verstehen. Diese kann z.B. vorübergehend in Form von Überstunden oder Mehrarbeit angefallen oder dadurch entstanden sein, daß aufgrund einer tarifvertraglichen Verkürzung der Wochenarbeitszeit auf weniger als 40 Stunden diese aus arbeitsorganisatorischen Gründen, z.B. zur Aufrechterhaltung der Kontinuität der Produktion, beibehalten worden ist. Für diese Art von Fällen entfaltet das „Freischicht-Modell" seine aktuelle praktische Bedeutung. Es ist als „Flexi 3" aufgrund des sogenannten „Leber-Kompromisses" in der Metallindustrie im Jahre 1984 (s. Einleitung, S. 17) bekanntgeworden. Durch die weitere Verkürzung der Arbeitszeit entsteht aber eine Vielzahl von Freischichten, wenn man eine Arbeitszeit von 8 Std. täglich beibehält, die zu organisieren und abzurechnen für die Arbeitgeber zunehmend zum Problem wird.

II. Praktizierte Arbeitszeitmodelle

Eisen-, Metall- und Elektroindustrie

Unternehmen	Arbeitszeitmodell (Kurzbeschreibung)
Oskar Anders GmbH, Fritzlar	*Freischichtenmodell (für Produktion):* Hier wird die Differenz zwischen der individuellen wöchentlichen Arbeitszeit (37–40 Stunden/Woche) und der tatsächlichen Arbeitszeit (Betriebsnutzungszeit) durch Freischichten ausgeglichen. Modell 1: Unbezahlter Urlaub (entspricht 54 Stunden bzw. 6,76 Tagen). Modell 2: Nichtinanspruchnahme der Freischichten wird gemäß der erbrachten Arbeitsleistung inkl. der Überstundenzuschläge vergütet.

D. Die Freischicht

Eisen-, Metall- und Elektroindustrie (Forts.)

Unternehmen	Arbeitszeitmodell (Kurzbeschreibung)
	Modell 3: Individuelle Festlegung der Freischichten durch die Arbeitnehmer. *Freischichtenmodell (für kaufm. Verwaltung):* Das im 2-Wochen-Rhythmus angesammelte Freizeitguthaben wird so ausgeglichen, daß in der 1. Woche an 5 Tagen 40 Stunden gearbeitet wird, und in der 2. Woche wird jeweils am letzten Wochenarbeitstag nur 5 Stunden gearbeitet (also 3 Stunden Freizeitausgleich genommen).
Getriebehersteller	Stufenweise Betriebszeitenerweiterung zwischen Ein- und Zweischichtbetrieb: 5:4-System bei 40 Wochenstunden Betriebszeit: Roulierendes Freizeitsystem. Jeder Mitarbeiter hat neben dem Samstag einen weiteren Tag in der Woche frei (vorwärts roulierend). Alle 5 Wochen resultiert daraus ein „superlanges" Wochenende von Donnerstagabend bis Dienstagfrüh. Insgesamt 8 Stunden täglich und 32 Stunden wöchentliche Arbeitszeit.
IBM, Stuttgart	Konti-Schicht-Modell. Hierbei werden 22 Arbeitstage auf 35 Kalendertage eines Schichtzyklus verteilt. Es entstehen feststehende Freischichtblöcke bis zu 4 Tagen innerhalb von 5 Wochen.
Leuchtenhersteller	Betriebszeiterweiterung im Einschichtbetrieb in Kombination mit Gleitzeit auch im gewerblichen Bereich: 6:5-System mit eingestreuten zusätzlichen freien Tagen. 6:5-System mit teilweise geblockten zusätzlichen freien Tagen. 6:5-System mit zusätzlicher Freiwoche. 5:4-System mit eingestreuten zusätzlichen freien Tagen. 5:4-System mit teilweise geblockten zusätzlichen freien Tagen. 5:4-System mit zusätzlicher Freiwoche.

Praktizierte Arbeitszeitmodelle

Eisen-, Metall- und Elektroindustrie (Forts.)

Unternehmen	Arbeitszeitmodell (Kurzbeschreibung)
MAHO AG, Werk Emstal[23a]	Modifiziertes Freischichtenmodell: Im Drei-Schicht-Betrieb beträgt die wöchentliche Arbeitszeit in der Früh- und Spätschicht 40 Stunden, so daß in der Nachtschichtwoche an einem Tag (Freitag) nicht gearbeitet werden muß (im Tarifvertrag ist die 37-Stunden-Woche vereinbart).
Maschinenbaufirma	Betriebszeitenerweiterung zwischen Ein- und Zweischichtbetrieb, so daß eine Betriebszeit über 38,5 und unter 77 Wochenstunden realisiert werden kann: 3:2-System mit eingestreuten zusätzlichen freien Tagen im Einschichtbetrieb. 3:2-System mit Freiwoche im Einschichtbetrieb. 4:3-System mit Freiwoche im Einschichtbetrieb. 5:4-System mit eingestreuten zusätzlichen freien Tagen im Einschichtbetrieb. 7:4-System mit teilweise einbezogener Spätschicht und Freiwoche.
Metallbetrieb	Betriebszeiterweiterung in einem Engpaßbereich der Fertigung (Gießerei) durch Entwicklung belastungsgerechter Arbeitszeitregelungen: 5:4-System mit eingestreuten zusätzl. freien Tagen. 5:2-System mit eingestreuten zusätzl. freien Tagen. 10:9-System mit eingestreuten zusätzl. freien Tagen.
Metallgießerei	Ausweitung der Betriebszeit im Mehrschichtbetrieb (einschl. Sonntagsarbeit) durch 19 Schichten und über Ausweitung der regelmäßigen Betriebszeit auf Sonntag 22 Uhr bis Sonntag 6 Uhr: *4-Schicht-System* mit Einstellung einer zusätzlichen Schichtbelegschaft. Der Schichtzyklus dauert mind. 4 Wochen. Innerhalb von 12 Wochen werden jeweils 58 Schichten geleistet (18 Früh-, 19 Spät-, davon eine sonntags, und 21 Nachtschichten). Die Schicht-

23a Werk wurde inzwischen aufgelöst.

D. *Die Freischicht*

Eisen-, Metall- und Elektroindustrie (Forts.)

Unternehmen	Arbeitszeitmodell (Kurzbeschreibung)
	länge entspricht der bezahlten Arbeitszeit von 8 Stunden und einer wöchentlichen Arbeitszeit von 38 Stunden 40 Minuten. Die über die tarifliche wöchentliche Arbeitszeit von 38,5 Stunden geleisteten 10 Minuten addieren sich zu einer zusätzlichen Freischicht im Jahr. *5-Schicht-System.* Der Schichtzyklus beträgt mind. 5 Wochen. Innerhalb von 5 Wochen entstehen 3 Freizeitblöcke von 3 bzw. 4 Tagen. Prinzip kurze Arbeitsphasen. Zwischen zwei Arbeitsphasen liegen mind. 48 Stunden. Die Sonntagsspätschicht ist individuell alle 15 Wochen einmal abzuleisten. Die wöchentliche Arbeitszeit beträgt knapp 31 Stunden. In 15 Wochen sind 58 achtstündige Schichten zu leisten. Dadurch entsteht eine Zeitreserve von 3 Wochenstunden.
Adam Opel AG, Rüsselsheim	10 Freischichten pro Jahr entstehen durch eine tägliche Arbeitszeit von 7,4 Stunden (teilweise auch 7,75 Stunden) als Ausgleich zur 37-Stunden-Woche.
Peugeot-Werk Poissy, Paris	Vier-Tage-Woche: 4 Tage Arbeit, 3 Tage Freizeit bei 10-Stunden-Tag[24].
Risse & Co. GmbH, Warstein-Suttrop	Flexible Handhabung der Arbeitszeitverkürzung: Jeder Vollzeitbeschäftigte arbeitet täglich 8 Stunden und hat dafür jeden 3. Freitag frei (auf Wunsch sind auch Verschiebungen auf andere Wochentage möglich).
Ch. Schweizer und Söhne GmbH, Schramberg	Zwei-Schicht-Betrieb[25]: Frühschicht von 5–14.45 Uhr, Spätschicht 14.45–0.30 Uhr (mit jeweils halbstündiger Pause). Die Maschinennutzungszeit/Woche beträgt 111 Stunden einschließlich Samstag. Drei Arbeitnehmer teilen sich beide Schichten; eine Gruppe „früh", eine „spät" und eine hat „frei". Jeder Arbeitnehmer arbeitet viermal pro Woche. Die beiden arbeitsfreien Tage nimmt der Arbeitnehmer hintereinander, so daß mit

24 Zuschläge werden hierbei nur für Nachtschichten gezahlt.
25 Betrifft 70 % der 750 Arbeitnehmer.

Praktizierte Arbeitszeitmodelle

Eisen-, Metall- und Elektroindustrie (Forts.)

Unternehmen	Arbeitszeitmodell (Kurzbeschreibung)
	Sonntag häufig Freizeitblöcke von bis zu fünf Tagen entstehen. Innerhalb von 6 Wochen „fährt" jeder Arbeitnehmer insgesamt 24 Schichten bei einer wöchentlichen Arbeitszeit von 37 Stunden.
Siemens AG, München	Spezielle Schichtregelungen durch verschiedene Freischichtmodelle: 3 Wochen täglich 8 Stunden, vierte Woche frei (über 30-Stunden-Vertrag). 1 Woche täglich 8 Stunden, eine Woche frei durch 20-Stunden-Vertrag. Vier Mitarbeiter arbeiten im Drei-Schicht-Betrieb innerhalb von 3 Wochen 6 Tage Frühschicht, 5 Tage Spätschicht, 6 Tage Nachtschicht, und danach folgt eine Freiwoche.
Thyssen-Henschel, Kassel	Die Arbeitszeit an Arbeitsplätzen mit längeren Maschinenlaufzeiten wird 3-schichtig (1. Schicht von 6.00–14.00 Uhr; 2. Schicht von 14.00–22.00 Uhr, 3. Schicht von 22.00–6.00 Uhr) mit 37,5 Stunden pro Woche/7,5 Stunden pro Schicht (Pausen je 30 Minuten/Schicht unbezahlt) und durch Freischichten – in Abstimmung mit Vorgesetzten – unter Verwendung eines flexiblen Freischichtenkontos angesammelt und auf Jahresbasis ausgeglichen, soweit die TAZ von 7 Stunden 8 Minuten überschritten wird. Beim Wechsel der Arbeitsgruppe oder Ausscheiden aus dem Arbeitsverhältnis werden nicht ausgeglichene Freizeitansprüche abgerechnet (BV v. 13. 9. 1995).
Volkswagen AG, Wolfsburg	Freischichten: Ziel ist es, die Arbeitszeit nach den Bedürfnissen des Betriebes zu definieren (keine weiteren Freischichten mehr).
C. A. Weidmüller GmbH & Co., Detmold	Drei-Schicht-Betrieb: Freischichten. Schicht I von 6–14 Uhr, Schicht II von 14–22 Uhr, Schicht III von 22–6 Uhr. Im Drei-Schicht-Betrieb wird eine von den Mitarbeitern selbst zu bestimmende, bezahlte gleitende Pause von 20 Minuten festgelegt.

D. Die Freischicht

Chemieindustrie

Unternehmen	Arbeitszeitmodell (Kurzbeschreibung)
BASF AG	Vollkonti-Schichtmodell (39,5 Stunden und jeder dritte Samstag sowie 25 Freischichten/Jahr) Individuell ausgearbeitete BASF-Modelle: Eine Woche arbeiten, eine Woche frei.
Bayer AG, Leverkusen	Vollkonti-Arbeitssystem[26]: Bei Fünf-Gruppen-System wechselt alle zwei Tage die Schicht, bis nach sechs Tagen zwei freie Tage folgen[27]. Fünf-Belegschaftsgruppen-System[28] bei einer Betriebszeit von 168 Stunden/Woche und 33,6 Stunden[29] wöchentlicher Arbeitszeit. Bisher: *Gruppe 1* arbeitet 7 Tage Frühschicht von 6–14 Uhr und sonntags bis 18 Uhr. Danach folgt die Spätschicht von 14–22 Uhr. *Gruppe 2* arbeitet zunächst in der Spätschicht, dann in der Nachtschicht von 22–6 Uhr und Sonntag von 18–6 Uhr. *Gruppe 3* beginnt mit der Nachtschicht, dann folgen 7 freie Tage. *Gruppe 4* beginnt mit freien Tagen, danach folgen 7 Tage Frühschicht. Neu: Durch die zusätzliche *Gruppe 5* kann jetzt die Gruppe 1 häufiger wechseln zwischen Früh-, Spät- und Nachtschicht (keine 7-Tage-Blöcke mehr). Für die Gruppen 2–5 bedeutet das nicht mehr als 3 Nachtschichten in Folge, danach 3 freie Tage. Die Dauer der Schichtübergabezeiten beträgt 0,5 Stunden. Ältere Arbeitnehmer ab dem 57. Lebensjahr können zusätzlich Altersfreizeit in Anspruch nehmen, d. h. sie arbeiten dann entweder 35 Stunden in der Woche oder erhalten zusätzliche freie Tage.

26 Seit Januar 1990 probeweise für 500 Mitarbeiter. Geregelt in einer Gesamtbetriebsvereinbarung „Neues Vollkonti-Arbeitszeit-System" vom 21.8.1989.
27 Bei fünf Gruppen arbeitet die einzelne Schichtgruppe statt bisher durchschnittlich 42 Wochenstunden nur noch 33,6 Stunden in der Woche.
28 Dieses neue Arbeitszeitmodell befand sich bis 1995 in der Probephase. Danach sollte es dann in allen Werken eingeführt werden.
29 Die Differenz zwischen 33,6 Stunden und 37 Stunden wöchentlicher Arbeitszeit wird durch Ausgleichszeiten abgedeckt. Das bedeutet pro Mitarbeiter und Jahr zusätzlich 17 Arbeitstage, die gleichmäßig verteilt sind auf Tages-, Spät- und Nachtschichten.

Praktizierte Arbeitszeitmodelle

Chemieindustrie (Forts.)

Unternehmen	Arbeitszeitmodell (Kurzbeschreibung)
Bischof & Klein, Lengerich	Schicht-Modell bei tariflich vereinbarter Wochenarbeitszeit von 38,5 Stunden: 7:2-Schicht-System: Hier teilen sich 7 Mitarbeiter im 3-Schicht-Rhythmus wechselweise 2 Arbeitsplätze. Einer der 7 Mitarbeiter hat jeweils frei. Schichtdauer von 7 Wochen, die Schichtfolge rückwärts (Nacht-, Spät-, Früh-Schicht). Schicht-Anfangs- und -Endzeiten liegen bei 6 Uhr, 14 Uhr und 22 Uhr. Im 7-Wochen-Zeitraum sind drei 5-Tage-Wochen und drei 6-Tage-Wochen enthalten. Die jeweils 7. Woche ist als Blockfreizeit arbeitsfrei. Innerhalb von 7 Wochen werden 264 Stunden (Gesamtarbeitszeit) gearbeitet. Dies ergibt eine durchschnittliche Wochenarbeitszeit von 37,71 Stunden. Differenz zur 38,5-Stunden-Woche beträgt 5,5 Stunden in 7 Wochen. Durch Bildung von 10-Wochen-Blöcken werden 7 Wochen des 7:2-Systems mit drei 40-Stunden-Wochen gekoppelt (Zeitguthaben von 4,5 Stunden). Der tariflich vorgeschriebene Wochendurchschnitt wird dann bis auf 1 Stunde erreicht. Diese Stunde wird bezahlt ohne Inanspruchnahme von Arbeitsleistung. Zudem müssen innerhalb der 10-Wochen-Blöcke einmal eine Samstags-Frühschicht, eine Sonntags-Nachtschicht und eine Samstags-Frühschicht vor jeder Freiwoche absolviert werden. Maschinennutzungszeit von Sonntagabend 22 Uhr bis Samstagmittag 14 Uhr.
B. Braun Melsungen AG	Vierschichtmodell (rund um die Uhr): Arbeitnehmer arbeiten an 6 Tagen/Woche 8 Stunden. Vierte Woche ist arbeitsfrei.
Braun GmbH, Arzneimittelbetrieb, Berlin	*4:1-System* (4 Beschäftigte auf einen Arbeitsplatz): Gearbeitet wird 3 Wochen à 6 Tage, vierte Woche ist frei. Die Schichtverteilung erfolgt für den Zeitraum Sonntagnacht bis Samstagabend. Die Betriebszeit verlängert sich dadurch auf 144 Stunden/Woche.

D. Die Freischicht

Chemieindustrie (Forts.)

Unternehmen	Arbeitszeitmodell (Kurzbeschreibung)
Fulda-Reifen	6-Tage-Woche bei 38 bis 38,5 Stunden. 900 Arbeitnehmer arbeiten in 18 Schichten/Woche. Innerhalb von 16 Wochen wird in 12 Wochen jeweils an 6 Tagen bzw. 45 Stunden gearbeitet. Dazu kommen 3 Wochen mit 22,5 Stunden. In der 4., 8. und 12. Woche resultieren daraus je 3 Freischichten. Eine Woche mit 38 Stunden bleibt frei.
Martinswerk GmbH, Bergheim	5:1 Schichtplan „E": Mit 5 Mitarbeitern wird eine Wochenarbeitszeit von nur 33,6 Stunden praktiziert (bei tariflichen 39 Wochenstunden). Die verbleibende Arbeitszeit wird durch sog. Springer-Schichten aufgefüllt. Jede Schicht beginnt am Montag und endet mit Ablauf der Woche. Nach jeder Nachtschicht folgt eine Freiwoche. Im Sommer wird auf die Springer-Woche verzichtet, so daß in 40 Wochen ein 5-Schicht-Turnus und in 12 Wochen ein 4-Schicht-Turnus gefahren wird (im Kalenderjahr sind 35,6 Wochenarbeitsstunden vorgesehen). Außerhalb der Ferienzeit müssen pro Springerwoche im Durchschnitt 2 bis 3 Schichten geleistet werden (Springerwoche kann dabei auch eine Freizeitwoche sein).
Pharmahersteller	Erweiterung der Anlagenlaufzeiten im Mehrschichtbetrieb: *7:2-System.* Bei einer Betriebszeit von 144 Stunden und wöchentlicher Arbeitszeit von 41,14 Stunden im 7-wöchigen Schichtzyklus entsteht bei einer wöchentlichen Arbeitszeit von 40 Stunden eine zusätzliche Freischicht. Insgesamt werden hier 12 Früh-, Spät- und Nachtschichten geleistet.
Schering AG, Berlin	Modell wochenweiser Wechsel, d. h. 1 Woche arbeiten 2 Mitarbeiter 40 Stunden, dann 1 Woche frei.

Praktizierte Arbeitszeitmodelle

Handel

Unternehmen	Arbeitszeitmodell (Kurzbeschreibung)
Einzelhandels-betrieb	Umsetzung der Arbeitszeitverkürzung auf 38,5 Wochenstunden ohne Verringerung der Öffnungszeiten: 4:3-System mit eingestreuten zusätzlichen freien Tagen. Hierbei sind drei Varianten denkbar, weil die im 4wöchigen Zyklus anfallenden 6 freien Arbeitstage jeweils verschieden eingeteilt werden können.
Großhandels-betrieb	Schichtplan mit tageweise unterschiedlicher Besetzungsstärke. Der Schichtzyklus beträgt 5 Wochen. Die Schichtdauer für den Donnerstag 9 Stunden und für die übrigen Tage jeweils 7 Stunden 22,5 Minuten. Die individuelle Arbeitswoche ergibt genau 38,5 Stunden. Für jeden Beschäftigten sind der Dienstag und der Freitag jeweils einmal und der Samstag dreimal arbeitsfrei.
Kaufhof Warenhaus AG, Köln	Freizeitmodell: Einteilung der Mitarbeiter in vier Freizeitgruppen. Achtmal im Jahr kommen die Mitarbeiter in den Genuß eines „superlangen Wochenendes" (von Donnerstagabend bis Dienstagmorgen). Etwa neunmal im Jahr ergibt sich ein zusammenhängender Freizeitblock von 2 Tagen in einer Woche. Alle 4 Wochen gibt es einen freien Montag.
Textilbetrieb	Verschiedene Betriebsvarianten im Dreischichtbetrieb: 6-Tage-Betriebswoche mit 2/3-Besetzung der Nachtschicht mit 9/3-Belegschaften. Die Betriebszeit beträgt 144 Stunden (rechnerisch aber nur 128 Stunden). Die durchschnittliche Arbeitszeit beläuft sich auf 42,67 Wochenstunden, d.h. bei einer 40-Stunden-Woche entsteht alle 3 Wochen eine zusätzliche Freischicht.
Textilbetrieb	Flexible Betriebszeitregelung im Dreischichtbetrieb: *Bisher:* Dreischichtsystem (Betriebszeit 120 Stunden/ Woche in der Zeit von Montag 6 Uhr bis Samstag 6 Uhr).

D. Die Freischicht

Handel (Forts.)

Unternehmen	Arbeitszeitmodell (Kurzbeschreibung)
	Neu: Die Frühschichtwochen sind 3 bis 6 Tage lang, die Spätschichtwochen sind 3 bis 5 Tage lang (wobei die Samstags-Spätschicht über Überarbeit realisiert wird). Die Nachtschichtwochen betragen 6 Nächte (Beginn ist Sonntagabend, ansonsten sind es 5 Nächte). Bei einer Betriebszeitspanne zwischen 48 und 136 Stunden (d. h. 3 Früh- und Spätschichten bei 48 Stunden und 6 Früh- und Nachtschichten sowie 5 Spätschichten bei 136 Stunden Betriebszeit von Sonntag 22 Uhr bis Samstag 14 Uhr). Eine Aufstockung auf 144 Stunden (durch Samstags-Spätschicht) erfolgt über Überarbeit. Innerhalb eines dreiwöchigen Schichtzyklus gibt es eine bezahlte Freischicht. Die effektive Arbeitszeit/Woche beträgt 37,33 Stunden (das sind 14 Schichten in 3 Wochen). Entsprechend wird hierbei ein Zeitkonto über die zu leistende (Soll) bzw. eingeteilte (Ist) Schicht geführt.
Textilbetrieb	Flexibles Dreischichtsystem mit verstetigtem Arbeitsentgelt über Zusatzschichten (keine Mehrarbeit, sondern vor- bzw. nachgeholte Arbeitszeit): Zusätzliche Frühschicht am Samstag von 6–14 Uhr (damit erhöht sich die Betriebszeit um 6,7 % auf 128 Wochenstunden). Zusätzliche Samstags-Kurzschichten von 6–12 Uhr und von 12–18 Uhr, wobei die erste im Anschluß an die Früh-, die zweite im Anschluß an die Spätschichtwoche geleistet wird (die Betriebszeit also um 10 % auf 132 Wochenstunden erweitert). Der Ausgleich erfolgt über zusätzliche Freizeit (Freizeitkonto). Somit werden für jede Zusatzstunde, die samstags zwischen 6 und 12 Uhr geleistet wird, 1 Stunde 20 Minuten gutgeschrieben und für jede Zusatzstunde, die samstags zwischen 12 und 18 Uhr geleistet wird, 1 Stunde 30 Minuten angerechnet. D. h. für eine achtstündige Samstags-Frühschicht

Praktizierte Arbeitszeitmodelle

Handel (Forts.)

Unternehmen	Arbeitszeitmodell (Kurzbeschreibung)
	sind das 11 Stunden, für eine morgendliche Samstags-Kurzschicht sind das 8 Stunden und für die nachmittägliche gleich 9 Stunden Freizeit.
Dt. Unilever GmbH, Hamburg	Schichtarbeit mit Freiwoche.

Dienstleistungen (Banken usw.)

Unternehmen	Arbeitszeitmodell (Kurzbeschreibung)
Softwarehaus	Flexibles Arbeitszeitsystem (Überstundenabbau in qualifizierten Bereichen durch entsprechende bezahlte Freistellungen): Plusstunden können in ganze freie Tage umgesetzt werden (Absprache im Team und mit Vorgesetzten). D. h. Arbeitszeitguthaben von über 20 Stunden werden in ganze Tage umgewandelt und auch auf das Folgejahr übertragen.
Sparkasse	Innovativ-flexible Arbeitszeitgestaltung: Komprimierte Wochenarbeitszeit mit Blockfreizeit.

Sonstige

Unternehmen	Arbeitszeitmodell (Kurzbeschreibung)
Büroartikelhersteller	Integrierte Vollzeit-/Teilzeitsysteme (Umsetzung der Arbeitszeitverkürzung von 38,5 Stunden bei gleichzeitiger Erweiterung der Betriebszeit): 5:4-System mit vorwärts roulierendem zusätzlichem freiem Tag. Die Betriebszeit (ohne Pausendurchlauf) wird in der Zeit von Montag bis Donnerstag (6–20 Uhr) und Freitag (6–17.20 Uhr) realisiert. Dies bedeutet eine Betriebszeit von 63 Stunden 30 Minuten. Mit Pausendurchlauf wären es dann 67 Stunden

D. Die Freischicht

Sonstige (Forts.)

Unternehmen	Arbeitszeitmodell (Kurzbeschreibung)
	20 Minuten. Die Pausen betragen von Montag bis Donnerstag je 50 Minuten und am Freitag 30 Minuten. Freischichtenregelung (4:3-System mit 5 zusätzlichen freien Tagen in 4 Wochen) bei gleichmäßiger Verteilung der 38,5 Stunden auf Montag bis Freitag in Verbindung mit einer neuen Arbeitszeitregelung für die Abendteilzeitarbeit. Die Betriebszeit ohne Pausendurchlauf von Montag bis Freitag (6–20 Uhr) entspricht 65 Stunden 50 Minuten, mit Pausendurchlauf 70 Stunden. Die Pausen betragen Montag bis Freitag je 50 Minuten.
Burda GmbH, Offenburg	Durch Samstagsarbeit[30] wird bei sonst voller Bezahlung der nur 34 statt der tariflichen 37 Stunden/Woche ein Ausgleich in Form von mehr Urlaub bzw. Freizeitblöcken geschaffen. Für jede Samstags-Arbeitsstunde wird ein Zuschlag von 8,– DM gewährt.
Hessische-Niedersächsische Allgemeine (HNA), Kassel	Freischichten und Freie-Tage-Modelle. Für die Pförtner besteht die Möglichkeit, 3 Wochen zu arbeiten, und danach folgt 1 Woche frei.
Nahrungsmittelhersteller	4:3-System mit teilweise einbezogener Spätschicht und Freiwoche. 4:3-System mit teilweise einbezogener Spätschicht und zusätzlichen eingestreuten freien Tagen in der Frühwoche.
NN	Wochenteilzeit (Blockteilzeit) in Form von 20–30 Stunden und mehreren freien Tagen aufeinander sowie Zusatz- und Langzeiturlaub.
NN	Brückentage aus vor- bzw. nachzuleistender Zeitreserve, meist als arbeitsfreie Werktage zwischen ent-

---

[30] Dies trifft auf rund 400 der insgesamt 2.700 Beschäftigten zu. Dieses Schichtmodell sichert daher mehr als 200 Arbeitsplätze.

Sonstige (Forts.)

Unternehmen	Arbeitszeitmodell (Kurzbeschreibung)
	sprechend gelegenen Feiertagen und dem Wochenende genutzt. Z. B. Gewährung von 6,3 freien Tagen bei weiterhin 40 Stunden tatsächlicher Wochenarbeitszeit.
NN	Freischichten für besonders belastete und/oder ältere Arbeitnehmer in Form von variabler, in den Schichtplan zu integrierender Freizeitperioden.
Pinsel- und Bürstenhersteller, Mittelfranken	Wochenteilzeitarbeit (Blockteilzeitarbeit), die wählbar ist zwischen 20 und 39 Stunden mit entsprechenden Blockfreizeiten, also mehreren aufeinanderfolgenden freien Tagen.

III. Rechtlicher Entscheidungsrahmen

1. Gesetzliche Grundlagen

Im Mittelpunkt des allgemeinen gesetzlichen Arbeitszeitschutzes steht das ArbZG, das die höchstzulässigen Arbeitszeiten festlegt.

Aus dem Bereich des Sonderschutzes für bestimmte Personengruppen sind das Schwerbehindertengesetz, das JASchG sowie das Mutterschutzgesetz zu beachten. So sind Schwerbehinderte auf ihr Verlangen von Mehrarbeit freizustellen (§ 46 SchwbG). Bei der Beschäftigung Jugendlicher sind vor allem die §§ 8 ff. JASchG zu beachten, wonach die tägliche Arbeitszeit nicht mehr als acht und die wöchentliche nicht mehr als 40 Stunden betragen darf; außerdem ist unter Einhaltung der 5-Tage-Woche die Samstags- und Sonntagsruhe zu gewähren. Im übrigen gelten für Arbeitnehmerinnen, die unter das Mutterschutzgesetz fallen, das Verbot von Mehrarbeit und Nachtarbeit sowie ein Beschäftigungsverbot für Sonn- und Feiertage (§ 8 MuSchG).

Die vorstehend aufgeführten Freischicht-Modelle entsprechen sämtlich den Anforderungen des ArbZG, so daß ihrer Anwendung keine gesetzlichen Verbote entgegenstehen, wobei der Sonderschutz für bestimmte Personengruppen zu beachten ist.

D. Die Freischicht

2. Kollektivvertragliche Grundlagen

Für die Anwendung von Freischicht-Modellen sind in der betrieblichen Praxis vielfach kollektivvertragliche Regelungen in Tarifverträgen und Betriebsvereinbarungen maßgeblich. Dabei enthalten Tarifverträge Rahmenbedingungen, die durch Betriebsvereinbarungen zu ergänzen sind (§ 77 Abs. 3 Satz 2 BetrVG). Es ist jeweils zu prüfen, inwieweit der anzuwendende Tarifvertrag einen Gestaltungsspielraum für Betriebsvereinbarungen vorsieht (Öffnungsklausel). Soweit es sich um abschließende tarifvertragliche Regelungen handelt, sind Arbeitgeber und Betriebsrat hieran gebunden (§ 77 Abs. 3 Satz 1 BetrVG). Dies gilt z. B. für zwingende Regelungen über den tarifvertraglich festgelegten Ausgleichszeitraum für die Gewährung von Freischichten; sieht der Tarifvertrag hierfür einen bestimmten Zeitraum (z. B. sechs oder zwölf Monate) vor, dürfen Betriebsvereinbarungen hieran nichts ändern.

Nach Bundesarbeitsgericht[31] gelten ergänzende Betriebsvereinbarungen, die aufgrund einer tarifvertraglichen Öffnungsklausel (§ 77 Abs. 3 Satz 2 BetrVG) ergangen sind, allen Belegschaftsmitgliedern gegenüber, auch wenn diese z. T. nicht oder anders organisiert sind (§ 77 Abs. 4 Satz 1 BetrVG).

Soweit keine Tarifsperre besteht (§ 77 Abs. 3 Satz 1 BetrVG), können Arbeitgeber und Betriebsrat von sich aus Betriebsvereinbarungen über die Einführung von Freischicht-Modellen abschließen (§ 87 Abs. 1 Nr. 2 BetrVG). Eine bloße mündliche „Regelabsprache" zwischen Arbeitgeber und Betriebsrat zur Erfüllung des Zustimmungserfordernisses hätte keine unmittelbare und zwingende Wirkung gegenüber den Belegschaftsmitgliedern. Damit das vorgesehene Freischicht-Modell auf die Arbeitsverhältnisse der betroffenen Arbeitnehmer angewandt werden kann, ist in jedem Falle der Abschluß einer Betriebsvereinbarung erforderlich (vgl. § 77 Abs. 4 Satz 1 BetrVG). Ist kein Betriebsrat vorhanden, kommen nur individualrechtliche Vereinbarungen in Betracht.

3. Individualrechtliche Grundlagen

Existiert im Betrieb kein Betriebsrat, findet das Betriebsverfassungsgesetz, soweit es das Vorhandensein eines Betriebsrates voraussetzt, keine Anwendung. Die Einführung von Freischicht-Modellen kann in

---

31 Urteil vom 18. 8. 1987 – 1 ABR 30/86 = AP Nr. 23 zu § 77 BetrVG = NZA 1987 S. 779 f. = BB 1987 S. 2161.

diesem Fall nur durch arbeitsvertragliche Absprachen eingeführt werden. Man spricht hier von arbeitsvertraglicher „Einheitsregelung". Diese kann durch betriebliche Bekanntmachung des Arbeitgebers und stillschweigende Hinnahme durch die Mitarbeiter zustande kommen. Für die Zulässigkeit der Einführung eines Freischicht-Modelles durch Einheitsregelung gelten die oben erwähnten gesetzlichen Grundlagen.

IV. Bewertung

Für die Bewertung des Freischicht-Modelles sowie seiner Variationen sind sowohl das Flexibilisierungspotential (1.) als auch die Vor- und Nachteile für Arbeitgeber und Arbeitnehmer (2.) maßgeblich.

1. Flexibilisierungspotential

Mit zunehmender Verkürzung der Wochenarbeitszeit nimmt die Zahl der Freischichten zu. Bei einer Verkürzung der Wochenarbeitszeit von 40 auf 38,5 Stunden entsteht die erste Freischicht nach 36 Arbeitstagen; auf das Jahr als Ausgleichszeitraum berechnet, entstehen insgesamt neun Freischichten. Bei einer Wochenarbeitszeit von 37 Stunden entsteht die erste Freischicht nach 13 Arbeitstagen; die jährliche Summe der Freischichten beträgt 18. Bei einer Wochenarbeitszeit von 36 Stunden entsteht die erste Freischicht nach 10 Arbeitstagen, die jährliche Summe der Freischichten beläuft sich auf 24, und bei einer Wochenarbeitszeit von 35 Stunden (in der Metallindustrie seit 1.10.1995) entsteht die erste Freischicht nach acht Arbeitstagen, und die Summe der jährlich anfallenden Freischichten beträgt 30 Tage, also soviel wie der durchschnittliche Jahresurlaub, der sich damit faktisch auf das Doppelte erhöht (vgl. Schaubild, S. 17).

Beim Freischichten-Modell nimmt das Flexibilisierungspotential, d.h. die Anzahl der Freischichten, mit der Verkürzung der Wochenarbeitszeit ständig zu. Da die Freischichten zusätzlich zu dem tariflichen Jahresurlaub zu gewähren sind, können daraus für das Arbeitszeitmanagement erhebliche organisatorische Schwierigkeiten entstehen.

D. Die Freischicht

2. Vor- und Nachteile

Vor- und Nachteile der Arbeitszeitflexibilisierung können sich unterschiedlich darstellen, je nachdem ob man sie aus der Interessenlage des Arbeitgebers oder des Arbeitnehmers bewertet.

a) Arbeitgeber-Sicht

Das Freischichten-Modell ist in erster Linie „unternehmensorientiert". Dieses Modell hat für den Arbeitgeber den Vorteil, daß eine kontinuierliche Produktion gewährleistet ist, ohne daß eine wesentliche Änderung der Arbeitsorganisation erforderlich wird, wobei sich der Zeitausgleich praktisch wie eine Erhöhung des Jahresurlaubs auswirkt. Allerdings ist zu bedenken, daß bei weiterer Arbeitszeitverkürzung – bis zu 35 Wochenstunden – das Freischichten-Modell praktisch undurchführbar und deshalb unattraktiv werden kann. Dies gilt besonders für Mehrschichtbetriebe mit industrieller Produktion; so hat beispielsweise die VW-AG schon 1989, also bei Reduzierung der Wochenarbeitszeit auf 37,5 Stunden, die Freischichtenregelung im Verwaltungsbereich abgeschafft und durch die Einführung von Gleitzeit ersetzt.

Bei weiterer Arbeitszeitverkürzung bietet sich als Alternative die direkte Weitergabe der Arbeitszeitverkürzung an einzelnen Wochentagen – bei gleichzeitiger Beibehaltung der bisherigen Freischichtenregelung – an.

b) Arbeitnehmer-Sicht

Die Vorteile für die Arbeitnehmerseite liegen auf der Hand; der Jahresurlaubsanspruch erhöht sich faktisch durch die Anzahl der jährlichen Freischichten. Hat der einzelne Arbeitnehmer zudem noch ein terminliches Wahlrecht (Option) oder eine Mitsprachemöglichkeit bei der Festlegung der einzelnen Freischicht, gewinnt er darüber hinaus ein Stück Zeitsouveränität.

3. Ausblick

Zwar sehen die neuen Tarifabschlüsse in der Metallindustrie keine ausdrücklichen Regelungen für Freischichten-Modelle vor. Dies mag u. a. damit zusammenhängen, daß die Praxis das Freischichten-Modell bei zunehmender Arbeitszeitverkürzung und steigender Anzahl der Freischichten als nicht mehr „händelbar" ansieht. Mehr Entscheidungs-

Bewertung

spielraum läßt sich daher nur dadurch gewinnen, daß man für den Ausgleich der zuviel geleisteten Überarbeit nicht mehr auf den Zeitraum eines Jahres abstellt, sondern „Freizeitkonten" einrichtet, über die der Arbeitnehmer mehr oder weniger frei verfügen kann, wie dies bereits von der Firma Hewlett Packard praktiziert wird. Durch eine derartige Weiterentwicklung ist das Freischichten-Modell auch in Zukunft nach wie vor praktizierbar und daher empfehlenswert.

E. Grundmuster: Die Gleitzeit (einfache)

I. Definition

Bei der Arbeitszeitform der **einfachen** Gleitzeit hat der einzelne Arbeitnehmer die Möglichkeit, **Beginn** und **Ende** der täglichen Arbeitszeit – innerhalb bestimmter Grenzen (z.B. von 7.00 bis 9.00 und von 15.00 bis 17.00 Uhr) – frei zu wählen. Die Dauer der täglichen Arbeitszeit (z.B. 8 Stunden) liegt jedoch fest.

II. Praktizierte Arbeitszeitmodelle

Eisen-, Metall- und Elektroindustrie

Unternehmen	Arbeitszeitmodell (Kurzbeschreibung)
Leuchten-hersteller	Gleitzeit (auch im gewerblichen Bereich): Im Montagebereich besteht die Möglichkeit einer flexiblen Arbeitszeitregelung in der Form, daß nur das tägliche Arbeitsende in bestimmten Grenzen zu verändern ist und jeweils entsprechend dem Arbeitsanfall variiert werden kann. Dies gilt auch für Mitarbeiter in Absprache mit dem Vorgesetzten.
MTU Friedrichshafen GmbH	Gleitzeit im Zweischichtbetrieb: Gleitzeitregelung, wobei zwar die Mitarbeiter ihre Arbeitszeit hinsichtlich der Lage selber innerhalb bestimmter Grenzen festlegen können, jedoch eine Gleitmöglichkeit nur bei Beginn der Frühschicht bzw. am Ende der Spätschicht besteht. Ansonsten ist die Schichtübergabe um 13 Uhr fix. Die Ein- bzw. Ausgleitphase beträgt dabei jeweils 50 Minuten. Es besteht weiterhin die Möglichkeit der Freinahme von halben Tagen

Praktizierte Arbeitszeitmodelle

Eisen-, Metall- und Elektroindustrie (Forts.)

Unternehmen	Arbeitszeitmodell (Kurzbeschreibung)
	(i.d.R. die zweite Hälfte der Spätschicht, d.h. das Arbeitsende liegt hier bei 17.30 Uhr)[32].

Chemieindustrie

Unternehmen	Arbeitszeitmodell (Kurzbeschreibung)
Schering AG, Berlin	Kombination von Gleitzeit und Teilzeit: Durch Absprachen zwischen Vorgesetztem und Mitarbeiter werden die beiderseitigen Wünsche zur Lage der Arbeitszeit berücksichtigt und hierbei auch die vertraglichen Vereinbarungen flexibel gehandhabt. So arbeiten z.B. Teilzeitmitarbeiter, die sonst vormittags arbeiten, nach Absprache mit dem Vorgesetzten bis in den Nachmittag hinein, bis zu ganztags oder sogar nur am Nachmittag. Weiterhin besteht die Möglichkeit, angesammelte Zeitguthaben (zuschlagsfreie Zusatzarbeit) en bloc abzufeiern bzw. mit dem Urlaub zu koppeln.

Dienstleistungen (Banken usw.)

Unternehmen	Arbeitszeitmodell (Kurzbeschreibung)
Spedition	Wochennahe Flexibilisierung: Über Staffelung der Arbeitsanfangszeiten. Anfangszeiten von 6 Uhr bis 6.30 Uhr bis 7 Uhr bis 7.30 Uhr bis 8 Uhr sind dabei zugelassen. Eine andere Möglichkeit besteht im variablen Arbeitsende, wobei die bisherige Tagesar-

---

32 Regelung der qualifizierten Gleitzeit: Arbeitsbeginn zwischen 6.30 und 8 Uhr, Arbeitsende zwischen 15.12 und 17.30 Uhr. Kernzeit zwischen 8 und 15.12 Uhr, die durch eine flexible Mittagspause zwischen 11.45 und 13.15 Uhr unterbrochen ist. Mindestpause beträgt 45 Minuten. Zeitguthaben von 20 Stunden bzw. Zeitschulden von 10 Stunden können in den Folgemonat übertragen werden. Bei vorhandenem Guthaben kann der Arbeitnehmer in jedem Kalenderjahr bis zu 13 Tage zusätzlich zum Jahresurlaub freinehmen.

Die Gleitzeit (einfache)

Dienstleistungen (Banken usw.) (Forts.)

Unternehmen	Arbeitszeitmodell (Kurzbeschreibung)
	beitszeit von 9 Stunden (einschließlich zweier halbstündiger unbezahlter Pausen) beibehalten werden soll. Das Arbeitsende kann dann zwischen 15 und 17 Uhr genommen werden. Weniger Arbeit wird mit etwaiger Mehrarbeit an anderen Arbeitstagen noch in derselben, spätestens in der folgenden Woche verrechnet. Alle zwei Wochen beginnt der Mitarbeiter bei einem Zeitkontenstand von null. Nicht auszugleichende Mehrarbeit wird entweder bezahlt oder einem Freizeitkonto gutgeschrieben (hieraus können dann ein bzw. mehrere freie Tage genommen werden).

III. Rechtlicher Entscheidungsrahmen

1. Gesetzliche Grundlagen

Zu beachten ist insbesondere das Arbeitszeitgesetz (ArbZG).

2. Kollektivvertragliche Grundlagen

Möglich ist, daß bereits im Tarifvertrag eine Option über die Gleitzeit vereinbart wird.

Die Einführung und Ausgestaltung der einfachen Gleitzeit unterliegt dem Mitbestimmungsrecht des Betriebsrates gemäß § 87 Abs. 1 Nr. 2 BetrVG, da hierdurch die Lage und Verteilung der Arbeitszeit betroffen ist. Ein Mitbestimmungsrecht des Betriebsrates ist gemäß § 87 Abs. 1 BetrVG aber dann nicht gegeben, wenn bereits eine tarifvertragliche Regelung besteht, die im konkreten Betrieb zu beachten ist (d.h. die einseitige Tarifbindung des Arbeitgebers genügt).

3. Individualrechtliche Grundlagen

Bereits im Einzelarbeitsvertrag kann eine Option über die Gleitzeitarbeit enthalten sein. Trotz einer einzelvertraglichen Vereinbarung besteht auch weiterhin das Mitbestimmungsrecht des Betriebsrates gemäß § 87 Abs. 1 Nr. 2 BetrVG.

IV. Bewertung

1. Flexibilisierungspotential

Bei der Arbeitszeitform der einfachen Gleitzeit besteht eine Flexibilisierungsoption des Arbeitnehmers nur hinsichtlich der Lage der Arbeitszeit. Jedoch kann die Lage der Arbeitszeit permanent abgeändert werden, so daß durch die einfache Gleitzeit eine flexible Arbeitszeit eingeführt wird (vgl. Abb. 6: „GAZ", S. 21).

2. Vor- und Nachteile

a) Arbeitgeber-Sicht

Für den Arbeitgeber bietet die Einführung der einfachen Gleitzeit den unmittelbaren Vorteil, daß sich die Arbeitszufriedenheit erhöhen kann.

b) Arbeitnehmer-Sicht

Indem der Arbeitnehmer über den Beginn und das Ende seiner täglichen Arbeitszeit permanent entscheiden kann, begründet die einfache Gleitzeit für ihn eine gewisse, wenn auch bescheidene Zeitsouveränität.

3. Ausblick

Die einfache Gleitzeit wird auch weiterhin sowohl in der Verwaltung wie auch in der Produktion Anwendung finden. Jedoch zeichnet sich ab, daß sie immer mehr durch die sogenannte qualifizierte Gleitzeit (siehe hierzu Arbeitszeitform „qualifizierte Gleitzeit") ersetzt wird.

F. Grundmuster: Die flexible Altersgrenze und der gleitende Übergang in den Ruhestand

I. Definition

Das Modell der flexiblen Altersgrenze sieht vor, daß die Ruhestandsgrenzen nicht mehr ausschließlich vom kalendarischen Alter bestimmt werden. Statt dessen wird ein zeitlicher Rahmen vorgegeben, in dem der Arbeitnehmer eigenverantwortlich bestimmen kann, wann er die erwerbswirtschaftliche Arbeit einstellen will. Bei diesem Arbeitszeitmodell soll der Austritt aus dem Erwerbsleben nicht abrupt und unvorbereitet, sondern gleitend, also schrittweise, erfolgen. Hierbei wird dem Arbeitnehmer die Option eingeräumt, seine Arbeitszeit bis zum Ausscheiden aus dem Erwerbsleben über einen längeren Zeitraum (Gleitphase) ständig zu verkürzen und damit von der Vollzeit über die Teilzeit in den Ruhestand zu „gleiten".

II. Praktizierte Arbeitszeitmodelle

Eisen-, Metall- und Elektroindustrie

Unternehmen	Arbeitszeitmodell (Kurzbeschreibung)
IBM Deutschland Informationssysteme GmbH, Stuttgart[33]	Gleitender Ruhestand (flexible Lebensarbeitszeit): Ältere Arbeitnehmer können als Teilzeitkräfte arbeiten. Voraussetzung ist eine mindestens 20jährige Betriebszugehörigkeit und das vollendete 56. Lebensjahr. Während dieser Halbtagsbeschäftigung erhält der Mitarbeiter die IBM-Betriebsrente und die Hälfte seines bisherigen Gehaltes (so kommt man auf etwa 80 % seines letzten Vollzeit-Bruttoeinkommens bei nur halber Arbeitszeit). Mit 60 Jahren können die Mitarbeiter in den vorgezogenen Ruhestand gehen. Das Gehalt liegt hier bei 66 % ihres

33 Siehe Anmerkung Seite 52, Fußn. 13a

Eisen-, Metall- und Elektroindustrie (Forts.)

Unternehmen	Arbeitszeitmodell (Kurzbeschreibung)
	früheren Vollzeitgehalts. Möglich ist nicht nur die Teilzeit als Halbtagsarbeit, sondern denkbar ist ebenfalls ein Monat Arbeit, ein Monat frei.
Ford UK Halewood, Liverpool	Vorzeitige Pensionierung: Männer mit 62 Jahren, Frauen mit 57 Jahren.
Hewlett-Packard GmbH, Böblingen	Gleitender Übergang in den Ruhestand: Über ein Zeitkonto können freie Stunden oder Tage angesammelt werden, um vor der Pensionierung z. B. nur noch 20 Stunden pro Woche zu arbeiten. Dieses Pensum kann dann an zwei bis drei Tagen in der Woche erledigt werden.
Computerhersteller NCR GmbH, Augsburg	Lebensarbeitszeit: Ausscheiden ab 58 Jahre mit 90 % des letzten Nettogehaltes für maximal 26 Monate.
Peugeot-Werk Poissy bei Paris	Vorruhestand ab 56 Jahre und zwei Monaten bei 65 % des Bruttoverdienstes für Teil unterhalb der Sozialversicherung und 50 % Bruttoverdienst, der diese Grenze übersteigt.
RAFI GmbH & Co., Ravensburg	Gleitender Übergang in den Ruhestand: Verringerte Arbeitszeit für ältere Mitarbeiter.
Siemens AG, München	Übergangsregelungen in den Ruhestand: In den letzten 4 Jahren bis zur Pensionierung nur noch 20 Stunden statt 40 Stunden/Woche. D. h. 50 % arbeiten, 75 % verdienen (sog. 75er-Regelung). Eine andere Variante ist die 55er-Regelung: mit Arbeitslosengeld und Überbrückungszulagen durchstarten bis zur 60er-Rente[34].
Sperry GmbH, Frankfurt	Lebensarbeitszeit: Ab 56 Jahre individuelle Regelungen.

---

34 Seit 1982.

F. Flexible Altersgrenze und Übergang in den Ruhestand

Eisen-, Metall- und Elektroindustrie (Forts.)

Unternehmen	Arbeitszeitmodell (Kurzbeschreibung)
Volkswagen AG, Wolfsburg	Ab dem 50. Lebensjahr können Werksangehörige einen „gleitenden" Ruhestand wählen, um jüngeren Arbeitnehmern nach Abschluß ihrer Ausbildung ein Teilzeitbeschäftigungsverhältnis mit anwachsender Wochenarbeitszeit (beginnend bei 20 über 24 bis hin zu 28,8 Wochenstunden nach dreieinhalb Jahren) zu ermöglichen; als Modell 3 „Stafette" bezeichnet.

Chemieindustrie

Unternehmen	Arbeitszeitmodell (Kurzbeschreibung)
Esso AG, Hamburg	Lebensarbeitszeit: Ab 55 Jahre Pensionierung möglich.

Handel

Unternehmen	Arbeitszeitmodell (Kurzbeschreibung)
Bertelsmann AG, Gütersloh	Gleitender Übergang in den Ruhestand.
H. F. & Ph. F. Reemtsma, Hamburg	Lebensarbeitszeit: Ausscheiden ab 58 Jahre.

Dienstleistungen (Banken usw.)

Unternehmen	Arbeitszeitmodell (Kurzbeschreibung)
Bank für Gemeinwirtschaft, Frankfurt	Lebensarbeitszeit: Ab 60 Jahre Pensionierung.
Sparkasse	Gleitende Pensionierung mit Lebensarbeitszeitverlängerung.

Dienstleistungen (Banken usw.) (Forts.)

Unternehmen	Arbeitszeitmodell (Kurzbeschreibung)
Volksfürsorge Deutsche Sachversicherungs AG, Hamburg	Lebensarbeitszeit: Ab 60 Jahre Pensionierung.

Sonstige

Unternehmen	Arbeitszeitmodell (Kurzbeschreibung)
Pinsel- und Bürstenhersteller, Mittelfranken	Flexible Pensionierung: Ein entsprechend den Wünschen der Mitarbeiter und betrieblichen Bedürfnissen gleitender Übergang in den Ruhestand mit der Möglichkeit, auch über das 65. Lebensjahr hinaus zu arbeiten. Kombination mit Abruf-Teilzeitarbeit vor oder nach der Pensionierung in einem vertraglich genau fixierten Umfang für betrieblich besonders bedeutsame Qualifikationen.

III. Rechtlicher Entscheidungsrahmen

1. Gesetzliche Grundlagen

Grundsätzlich ist anzumerken, daß zwingende Arbeitsschutznormen der Errichtung einer flexiblen Altersgrenze, die mit dem gleitenden Übergang in den Ruhestand verbunden ist, nicht entgegenstehen. Insbesondere existiert keine gesetzliche Regelung, nach der die Vollendung eines bestimmten Lebensalters automatisch das Ausscheiden aus dem Erwerbsleben zur Folge hat, abgesehen vom öffentlichen Dienst (BAT, Beamtenrecht).

2. Kollektivvertragliche Grundlagen

Die Arbeitszeitform der flexiblen Altersgrenze und des gleitenden Überganges in den Ruhestand kann – was auch sinnvoll ist – durchaus Gegenstand von Tarifverträgen sein. Soweit die Tarifvertragsparteien

F. Flexible Altersgrenze und Übergang in den Ruhestand

von ihrer Regelungskompetenz Gebrauch gemacht haben, ist sie für den tarifgebundenen Arbeitgeber zu beachten.

Mitbestimmungsfrei ist grundsätzlich der Umfang der vom Arbeitnehmer geschuldeten Arbeitszeit. Bezüglich der Verteilung der Arbeitszeit ist das Mitbestimmungsrecht des Betriebsrates gemäß § 87 Abs. 1 Nr. 2 BetrVG (Lage und Verteilung der Arbeitszeit auf die einzelnen Wochentage) zu beachten (Ausnahme: reine Individualmaßnahmen ohne kollektiven Bezug).

3. Individualrechtliche Grundlagen

Grundsätzlich ist für die Einführung der flexiblen Altersgrenze und des gleitenden Überganges in den Ruhestand eine arbeitsvertragliche Regelung dann erforderlich, wenn eine tarifvertragliche Regelung nicht besteht bzw. keine Anwendung findet (mangels Tarifbindung).

IV. Bewertung

1. Flexibilisierungspotential

Soweit der Arbeitnehmer über einen längeren Zeitraum hinweg die Arbeitszeit in Stufen mehrfach verkürzen kann, besteht für ihn die Möglichkeit, die Dauer der Arbeitszeit ständig zu verändern. Aufgrund dieser permanenten Option führt die Arbeitszeitform der flexiblen Altersgrenze und des gleitenden Überganges in den Ruhestand zur flexiblen Arbeitszeit. Somit ist mit dieser Arbeitszeitform ein hohes Flexibilisierungspotential vorhanden.

Anzumerken ist aber, daß vielfach die flexible Altersgrenze mit einer starren Teilzeit verbunden wird. Dies ist z.B. der Fall, wenn die Arbeitsvertragsparteien ein festes, nicht mehr abänderbares Arbeitszeitkontingent (z.B. halbtags) vereinbaren. Eine Veränderungsoption würde dann gerade nicht bestehen, so daß eine starre Arbeitszeit vorläge.

Ferner ist denkbar, daß dem Arbeitnehmer nur eine einmalige und nicht, wie oben dargestellt, permanente Option zur Verkürzung der Arbeitszeit eingeräumt wird (die Arbeitsvertragsparteien vereinbaren, daß der Arbeitnehmer sein Vollzeitarbeitsverhältnis in ein konkret festgelegtes Teilzeitarbeitsverhältnis umwandeln kann und später auch keine weiteren Veränderungsoptionen hat). Da insoweit nur einmal die Option zur Veränderung der Arbeitszeit ausgeübt werden kann und diese dann mit der Folge erlischt, daß die Arbeitszeit wiederum erstarrt, handelt es sich um eine beschränkt flexible Arbeitszeit.

2. Vor- und Nachteile

a) Arbeitgeber-Sicht

Die Arbeitszeitform der flexiblen Altersgrenze und des gleitenden Überganges in den Ruhestand eröffnet dem Arbeitgeber die Chance, auch weiterhin auf das Wissen und den Erfahrungsschatz eines älteren Arbeitnehmers zurückgreifen zu können, auch wenn dieser keine Vollzeitbeschäftigung mehr ausüben will bzw. aus gesundheitlichen Gründen auch nicht mehr ausüben kann. Zwar ist hiermit, wie bei jeder Teilzeitregelung, ein erhöhter Koordinierungsbedarf erforderlich, jedoch sind darüber hinausgehend keine weiteren Nachteile für den Arbeitgeber ersichtlich.

b) Arbeitnehmer-Sicht

Für den Arbeitnehmer ist die flexible Altersgrenze und der gleitende Übergang in den Ruhestand ausschließlich vorteilhaft, weil er allein über die Reduzierung seiner Arbeitsleistung entscheiden kann. Somit ist er in der Lage, seine persönlichen Bedürfnisse vollständig zu berücksichtigen.

3. Ausblick

Demoskopische Untersuchungen haben ergeben, daß eine Überalterung der Gesellschaft allgemein und damit auch der Arbeitsgesellschaft im besonderen eintritt. Dies wird zur Folge haben, daß der Prozentsatz der älteren Arbeitnehmer, die in einem Betrieb beschäftigt werden, immer weiter zunimmt. Gerade in diesem Zusammenhang gewinnt die flexible Altersgrenze und der gleitende Übergang in den Ruhestand erheblich an Bedeutung. Dies gilt um so mehr, falls die Arbeitsvertragsparteien vereinbaren, daß sogar über das 65. Lebensjahr hinaus gearbeitet werden kann (z. B. in der Verwaltung, bei nicht körperlich anstrengenden Arbeiten oder im Dienstleistungssektor). Für den sich abzeichnenden Facharbeitermangel, der allein mit den nachfolgenden Generationen nicht abgedeckt werden kann, bietet sich diese Arbeitszeitform als Lösung an.

G. Grundmuster: Die Gleitzeit (qualifizierte)

I. Definition

Während sich bei der einfachen Gleitzeit die Gestaltungsoption lediglich auf die Lage der Arbeitszeit bezieht, kann der Arbeitnehmer bei der qualifizierten Gleitzeit sowohl über Lage als auch Dauer der täglichen Arbeitszeit entscheiden. In der Regel werden z.Zt. noch bestimmte Kernarbeitszeiten vorgegeben, während denen betriebliche Anwesenheit erforderlich ist, um die innerbetriebliche Kommunikation zu gewährleisten. Jedoch besteht für den einzelnen Arbeitnehmer die Möglichkeit, die Arbeitszeit außerhalb der Kernzeit unterschiedlich auf die verschiedenen Arbeitstage oder gar Wochen zu verteilen und innerhalb bestimmter Zeiträume durch Überarbeit auszugleichen.

II. Praktizierte Arbeitszeitmodelle

Eisen-, Metall- und Elektroindustrie

Unternehmen	Arbeitszeitmodell (Kurzbeschreibung)
BMW, Regensburg	Gleitzeit für die Verwaltung[35] unter Einbeziehung des Samstags bei einer wöchentlichen Arbeitszeit von 37 Stunden (d.h. 7,4 Stunden/Tag bis 15.30 Uhr). Die Rahmenarbeitszeit liegt zwischen 6.30 Uhr und 18.00 Uhr und die Kernarbeitszeit zwischen 8.30 Uhr und 14.30 Uhr. Nach Anwesenheit von 4,5 Stunden erfolgt eine unbezahlte Mittagspause von 30 Minuten. Die Gestaltung der Arbeitszeit kann so vorgenommen werden, daß die wöchentliche Sollarbeitszeit von 5 Tagen auf alle 6 Werktage (Montag bis Samstag) zu verteilen ist (die regelmäßige 5-Tage-Woche bleibt jedoch im Durchschnitt

---

35 Einführung der Gleitzeitregelung ab 1.5.1988 durch eine Gleitzeit-Betriebsvereinbarung.

Praktizierte Arbeitszeitmodelle

Eisen-, Metall- und Elektroindustrie (Forts.)

Unternehmen	Arbeitszeitmodell (Kurzbeschreibung)
	bestehen). Den Mitarbeitern selbst obliegt die Entscheidung, wer an welchem Samstag anwesend ist, um die Mindestanwesenheit abzudecken. Für den gearbeiteten Samstag erfolgt der Ausgleich an einem Tag der folgenden Woche (Ausgleichstag). Zusätzlich kann der Mitarbeiter bis zu zwei Gleittage im Monat (maximal zwölf) pro Jahr in Anspruch nehmen. Der Gleitzeitübertrag liegt hierbei auf +/– 15 Stunden[36]. Zudem gibt es auch eine Gleitzeitregelung für Teilzeit-Mitarbeiter. Dabei müssen die vertraglich festgelegte Sollarbeitszeit von mindestens 3 Stunden und die Vereinbarung für eine eventuelle Partner-Teilzeit beachtet werden. Als Gleitzeitübertrag ist ein Guthaben bzw. Defizit von maximal 7,5 Stunden (Hälfte des Vollzeitübertrages) möglich.
Drägerwerk AG, Lübeck	Gleitzeitregelung für alle (gewerblichen) Mitarbeiter[36a], auch im Schichtbetrieb. Für den Arbeitsanfang liegt die Gleitspanne zwischen 6.45 und 8.15 Uhr, für das Arbeitsende zwischen 15 und 17.45 Uhr. Die Kernzeit von 8.15–15 Uhr. Für Teilzeitkräfte gelten 20 verschiedene Zeitarten mit einem Tages-Maximum von 10 Stunden sowie einem Wochen-Maximum von 45 Stunden. Als Gleitzeitübertrag in den folgenden Monat können bis zu 15 Stunden angesammelt werden. Darüber hinaus kann man sich Mehrarbeit in Geld oder Freizeit bezahlen lassen. Mehrarbeit kann auch in Freizeit abgegolten werden, wobei hier ein Zeitraum von bis zu 6 Monaten ab dem Anfall der Mehrarbeit festgelegt ist. Möglich ist auch eine Entnahme aus dem Gleitzeitspeicher

---

36 Für das Jahr 1990 ergab sich eine Soll-Anwesenheit an Samstagen von ca. 60 Mitarbeitern (das sind 8 % der 750 gleitzeitberechtigten Mitarbeiter. Die tatsächliche Ist-Anwesenheit lag bei durchschnittlich 75 Mitarbeitern (das sind 10 %).

36a Bereits seit 1972, ergänzt um 11 verschiedene Zeitarten „für Kommen und Gehen" seit 1.4.1989.

G. Die Gleitzeit (qualifizierte)

Eisen-, Metall- und Elektroindustrie (Forts.)

Unternehmen	Arbeitszeitmodell (Kurzbeschreibung)
	von bis zu 1,5 freien Tagen/Monat. Zusätzlich ist eine Entnahme von bis zu 3 Tagen aus dem Mehrarbeitsspeicher zusammenhängend möglich. Aufgrund einer Betriebsvereinbarung sind vom Unternehmen 3 Tage zu Brückentagen erklärt worden, und zwar in der Art, daß, wenn ein Feiertag auf einen Donnerstag oder Dienstag fällt, der Freitag bzw. der Montag ein Brückentag ist.
Hewlett-Packard GmbH, Böblingen	Gleitzeit: Zeitguthaben aus Über- und Unterschreitungen der täglichen Regelarbeitszeit werden auf einem Kurzfristkonto gesammelt. Drei Stunden kann dann jeder Mitarbeiter innerhalb einer Woche nach Belieben vor- oder nacharbeiten (swingtime).
IBM Deutschland Informationssysteme GmbH, Stuttgart[37]	(Gleitzeitmodell bei 6 ¼ Stunden täglicher Arbeitszeit und der Möglichkeit, 3 Stunden pro Woche für freie Tage anzusparen, maximal jedoch 27 Stunden. Insgesamt können 13 freie Tage auf die Monate gleich verteilt werden, wobei für den Monat Dezember zwei freie Tage zulässig sind.)
Klöckner Möller GmbH, Bonn	Gleitzeitregelungen[38] (gelten für alle Mitarbeiter), teilweise auch ohne Kernzeit, erlauben es, auf den Arbeitsanfall flexibel zu reagieren. Die tarifliche Arbeitszeit beträgt hierbei 37 Stunden/Woche. In einzelnen Produktionen wird diese Gleitzeitregelung mit Zwei- bzw. Drei-Schicht-Systemen, z. T. mit rollierenden freien Tagen ergänzt, erweitert. Der Gleitzeitübertrag liegt hier bei bis zu max. 10 Stunden. Zeitguthaben können auch über Freizeit abgegolten, in Ausnahmefällen wie Überstunden behandelt werden. Gleitzeitspanne liegt zwischen 7 und 17.30 Uhr. Für die Verwaltungen gibt es keine Kernzeit, für die Fertigung gilt eine nach Absprache definierte Kernzeit.

---

37 Siehe Anmerkung Seite 52, Fußnote 13a.
38 Betriebsvereinbarung von März 1985 über die gleitende Arbeitszeit.

Praktizierte Arbeitszeitmodelle

Eisen-, Metall- und Elektroindustrie (Forts.)

Unternehmen	Arbeitszeitmodell (Kurzbeschreibung)
Krupp Polysius AG, Beckum	Gleitzeit: Die Kernzeit liegt in der Zeit zwischen 8.45 Uhr und 12 Uhr sowie von 14 Uhr bis 16 Uhr, die Gleitspanne von 7 Uhr bis 18 Uhr. Das Zeitguthaben kann jetzt, bezogen auf die monatliche Sollzeit, auflaufen. Der negative Saldo darf dann auf bis zu 20 Stunden ohne Lohn- oder Gehaltsabzug sinken. Ein Zeitguthaben kann auch stunden- oder tageweise unter Verletzung der Kernarbeitszeit abgebaut werden (Handhabung wie beim Tarifurlaub). Auch der Vorgesetzte kann den Abbau von Zeitguthaben veranlassen. Die dann aufgelaufene Zeit wird mit einem 25%igen Aufschlag vergütet (es handelt sich hierbei aber nicht um angeordnete Mehrarbeit i. S. des Tarifvertrages).
Metallbetrieb	Gleitzeitsystem[39]: zweistündige Gleitspanne zwischen der ersten und zweiten Schicht. Die Vormittagsschicht beginnt um 6 Uhr und endet um 15.30 Uhr. Die Nachmittagsschicht, die um 20 Uhr enden soll, beginnt dementsprechend um 10.30 Uhr (überlappt also 5 Stunden mit der Vormittagsschicht außer Samstag). Der Einbau von Gleitspannen eignet sich eben dort, wo sich 1. und 2. Schicht überlappen. Somit können die Mitarbeiter zwischen 9.30 und 11.30 Uhr zur Nachmittagsschicht erscheinen und zwischen 14.30 und 16.30 Uhr die Vormittagsschicht beenden. Zeitguthaben und -schulden können bis zu jeweils 15 Stunden von einem Monat in den Folgemonat übertragen werden. Übersteigen die Zeitguthaben bzw. die Zeitschulden diesen Wert, so kann es zu Abgleitung sowie Auszahlung bzw. zu Nachleistung bzw. Entgeltabzügen kommen. Jeder Mitarbeiter kann darüber hinaus jederzeit einen halben oder ganzen freien Tag über Zeitkonto (nach Absprache mit Vorgesetzten) nehmen.

---

39 Als flexible Erweiterung der Nutzungszeit einer CAD-Anlage.

G. Die Gleitzeit (qualifizierte)

Eisen-, Metall- und Elektroindustrie (Forts.)

Unternehmen	Arbeitszeitmodell (Kurzbeschreibung)
Mettler-Toledo (Albstadt) GmbH	Basis ist die Regelarbeitszeit entsprechend dem jeweiligen gültigen Tarifvertrag. Die tarifliche durchschnittliche tägliche Regelarbeitszeit beträgt seit dem 1.4.1993 7,2 Stunden. Der Mitarbeiter hat in Abstimmung mit seinem Vorgesetzten seine persönlichen Bedürfnisse und die betrieblichen Belange bei der Einteilung seiner Arbeitszeit zu berücksichtigen. Für die Wahl der persönlichen Arbeitszeit wird a) eine tägliche Rahmenarbeitszeit – von Montag bis Freitag von 6.30–19.00 Uhr – Mindestarbeitszeit von 4 Stunden – Höchstarbeitszeit von 10 Stunden b) eine wöchentliche Rahmenarbeitszeit – tarifliche Regelarbeitszeit + max. 10 Stunden. vereinbart. Das Gleitzeitkonto kann auf plus 72 Stunden aufgebaut bzw. minus 72 Stunden abgebaut werden. Der Mitarbeiter hat das Recht, der Arbeit auch tageweise fern zu bleiben (Handhabung wie Urlaubsantrag).
MTU Friedrichshafen GmbH	*Gleitende Arbeitszeit:* Die Mitarbeiter bestimmen selber Beginn und Ende ihrer täglichen Arbeitszeit innerhalb bestimmter Grenzen. Der Arbeitsbeginn erfolgt zwischen 6.30 und 8 Uhr, das Arbeitsende liegt zwischen 15.12 und 17.30 Uhr. Kernzeit zwischen 8 und 15.12 Uhr, die durch eine flexible Mittagspause zwischen 11.45 und 13.15 Uhr (45 Minuten) unterbrochen ist. Ein Zeitguthaben von 20 Stunden und eine Zeitschuld von 10 Stunden können in den folgenden Monat übertragen werden. Bei vorhandenem Guthaben kann der Arbeitnehmer in jedem Kalenderjahr bis zu 13 Tage zusätzlich zum Jahresurlaub freinehmen. *Gleitzeit im Zweischichtbetrieb:* Gleitzeitregelung wie oben dargestellt, allerdings besteht eine Gleitmög-

Praktizierte Arbeitszeitmodelle

Eisen-, Metall- und Elektroindustrie (Forts.)

Unternehmen	Arbeitszeitmodell (Kurzbeschreibung)
	lichkeit nur bei Beginn der Frühschicht bzw. am Ende der Spätschicht, die Schichtübergabe um 13 Uhr ist fix. Die Ein- bzw. Ausgleitphase beträgt dabei jeweils 50 Minuten. Es besteht weiterhin die Möglichkeit der Freinahme von halben Tagen (i.d.R. die zweite Hälfte der Spätschicht, d.h. Arbeitsende hier 17.30 Uhr). *Versetzte Arbeitszeiten mit Gleitmöglichkeit:* Kombination zwischen unterschiedlichen Lagen der Arbeitszeit mit jeweiliger Ein- und Ausgleitphase. Beginn zwischen 9 und 11 Uhr, Ende zwischen 18.30 und 19 Uhr. Diese Zeiten sind jeweils durch festgelegte Pausen unterbrochen.
Computerhersteller NCR GmbH, Augsburg	Cafeteria-Modell (über Zeitgutschrift): Gleitzeitkonto erfaßt alle zuviel oder zuwenig geleisteten Arbeitsstunden. Plus-Stunden werden wie Überstunden behandelt und mit Zuschlag vergütet. Nur Zuschläge werden bezahlt, die Stunden kommen auf Langzeitkonto (Guthaben werden in Zeit bezahlt, oder es resultiert längerer Urlaub).
Adam Opel AG, Rüsselsheim	Gleitzeit in der Verwaltung.
Philips GmbH Röhren- u. Halbleiterwerke, Hamburg	Erweiterte Gleitzeit: Breitere Arbeitszeitspanne, die unterschiedlich von 6–19 Uhr oder 6–20 Uhr teilweise mit, teilweise ohne sog. „gleitende Kernzeit" wahrgenommen werden kann.
Rafi GmbH & Co., Ravensburg	Gleitzeit[40]: Arbeitsbeginn zwischen 6 und 8.30 Uhr, Arbeitsende zwischen 15 und 18 Uhr. Die Frühstückspause liegt in der Zeit von 9.15 bis 9.30 Uhr, die Mittagspause von 12.15 bis 13 Uhr. Die Kernzeit bewegt sich im Rahmen zwischen 8.30 bis 12.15 Uhr sowie von 13 bis 15 Uhr (5 Stunden 45 Minuten).

40 Die Gleitzeitregelungen wurden für jedes Projekt durch separate Betriebsvereinbarungen mit einer Laufzeit von 6 Monaten eingeführt. Die erstmalige Einführung der Gleitzeit erfolgte im September 1982.

G. Die Gleitzeit (qualifizierte)

Eisen-, Metall- und Elektroindustrie (Forts.)

Unternehmen	Arbeitszeitmodell (Kurzbeschreibung)
	Die Zeitguthaben bzw. -schulden können um 10 Stunden über- bzw. unterschritten werden. Überschreitungen bis zu 10 Stunden im Monat werden nicht als Überstunden angerechnet. Das Gleitzeitguthaben kann dann an maximal zwei halben Arbeitstagen pro Monat ausgeglichen werden. Die Gleitzeitmöglichkeit an Feiertagen wird aus betrieblichen Gründen auf maximal 2 Mitarbeiter begrenzt.
Siemens AG, München	Gleitzeit mit Gestaltungsmöglichkeiten für die Arbeitnehmer, auch in der Produktion[41]. Gleichzeitig gibt es die Kombination (als Mischform) von gestaffelter und gleitender Arbeitszeit. Die Normalarbeitszeit in der Fertigung und verwandten Bereichen liegt von 7–15.35 Uhr und für alle übrigen Bereiche von 7.45–16.20 Uhr. Die Sollarbeitszeit beträgt am Tag 7 Stunden 32 Minuten. Die Kernarbeitszeit beträgt 6 Stunden zuzüglich der Pausen. Die Gleitzeitspannen betragen vor Beginn der Kernzeit 2 Stunden, nach Ende der Kernzeit 3 Stunden (Fertigung und verwandte Bereiche). In allen übrigen Bereichen vor der Kernzeit 1 Stunde 40 Minuten, danach 3 Stunden 20 Minuten. Das Zeitguthaben darf jeweils am 31. März und 30. September eines Jahres 24 Stunden nicht überschreiten.
Thyssen-Henschel, Kassel	Gleitende Arbeitszeit in der Produktion[42] im Ein- und Zweischichtbetrieb[43]. Arbeitszeitbeginn und -ende liegen für die betriebsnahen Abteilungen von

---

41 Die Gleitzeit herrscht im Unternehmen seit 1984 vor. Erstmalig geregelt in Betriebsvereinbarung vom 18.3.1985, geändert am 1.3.1989.
42 Die gleitende Arbeitszeit ist in einer Betriebsvereinbarung ab 1. September 1989 geregelt worden. Die Zeiterfassung erfolgt über Arbeitszeiterfassungsgeräte in Verbindung mit Magnetkarten.
43 Der Zweischichtbetrieb reduziert sich allerdings auf 10 Mitarbeiter, die in einer Lackierstraße arbeiten. Auch hier wird über ein Pilotprojekt versucht, die gleitende Arbeitszeit langfristig zu installieren. Ansonsten wird überwiegend (Bereich Wehrtechnik) im Einschichtbetrieb gefahren (betrifft etwa 350 Mitarbeiter).

Praktizierte Arbeitszeitmodelle

Eisen-, Metall- und Elektroindustrie (Forts.)

Unternehmen	Arbeitszeitmodell (Kurzbeschreibung)
	6.30–8 Uhr (Gleitzeit 1) und für die übrigen Abteilungen von 7–8.30 Uhr sowie von 14.45–16.45 Uhr (Gleitzeit 2) und von 15.15–17.15 Uhr (übrige Abteilungen). Die Kernarbeitszeit liegt zwischen 8 und 14.15 Uhr (betriebsnahe Abteilungen) und 8.30–15.15 Uhr (übrige Abteilungen). Die individuelle Höchstarbeitszeit beträgt 9 Stunden und 30 Minuten. Pausen sind von 9–9.15 Uhr und zwischen 12 und 13 Uhr. In der 1. Schicht liegt die Gleitzeit 1 von 5–6.15 Uhr und Gleitzeit 2 von 13–14.45 Uhr. Die Kernarbeitszeit liegt hier von 6.15–13 Uhr mit einer Pause von 9–9.15 Uhr und zwischen 12 und 13 Uhr. In der 2. Schicht liegt die Gleitzeit 1 von 13–14.45 Uhr und Gleitzeit 2 von 21.15–22.45 Uhr, die Kernarbeitszeit von 14.45–21.15 Uhr bei einer Pause von 18–18.30 Uhr. Der Mitarbeiter hat die Möglichkeit, 10 Stunden Zeitguthaben mit in den nächsten Monat zu übertragen (maximal 10 Stunden Zeitschulden) und darf daher einmal im Monat gleiten (Gleitzeitentnahme).
Volkswagen AG, Wolfsburg	Gleitzeit im Zeitlohn und in der Verwaltung[44]. Die regelmäßige tägliche Arbeitszeit beträgt 7 Stunden 24 Minuten. Die Kernarbeitszeit (Anwesenheitspflicht) liegt von 8.25–15.05 Uhr. Einzuhaltende Mittagspause von 12–12.40 Uhr. Gleitzeitspannen von 6.55–8.25 Uhr (Arbeitsbeginn) und von 15.05–17.05 Uhr (Arbeitsende). Ein Gleitzeitvertrag von plus/minus 8 Stunden ist einzuhalten. Größere Guthaben als 8 Stunden werden am Ende eines Kalendermonats auf 8 Stunden gekürzt. Über 8 Stunden hinausgehende Zeitschuld wird als unberechtigte Abwesenheit gewertet, und das Arbeitsentgelt wird dann entsprechend gekürzt.

---

44 Tarifvertrag über gleitende Arbeitszeit vom 13.12.1988. Betriebsvereinbarung über gleitende Arbeitszeit gültig ab 1.1.1989.

G. Die Gleitzeit (qualifizierte)

Eisen-, Metall- und Elektroindustrie (Forts.)

Unternehmen	Arbeitszeitmodell (Kurzbeschreibung)
C. A. Weidmüller GmbH & Co., Detmold	Gleitende Arbeitszeit[45]: Arbeitsbeginn und -ende können von den Mitarbeitern innerhalb der zulässigen Bandbreite der Gleitzeit selbst bestimmt werden. Die Gleitzeitspanne I liegt zwischen 6.30 und 8.30 Uhr und die Gleitzeitspanne II von 15 bis 18 Uhr. Die Bandbreite umfaßt die Zeit zwischen frühestem Arbeitsbeginn (6.30 Uhr) und spätestem Arbeitsende (18 Uhr). Das Zeitguthaben bzw. die -schuld beträgt +/– 16 Stunden, die in den nächsten Abrechnungszeitraum übertragen werden können. Die Pausen sind 9 bis 9.15 Uhr (15 Minuten) sowie mittags in der Zeit zwischen 12 und 13.15 Uhr (30 Minuten). Besonderheit ist das sog. *„Gleitzeitsparbuch"*[46], z. B. für Langzeiturlaub oder eine kürzere Lebensarbeitszeit. Gleitzeitguthaben von über + 16 Stunden monatlich werden automatisch am Monatsende entsprechend dem Gleitzeitabrechnungszeitraum auf ein persönliches „Gleitzeitsparbuch" übertragen. Dabei werden einmalig die Gleitzeitguthaben über 18 Stunden mit zusätzlich 25 % Zeitzuschlag gutgeschrieben. Ein bestimmtes Guthaben vom Gleitzeitsparbuch („Gleitzeitfreizeit") kann für zusätzliche Erholungstage, Langzeitferien, Förderung von Familien- und Kinderbetreuung, persönliche Bildungsmaßnahmen, vorzeitigen Ruhestand und verkürzte Lebensarbeitszeit verwendet werden.

---

45 Laut Betriebsvereinbarung über die Gleitzeit vom 26.3.1976, ergänzt um die Änderungen vom 3.7.1984 und vom 5.5.1987. Die tarifliche Soll-Arbeitszeit beträgt seit dem 1.4.1989 37 Stunden. Die individuelle regelmäßige tägliche Arbeitszeit beträgt 7,24 Stunden. Die Normalarbeitszeit liegt von 7.51 bis 16 Uhr.
46 Hierzu wurde ergänzend zu der Betriebsvereinbarung Arbeitszeit/Gleitzeit eine Regelung (ab 1.9.1991) zum Ansparen von geleisteter Arbeitszeit/Gleitzeit – „Gleitzeitsparbuch" – getroffen.

Praktizierte Arbeitszeitmodelle

Chemieindustrie

Unternehmen	Arbeitszeitmodell (Kurzbeschreibung)
Bayer AG, Leverkusen	Gleitende Arbeitszeit[47]: Die Gleitzeitbreite liegt von 6.45–17.45 Uhr sowie in den Werkstätten von 6.15–17.15 Uhr. Gleitzeitspanne beträgt jeweils morgens und abends eine dreiviertel Stunde. Pausen sind festgelegt. Der Gleitzeitübertrag beträgt bis zu 10 Stunden (Guthaben bzw. Saldo) im Monat, übertragbar in den Folgemonat. Bei positivem Übertrag kann entweder ein halber Tag pro Monat oder ein ganzer Tag alle zwei Monate frei genommen werden.
B. Braun Melsungen AG	Gleitzeit (im gewerblichen Bereich): Kernzeit von 9 bis 15 Uhr. Die Gleitzeitspanne kann auch bis 20 Uhr ausgedehnt werden. Zweimal im Monat können die Arbeitnehmer einen halben Tag zu Hause bleiben (Ausgleichszeitraum 1 Monat).
Chemieindustrie	Gleitende Arbeitszeit: Erweiterte Gleitzeitspielräume und erhöhte Zeitkonten (bis zu 50 Stunden) sowie die Möglichkeit, mit ganzen freien Tagen bis zu einer Woche Zeitguthaben auszugleichen. Schichtbetrieb und gleitende Arbeitszeit: in Form von flexiblen Schichtübergabezeiten.

Handel

Unternehmen	Arbeitszeitmodell (Kurzbeschreibung)
Textilhaus Ludwig Beck, München	Gleitzeit ohne Kernzeit (individuelle Arbeitszeit, Arbeitszeit à la carte)[48]: Die Dauer der Arbeitszeit kann nach Arbeitnehmer-Präferenzen selbst bestimmt werden (z. B. in 10er Schritten bis 40 Stunden/Woche), wie auch die Lage der Arbeitszeit (Verteilung auf Werktage/Wochen/Monate) im Rahmen vorgegebener, am Arbeitsablauf orientierter

47 Gleitzeit wurde 1976 eingeführt und wird z. Zt. von etwa 13.000 Mitarbeitern genutzt.
48 Betriebsvereinbarung seit 1978.

G. Die Gleitzeit (qualifizierte)

Handel (Forts.)

Unternehmen	Arbeitszeitmodell (Kurzbeschreibung)
	Optionen des Unternehmens (meist Koppelung mit Anreizsystemen wie Zeit-/Entgelt-Bonus zur Wahl unattraktiver Arbeitszeiten). Praxis: Minimum 60 Stunden/Monat oder 10 Stunden/Monat mehr bis Maximum von 173 Stunden/Monat.

Dienstleistungen (Banken usw.)

Unternehmen	Arbeitszeitmodell (Kurzbeschreibung)
Bertelsmann Distribution GmbH, Gütersloh	Gleitende Arbeitszeit[49]: Für kaufmännische Abteilungen gilt: Arbeitsbeginn zwischen 7 und 9 Uhr, Mittagspause zwischen 11.30 und 14 Uhr, Arbeitsende täglich zwischen 15.30 und 19 Uhr. Arbeitsende freitags zwischen 15 und 19 Uhr. In den technischen Abteilungen gilt: Arbeitsbeginn zwischen 7 und 8 Uhr, Mittagspause zwischen 11.30 und 13.30 Uhr und das Arbeitsende zwischen 15 und 18 Uhr. Außerdem erhalten Mitarbeiter mit erhöhtem Anforderungsgrad zusätzlich eine Flexibilitätszulage (täglich 30 Minuten bzw. 20 % auf 2,5 Stunden bei mindestens 7,4 Stunden Arbeitszeit in der Zeit von 18–23 Uhr und 40 % Zuschlag in der Zeit von 23–6 Uhr) in Form von bezahlter Freizeit. Die monatliche Richtgröße zum Ansparen von Zeitguthaben bzw. -schulden beträgt +/– 30 Stunden. Das Ansammeln von Stunden auf ein Jahres-Zeitkonto ist beliebig, sollte allerdings am Jahresende nicht mehr als +/– 15 Stunden betragen. Daneben nehmen auch die Teilzeitkräfte an der gleitenden Arbeitszeit teil. Gleitende Arbeitszeit und Schichtvereinbarung (Auszug): Das Betriebszeiten-Modell 1 (Wechselschicht) legt für die Frühschicht den Arbeitsbeginn zwischen 6 und 7 Uhr und das Arbeitsende zwischen

---

[49] Seit 1971 und in intensivierter Form seit 1985 für die gesamte Belegschaft. Geregelt in Rahmenbetriebsvereinbarung gültig ab 1. August 1990.

Dienstleistungen (Banken usw.) (Forts.)

Unternehmen	Arbeitszeitmodell (Kurzbeschreibung)
	14 und 15 Uhr fest. Die Pausen sind variabel gestaltbar. Die Spätschicht beginnt zwischen 14 und 15 Uhr und endet zwischen 22 und 23 Uhr bei variablen Pausen. Die Frühschicht im Betriebszeiten-Modell 2 beginnt zwischen 6 und 7 Uhr und endet zwischen 14 und 15 Uhr (Pausen variabel). In der Spätschicht liegt der Arbeitsbeginn zwischen 9 und 10 Uhr, das Arbeitsende zwischen 17 und 18 Uhr (Pausen variabel).
BHW Bausparkasse AG, Hameln	Gleitzeit[50]: Kernzeit von Montag bis Donnerstag an Langzeittagen und bei Blockarbeitszeit von 9.30 bis 15.30 Uhr und am Freitag 9.30 bis 13 Uhr. Die Arbeitszeit darf am Freitag nicht weniger als 4 Stunden betragen. An Kurzzeittagen liegt die Zeit vormittags von 9 bis 12 Uhr und nachmittags von 13 bis 16 Uhr. Der Arbeitsbeginn liegt zwischen 7 und 9.30 Uhr (Langzeit) und zwischen 7 und 9 Uhr (Kurzzeit). Arbeitsbeginn an Kurzzeittagen nachmittags zwischen 12.30 und 13 Uhr. Das Arbeitsende (Langzeittage) von Montag bis Donnerstag zwischen 15.30 und 18 Uhr, am Freitag zwischen 13 und 18 Uhr. Das Arbeitsende an Kurzzeittagen vormittags zwischen 12 und 12.30 Uhr, an Kurzzeittagen nachmittags zwischen 16 und 18 Uhr. Auch Teilzeitbeschäftigte können die Arbeitszeit so variieren, daß sie bis zu 30 Minuten früher oder später als vereinbart die Arbeit aufnehmen oder beenden.
Volksbank, Bad Cannstatt	Zeitautonome Arbeitsgruppen: Für die Gruppe gelten Betriebs- und Kernzeiten: Die Betriebs- und Kernzeiten (Betriebszeit ist hier gleich Kernzeit) sowie die Mindestbesetzung werden für jede Gruppe unter deren Mitwirkung festgelegt. Die Gruppe entscheidet autonom, wer wann anwesend ist, zwischen 7.30 und 18.30 Uhr ist also Gleitzeit. Es gibt keine

---

50 Betriebsvereinbarung seit Juni 1990.

G. Die Gleitzeit (qualifizierte)

Dienstleistungen (Banken usw.) (Forts.)

Unternehmen	Arbeitszeitmodell (Kurzbeschreibung)
Gambro Dialysatoren KG, Hechingen	Sperrzeit. Überzeiten können in ganzen Tagen abgefeiert werden. Gleitzeit ohne Kernzeit: Angestellte können irgendwann zwischen 7 Uhr früh und 18 Uhr am Abend mindestens 4 Stunden arbeiten.
Interflex Datensysteme GmbH, Stuttgart	Gleitzeitspanne bei Arbeitsbeginn zwischen 7 und 8.30 Uhr und für das Arbeitsende zwischen 15.30 und 19 Uhr. Kernarbeitszeit von 8.30–15.30 Uhr, an Freitagen bis 11.30 Uhr. Die allgemeine Betriebszeit von 8–12 Uhr und von 13–16.30 Uhr. Freitags von 8–16 Uhr durchgehend. Die Gleitzeitspannen wurden zu Lasten der Kernzeit verändert. Ursprünglich waren Gleitzeitüberträge von +/– 10 Stunden möglich. Mittlerweile können bis zu +/– 32 Stunden Zeitsaldo in den Folgemonat übernommen werden. Gleitzeit (Ansprechzeit) ohne Kernzeit ist eine wesentlich sinnvollere Arbeitszeitform, weil dem unterschiedlich hohen Arbeitsanfall besser Rechnung getragen werden kann. Die Ansprechzeit ist allerdings viel länger als die Kernzeit.
Kreisverwaltung Santa Clara, USA	Bandbreiten-Modell
Gustav und Grete Schickedanz Holding KG, Fürth	Gleitende Arbeitszeit[51]: Gleitzeitspanne von 1,5 Stunden bei Arbeitsbeginn und -ende. Die tägliche Arbeitszeit beträgt z.Z. 7 Stunden 42 Minuten von montags bis freitags. 20 Stunden Über- oder Unterschreitung der Soll-Arbeitszeit können in den Folgemonat übernommen werden. Der Abbau von Gleitzeitguthaben kann unter Berücksichtigung der betrieblichen Belange bzw. in Abstimmung mit dem Vorgesetzten selbst bestimmt werden. Auch ist hierbei die Gewährung von ganzen freien Tagen möglich. Die Unternehmensleitung kann darüber hinaus

---

51 Rahmen-Betriebsvereinbarung seit 1.1.1986.

Praktizierte Arbeitszeitmodelle

Dienstleistungen (Banken usw.) (Forts.)

Unternehmen	Arbeitszeitmodell (Kurzbeschreibung)
	bestimmte Tage für arbeitsfrei erklären, die als Urlaub verbucht oder durch Gleitzeit ausgeglichen werden können.
Softwarehaus	Gleitzeitsystem: Plusstunden (von über 20 Stunden) können (nach Absprache im Team und Vorgesetzten) in ganze freie Tage umgesetzt und auf das Folgejahr übertragen werden. Außerdem können die Teams für die Zeit zwischen zwei Projekten untereinander einen „Betriebsurlaub" aus individuellen Urlaubstagen und Arbeitszeitguthaben vereinbaren (Stellvertreterregelung).
Sparkasse	Gleitzeit mit kundenorientierten, gruppenbezogenen Kernzeiten. Zeitautonome Arbeitsgruppen mit Nachbarschaftshilfe.

Sonstige

Unternehmen	Arbeitszeitmodell (Kurzbeschreibung)
Agfa-Gevaert AG	Gleitzeitschichtmodell: Flexible Schichtarbeit durch Kombination von Gleitzeit und Tauschbörse mit der Schichtarbeit. Die Nachtschicht wird gegenüber der Frühschicht und der Spätschicht verkürzt. Dadurch entstehen günstige Schichtwechselzeiten in Verbindung mit der gleitenden Arbeitszeit oder Absprache-Gleitzeit und einer Tauschbörse. Die Schichtfolge ist günstig und die Schichtzyklusdauer daher nicht zu lang.
Daten- und Medienverlag (DMV), Eschwege	Gleitzeit ohne Kernzeit (individuell).

G. Die Gleitzeit (qualifizierte)

Sonstige (Forts.)

Unternehmen	Arbeitszeitmodell (Kurzbeschreibung)
Hengstler	Gleitzeit mit Zeitausgleich, wenn ein Arbeitszeitvorschuß gewährt wird. Man borgt sich vom Betrieb Arbeitszeit für private Erledigungen. Hier ist ein Zeitausgleich innerhalb von 2 Jahren möglich.
Hessische Niedersächsische Allgemeine (HNA), Kassel	Gleitzeit
NN	Innovative Gleitzeit mit erweiterten Bandbreiten infolge von Kernzeitreduzierungen und/oder abweichenden Kernzeitfestlegungen bei vergrößerten Übertragungsmöglichkeiten und Ausgleichszeiträumen. Festzulegen wären demnach Kernzeittage pro Woche, Kernzeitwochen pro Monat sowie Kernzeitmonate pro Jahr, die dann jeweils den Kapazitätsauslastungsschwankungen folgen. Abrechnung erfolgt über Quartals- bzw. Jahres-Saldenausgleich. Zeitautonome Arbeitsgruppen.
Pinsel- und Bürstenhersteller, Mittelfranken	Gleitende Arbeitszeit: Diese ist so zu wählen, daß Arbeitskräfte, die keine Gleitzeit wünschen, ihre Arbeitszeit auch nicht zu verändern brauchen. Absprache-Gleitzeit: In der Frühschicht liegt der Arbeitsanfang von 5–7 Uhr und das Arbeitsende von 12–14 Uhr. Die Spätschicht beginnt von 12–14 Uhr und endet von 21–23 Uhr. Der Arbeitsanfang der Nachtschicht ist von 21–23 Uhr, und sie wird von 5–7 Uhr beendet. Zeitautonome Arbeitsgruppen (mit eindeutiger Vertretungsregelung): Regelung der Betriebs- sowie Gleitzeit und Mindestbesetzungen nicht für einzelne Mitarbeiter, sondern für ganze Gruppen. Diese entscheiden innerhalb gegebener Optionen, welche Mitglieder wann anwesend sind. Zudem gibt es die Einrichtung von Tauschbörsen, damit die Mitarbeiter

Rechtlicher Entscheidungsrahmen

Sonstige (Forts.)

Unternehmen	Arbeitszeitmodell (Kurzbeschreibung)
	gleicher Qualifikation innerhalb vorgegebener Grenzen ganze Schichttage oder komplette Schichten untereinander tauschen können.
Satzbetrieb	Gleitzeitsystem: Die tägliche Soll-Arbeitszeit beträgt 7,7 Stunden. Die Kernzeit liegt von 7–12.45 bei 20 Minuten unbezahlter Pause. Die Gesamtarbeitszeitdauer beträgt 9 Stunden (hintere Gleitspanne). Das späteste Arbeitsende in der Frühschicht ist von 13.15–19 Uhr. Die vordere Gleitspanne beginnt frühestens um 9.10 Uhr.

III. Rechtlicher Entscheidungsrahmen

1. Gesetzliche Grundlagen

Insbesondere sind die zwingenden Vorschriften des ArbZG zu beachten. Das bedeutet, Arbeitgeber und Arbeitnehmer können, soweit keine Tarifbindung besteht, im Rahmen der gesetzlichen Vorschriften des ArbZG die gleitende Arbeitszeit frei vereinbaren (§§ 3, 7 Abs. 3 ArbZG).

Soweit eine automatisierte Zeiterfassung (Zeitkontrolle) eingeführt wird, besteht gem. § 87 Abs. 1 Nr. 6 BetrVG ein Mitbestimmungsrecht des Betriebsrates.

2. Kollektivvertragliche Grundlagen

§ 7 Abs. 1 und 2 ArbZG eröffnet die Möglichkeit, von den Grundnormen der §§ 3 bis 6 ArbZG in einem Tarifvertrag oder aufgrund eines Tarifvertrages in einer Betriebsvereinbarung abzuweichen. Damit ist es zulässig, sowohl die in § 3 ArbZG mittelbar festgelegte Grenze der wöchentlichen Höchstarbeitszeit von 60 Stunden als auch den in § 3 Satz 2 ArbZG festgelegten Ausgleichszeitraum zu überschreiten (§ 7 Abs. 1 Nr. 1 a ArbZG).

G. Die Gleitzeit (qualifizierte)

Neuerdings sieht § 7 Abs. 3 ArbZG, was für die Praxis sehr wichtig ist, vor, daß im Geltungsbereich eines Tarifvertrages nach Abs. 1 und Abs. 2 abweichende tarifliche Regelungen im Betrieb eines nicht tarifgebundenen Arbeitgebers durch Betriebsvereinbarung übernommen werden dürfen. Für Betriebe ohne Betriebsrat ist es zulässig, durch schriftliche Vereinbarung tarifvertragliche Abweichungen im Sinne des § 7 Abs. 1 und 2 ArbZG auf das Arbeitsverhältnis anzuwenden (§ 7 Abs. 3 Satz 1 ArbZG).

Soweit ein entsprechender Tarifvertrag abweichende Regelungen durch Betriebsvereinbarung, also im Wege einer sogenannten Tariföffnungsklausel (vgl. § 77 Abs. 3 Satz 2 BetrVG) vorsieht, kann auch in Betrieben eines nicht tarifgebundenen Arbeitgebers davon Gebrauch gemacht werden (§ 7 Abs. 3 Satz 2 ArbZG).

Die Einführung und Ausgestaltung der qualifizierten Gleitzeit ist gemäß § 87 Abs. 1 Nr. 2 BetrVG mitbestimmungspflichtig. Ein Mitbestimmungsrecht des Betriebsrates besteht hinsichtlich der Festlegung von Kernarbeitszeiten und Gleitspannen. Ferner müssen sich die Betriebspartner über die Zulässigkeit von Zeitguthaben und Zeitschulden, deren Übertragbarkeit (zulässiger Umfang) über den Ausgleichszeitraum hinaus und über die Geltung von Verfallklauseln einigen.

3. Individualrechtliche Grundlagen

Ebenso wie die einfache Gleitzeit kann auch die qualifizierte Gleitzeit bereits im Einzelarbeitsvertrag vereinbart werden. Bei der Einführung ist allerdings dann das Mitbestimmungsrecht des Betriebsrates gemäß § 87 Abs. 1 Nr. 2 BetrVG zu beachten.

IV. Bewertung

1. Flexibilisierungspotential

Durch die Arbeitszeitform der qualifizierten Gleitzeit wird eine flexible Arbeitszeit ermöglicht, weil die Arbeitszeit sowohl hinsichtlich der Lage als auch der Dauer jederzeit, also permanent, veränderbar ist. Eine Erstarrung tritt nicht ein. Die Flexibilisierungsoption wird ausschließlich vom Arbeitnehmer ausgeübt. Insoweit ist die qualifizierte Gleitzeit das Gegenmodell zur KAPOVAZ. Die Größe des Flexibilisierungspotentials ist davon abhängig, in welchem Umfang bestimmte Kernzeiten, in denen der Arbeitnehmer anwesend sein muß, festgelegt worden sind. Wie die oben dargestellten Modelle der qualifizierten Gleitzeit gezeigt haben, kann die qualifizierte Gleitzeitarbeit sowohl im Produktions- wie auch im Verwaltungsbereich Anwendung finden (vgl. Abb. 6: „GAZ" in der Einleitung, S. 21).

2. Vor- und Nachteile

a) Arbeitgeber-Sicht

Für den Arbeitgeber hat die qualifizierte Gleitzeit den Vorteil, daß hierdurch in gewisser Weise auch eine Anpassung der Arbeitszeit an den Arbeitsanfall erfolgen kann (z. B. durch das Ansammeln von Zeitguthaben bei geringem Arbeitsanfall und Abbau derselben bei Arbeitsspitzen). Hierbei ist allerdings darauf zu achten, daß sich die qualifizierte Gleitzeitarbeit nicht in eine informelle KAPOVAZ umwandelt. Grundsätzlich muß daher auch dem Arbeitnehmer die Flexibilisierungsoption zugestanden werden. Weitere Vorteile sind der Wegfall von Überstundenzuschlägen und Fehlzeiten. Hinzu kommen verlängerte Ansprechzeiten im Unternehmen durch eine größere Bandbreite in der Anwesenheit.

Nachteilig für den Arbeitgeber sind die Kosten für die notwendige Anschaffung von Zeiterfassungsgeräten. Ferner ist auch eine umfassende Kommunikation unter den Mitarbeitern nicht mehr jederzeit möglich.

b) Arbeitnehmer-Sicht

Bei der qualifizierten Gleitzeitarbeit steht die Flexibilisierungsoption allein dem Arbeitnehmer zu, so daß dessen Zeitsouveränität erheblich ausgeweitet ist. Dies ermöglicht eine bessere Anpassung der Arbeitszeit an den persönlichen Lebensrhythmus. Auch kann der Arbeitnehmer berufliche und private Interessen optimaler koordinieren.

Besonders günstig ist die qualifizierte Gleitzeitarbeit für den Arbeitnehmer dann, wenn die Möglichkeit besteht, ein Zeitguthaben über einen längeren Zeitraum anzusparen. Dann besteht für ihn z. B. die Chance, über eine große Zeitspanne ohne finanziellen Verlust aus dem Erwerbsleben vorübergehend auszuscheiden, um dann später wieder

G. Die Gleitzeit (qualifizierte)

zurückzukehren. Insoweit würde sich die qualifizierte Gleitzeit der „amorphen Arbeitszeit" annähern.

Nachteilig für den Arbeitnehmer ist, daß er unter Umständen mit Einkommenseinbußen durch weniger Überstunden zu rechnen hat. Auch besteht die Gefahr, daß ein ersatzloser Verfall von Zeitguthaben eintritt, wenn der Ausgleichszeitraum überschritten worden ist.

3. Ausblick

Insgesamt ist festzustellen, daß durch die qualifizierte Gleitzeitarbeit sowohl die Interessen des Arbeitnehmers wie die des Arbeitgebers optimal berücksichtigt werden können. Daher wird man gerade die qualifizierte Gleitzeit als eine interessante Arbeitszeitform für die Zukunft ansehen können. Allerdings ist sicherzustellen, daß durch die qualifizierte Gleitzeitarbeit nicht eine versteckte KAPOVAZ eingeführt wird. Diese Situation wäre gegeben, wenn der Arbeitgeber vom Arbeitnehmer erwarten wollte, daß dieser seine Flexibilisierungsoptionen ausschließlich oder überwiegend nach betrieblichen Gegebenheiten ausüben soll. Um hier einen sachgerechten Ausgleich zwischen den individuellen Bedürfnissen des Arbeitnehmers und den betrieblichen Erfordernissen erzielen zu können, bietet es sich an, daß im Tarifvertrag oder in einer Betriebsvereinbarung ein entsprechender Konfliktlösungsmechanismus festgeschrieben wird. Gerade bei der Einführung der qualifizierten Gleitzeitarbeit in der Produktion besteht ein erhöhter Koordinierungsbedarf, da sich die einzelnen Arbeitnehmer untereinander absprechen müssen (z. B. in teilautonomen Arbeitsgruppen). Insoweit ist es wichtig, ein Verfahren zu entwickeln, das Koordinierungsprobleme und die hieraus resultierenden Streitigkeiten effektiv und schnell beseitigt. Hier bietet sich z. B. die Schaffung einer betrieblichen Schlichtungsstelle unter Beteiligung des Betriebsrates an.

Von der Lösung dieser Organisationsprobleme ist es abhängig, ob die Vorteile der qualifizierten Gleitzeitarbeit für Arbeitnehmer und Arbeitgeber voll zur beiderseitigen Zufriedenheit realisiert werden können.

H. Grundmuster: Die Anpassung der Arbeitszeit an den Arbeitsanfall (kapazitätsorientierte variable Arbeitszeit – KAPOVAZ)

1. Definition

Bei der kapazitätsorientierten variablen Arbeitszeit (KAPOVAZ) wird dem Arbeitgeber aufgrund des Einzelarbeitsvertrages das Recht eingeräumt, die Arbeitsleistung des Arbeitnehmers entsprechend den real gegebenen betrieblichen Anforderungen festzusetzen. Es erfolgt somit eine Anpassung der Arbeitszeit an den Arbeitsanfall kraft eines einseitigen Leistungsbestimmungsrechtes des Arbeitgebers. Bei der KAPOVAZ wird zugleich im Einzelarbeitsvertrag die insgesamt geschuldete Arbeitszeit des Arbeitnehmers im voraus festgelegt. Hierbei können unterschiedliche Bezugszeiträume (Woche oder Monat) vereinbart werden.

II. Praktizierte Arbeitszeitmodelle

Eisen-, Metall- und Elektroindustrie

Unternehmen	Arbeitszeitmodell (Kurzbeschreibung)
RAFI GmbH & Co., Ravensburg	KAPOVAZ: Monatliche Arbeitszeit wird nach dem Arbeitsanfall eingeteilt.
Siemens AG, München	Teilzeit (in der Tendenz KAPOVAZ).

Handel

Unternehmen	Arbeitszeitmodell (Kurzbeschreibung)
Sportmodehaus Willy Bogner	KAPOVAZ: Die Belegschaft muß in Zeiten des größten Arbeitsanfalls 45 Stunden pro Woche arbei-

H. Die Anpassung an den Arbeitsanfall

Handel (Forts.)

Unternehmen	Arbeitszeitmodell (Kurzbeschreibung)
	ten. Die über die Jahresarbeitszeit hinausgehenden Überstunden werden dann dazu eingesetzt, um die Ferien zu verlängern. Insofern kann das Werk Ostern zwei Wochen, im Mai/Juni dreieinhalb Wochen, im September vierzehn Tage, Ende Oktober eine weitere Woche und zwischen Weihnachten und Neujahr ebenfalls ganz schließen.

Sonstige

Unternehmen	Arbeitszeitmodell (Kurzbeschreibung)
Daten- und Medienverlag (DMV), Eschwege	KAPOVAZ (jedoch wenig).
Hessische Niedersächsische Allgemeine (HNA), Kassel	KAPOVAZ und Arbeit auf Abruf: Hier arbeiten etwa 100 Teilzeitkräfte auf Abruf. Die Abrufkräfte arbeiten auf Wochen- bzw. Monatsbasis, 2 Stunden/Tag bei einem 470,–DM- bis 670,–DM-Beschäftigungsverhältnis.
Pinsel- und Bürstenhersteller, Mittelfranken	Flexible Pensionierung[52] in Kombination mit Abruf-Teilzeitarbeit vor oder nach der Pensionierung in einem vertraglich genau fixierten Umfang für betrieblich besonders bedeutsame Qualifikationen.

---

52 Ein entsprechend den Wünschen der Mitarbeiter und betrieblichen Bedürfnissen gleitender Übergang in den Ruhestand mit der Möglichkeit, auch über das 65. Lebensjahr hinaus zu arbeiten.

III. Rechtlicher Entscheidungsrahmen

1. Gesetzliche Grundlagen

Für die rechtliche Ausgestaltung der KAPOVAZ ist insbesondere § 4 BeschFG zu beachten.

So muß gemäß § 4 Abs. 1 BeschFG bereits im Arbeitsvertrag eine bestimmte Dauer der Arbeitszeit festgelegt worden sein. Es ist somit unzulässig, wenn neben der Lage der Arbeitszeit auch deren Dauer zur alleinigen Disposition des Arbeitgebers gestellt wird. Ist keine Dauer der Arbeitszeit – weder ausdrücklich noch stillschweigend – festgelegt worden, so gilt kraft Gesetzes (4 Abs. 1, 2. Halbsatz BeschFG) eine wöchentliche Arbeitszeit von 10 Stunden als vereinbart. In diesem Fall ist zu beachten, daß der Arbeitnehmer zwar freiwillig länger arbeiten kann, er aber nicht zu einer weitergehenden Arbeitsleistung verpflichtet ist.

Da § 4 Abs. 1, 1. Halbsatz BeschFG eine „bestimmte" Arbeitszeit vorschreibt, muß die Arbeitszeit im Arbeitsvertrag exakt festgelegt sein, so daß vertragliche Regelungen, die nur eine Mindest- bzw. Höchstarbeitszeit oder eine gewisse Bandbreite festlegen, unzulässig sind.

Da § 4 Abs. 1 BeschFG lediglich vorschreibt, daß Arbeitgeber und Arbeitnehmer eine gewisse Dauer der Arbeitszeit festzulegen haben, ist umstritten, wie groß der Bemessungszeitraum (Bezugszeitraum) sein darf. Nach dem Wortlaut könnte es sich um eine Stundenzahl pro Woche, Monat, Quartal, pro Jahr oder länger handeln. Die überwiegende Meinung der arbeitsrechtlichen Literatur geht aufgrund der offenen Regelung des § 4 Abs. 1 BeschFG davon aus, daß die Vereinbarung eines Bezugszeitraumes von einem Jahr rechtmäßig ist. Allerdings ist hierbei zu beachten, daß möglicherweise durch eine zukünftige höchstrichterliche Rechtsprechung des Bundesarbeitsgerichtes ein zu lang gewählter Bezugszeitraum als rechtswidrig beurteilt werden wird, weil dieser eine zu starke einseitige Bindung des Arbeitnehmers an den Arbeitgeber bedeuten würde. Dies muß um so mehr gelten, als nunmehr § 3 Satz 2 ArbZG einen Ausgleichszeitraum von 6 Kalendermonaten vorsieht. Bei einem über 6 Monate bzw. 24 Wochen hinausgehenden Bezugszeitraum könnte somit der gesetzliche Ausgleichszeitraum überspielt bzw. unterlaufen werden. Auch bei der KAPOVAZ kann – ebenso wie bei der gleitenden Arbeitszeit – die Notwendigkeit des Zeitausgleiches dann auftreten, wenn – bei entsprechendem Arbeits-

H. Die Anpassung an den Arbeitsanfall

anfall – über 10 Stunden täglich hinausgehend Arbeit geleistet wird. Bei einem beabsichtigten Bezugszeitraum von mehr als 6 Monaten bzw. 24 Wochen ist es daher ratsam, eine entsprechende tarifvertragliche Regelung im Sinne des § 7 Abs. 1 Nr. 1b ArbZG gemäß § 7 Abs. 3 ArbZG zugrunde zu legen. Das heißt: sieht ein geltender Tarifvertrag einen längeren Ausgleichszeitraum vor, so kann diese Regelung durch Betriebsvereinbarung oder, wenn ein Betriebsrat nicht besteht, durch schriftliche Vereinbarung zwischen dem Arbeitgeber und dem Arbeitnehmer auch dann übernommen werden, wenn keine Tarifbindung besteht (§ 7 Abs. 3 Satz 1 ArbZG).

Nach § 4 Abs. 2 BeschFG ist ferner der Arbeitnehmer zur Arbeitsleistung nur dann verpflichtet, wenn der Arbeitgeber ihm die Lage seiner Arbeitszeit jeweils mindestens vier Tage im voraus mitteilt. Gemäß § 4 Abs. 3 BschFG muß der Arbeitgeber, falls eine Vereinbarung über die tägliche Dauer der Arbeitszeit nicht erfolgt ist, den Arbeitnehmer jeweils für mindetens drei aufeinanderfolgende Stunden zur Arbeitsleistung in Anspruch nehmen.

Des weiteren ist zweifelhaft, ob Zeitguthaben bzw. Zeitschulden in den nachfolgenden Bezugszeitraum übertragen werden können, wenn dies im Arbeitsvertrag vereinbart wurde. Hiergegen spricht, daß das Gesetz zwingend vorschreibt, daß die Parteien eine bestimmte Dauer der Arbeitszeit für einen konkreten Bezugszeitraum zu vereinbaren haben. Dies wäre jedoch dann nicht mehr der Fall, wenn eine Übertragung von Zeitguthaben bzw. Zeitschulden erfolgt. Daher wird man eine Abrede im Arbeitsvertrag, die diese Möglichkeit vorsieht, als unzulässig ansehen müssen (Verstoß gegen § 4 Abs. 1 BeschFG).

2 Kollektivvertragliche Grundlagen

Grundsätzlich besteht die Möglichkeit, daß im Tarifvertrag Regelungen über die konkrete Ausgestaltung der KAPOVAZ getroffen werden. Vorstellbar ist insbesondere, daß bestimmte Mindestarbeitszeiten festgelegt werden. Allerdings kann im Tarifvertrag auch zuungunsten des Arbeitnehmers von § 4 BeschFG abgewichen werden (§ 6 Abs. 1 BeschFG).

Zu beachten ist, daß der Betriebsrat gemäß § 87 Abs. 1 Nr. 2 BetrVG über die Lage der täglichen Arbeitszeit sowie deren Verteilung auf die einzelnen Wochentage ein zwingendes Mitbestimmungsrecht hat. Dies bedeutet, daß auch bei der KAPOVAZ ein Mitbestimmungsrecht des

Betriebsrates (§ 87 Abs. 1 Nr. 2 BetrVG) besteht. Allerdings ist umstritten, inwieweit der Betriebsrat bei jedem einzelnen Arbeitsabruf mitzubestimmen hat, oder ob sich vielmehr sein Mitbestimmungsrecht lediglich darauf beschränkt, daß er bei allgemeinen Rahmenregelungen zu beteiligen ist. Grundsätzlich wird es sich bei dem einzelnen Abruf der Arbeitsleistung um eine Individualmaßnahme handeln, bei der dem Betriebsrat kein Mitbestimmungsrecht zusteht. Allerdings ist zu beachten, daß der Einsatz der Arbeitnehmer mit kapazitätsorientierter variabler Arbeitszeit aufeinander bzw. mit den vollzeitbeschäftigten Arbeitnehmern abgestimmt werden muß, so daß dann ein kollektiver Bezug gegeben sein könnte. Ist dies zu bejahen, wäre ein Mitbestimmungsrecht des Betriebsrates gegeben (§ 87 Abs. 1 Nr. 2 BetrVG).

3. Individualrechtliche Grundlagen

Grundsätzlich ist eine Vereinbarung über die kapazitätsorientierte variable Arbeitszeit (KAPOVAZ) im Einzelarbeitsvertrag zu treffen.

IV. Bewertung

1. Flexibilisierungspotential

Die KAPOVAZ enthält als Arbeitszeitform ein hohes Flexibilisierungspotential, da sie eine Veränderung der Arbeitszeit hinsichtlich ihrer Lage und Dauer ermöglicht. Sie eröffnet die Chance, die von dem Arbeitnehmer zu erbringende Arbeitsleistung nahtlos mit dem jeweiligen Bedarf und den betrieblichen Bedürfnissen zu koordinieren. Auf diese Weise wird nur die unbedingt benötigte Arbeit geleistet und vergütet. Aus betriebswirtschaftlichen Gesichtspunkten stellt sie eine optimale Arbeitszeitform dar. Genaue Aussagen über die Verbreitung der KAPOVAZ liegen nicht vor. Man schätzt die Zahl der Arbeitnehmer, die z.B. im Jahr 1986 auf Abruf beschäftigt wurden, auf rd. 1,4 Millionen, wobei besonders im Einzelhandel „KAPOVAZ-Arbeitsverhältnisse" verbreitet sind.

H. Die Anpassung an den Arbeitsanfall

2. Vor- und Nachteile

a) Arbeitgeber-Sicht

Vorteilhaft ist die Arbeitszeitform der KAPOVAZ ausschließlich für den Arbeitgeber. Allein der Arbeitgeber erhält eine Option zur Flexibilisierung der Arbeitszeit hinsichtlich ihrer Lage und Dauer. Dies ermöglicht ihm die Anpassung der zu leistenden Arbeit an den konkreten betrieblichen Bedarf (Arbeitsanfall).

Nachteile für den Arbeitgeber können sich daraus ergeben, daß gerade die KAPOVAZ zu einer erhöhten Arbeitsunzufriedenheit beim einzelnen Arbeitnehmer führen kann, falls dieser die mit dieser Arbeitszeitform verbundene Unsicherheit bezüglich des Zeitpunktes der zu erbringenden Arbeitsleistungen mit zunehmender Dauer des Arbeitsverhältnisses nicht mehr akzeptiert. Diese Unzufriedenheit kann sich auf die Qualität der zu erbringenden Arbeitsleistung mindernd auswirken.

b) Arbeitnehmer-Sicht

Da bei der KAPOVAZ der Arbeitnehmer keinerlei Mitgestaltungsmöglichkeiten hinsichtlich der Lage und Dauer der Arbeitszeit hat, ist diese Arbeitszeitform für ihn als grundsätzlich nachteilig zu bewerten. Die Akzeptanz dürfte sich erhöhen, wenn die KAPOVAZ im konkreten Fall auch der Arbeitsplatzsicherung dient.

Allerdings bietet die KAPOVAZ für denjenigen Arbeitnehmer Vorteile, der nur in einem beschränkten Umfang einer konkreten Tätigkeit nachgehen will und der relativ frei über seine Zeit verfügen kann (z. B. Hausfrau oder Landwirt).

3. Ausblick

Insgesamt kann man grundsätzlich davon ausgehen, daß im Bereich mit saisonal (wöchentlich oder täglich) schwankendem Arbeitskräftebedarf die kapazitätsorientierte variable Arbeitszeit auch in Zukunft besonders attraktiv sein wird, sofern es – wie im Einzelhandel – nicht möglich ist, auf Vorrat zu arbeiten oder die Arbeit später zu verrichten. Demgemäß besteht das Konzept im Einzelhandel oft darin, die Personaleinsatzplanung so zu verfeinern, daß sich der Arbeitseinsatz nach der Kundenfrequenz richtet. Diese Entwicklung wurde durch die elek-

Bewertung

tronische Erfassung von Umsatz und Kundenfrequenzen forciert, die eine qualifizierte Personalbedarfs- und Einsatzplanung ermöglicht. Diese basiert auf genauen betriebs- und absatzbezogenen Erkenntnissen (Daten) hinsichtlich der unterschiedlichen täglichen, wöchentlichen, monatlichen und jährlichen Arbeitsbelastungen bzw. der Arbeitsdichte.

Außerdem dürfte die KOPAVAZ für die industrielle Fertigung, insbesondere in der Automobilindustrie, – zur Anpassung an jahreszeitliche Nachfrageschwankungen – an Bedeutung gewinnen. Deutliche Beispiele hierfür sind die Arbeitszeitprobleme bei den Firmen VW und Opel.

I. Grundmuster: Das Job Sharing (Arbeitsplatzteilung)

I. Definition

Die Legaldefinition der Arbeitsplatzteilung ergibt sich aus § 5 Beschäftigungsförderungsgesetz (BeschFG). Nach dieser Vorschrift spricht man von Arbeitsplatzteilung, wenn ein Arbeitgeber mit zwei oder mehreren Arbeitnehmern vereinbart, daß diese sich die Arbeitszeit an einem Arbeitsplatz teilen. Da sich der Begriff Arbeitsplatzteilung wörtlich mit „Job Sharing" übersetzen läßt, wird allgemein davon ausgegangen, daß durch § 5 BeschFG erstmals Fragen des Job Sharing gesetzlich geregelt wurden. Daher verwendet die Praxis überwiegend den aus den USA stammenden Begriff „Job Sharing" und nicht „Arbeitsplatzteilung". Es bietet sich an, die Bezeichnung „Job Sharing" als Oberbegriff für Modelle der Arbeitsplatzteilung zu verwenden, die nunmehr im folgenden definiert werden:

1. Job Sharing im engeren Sinne

Mit der Bezeichnung „Job Sharing im engeren Sinne" wird begrifflich erfaßt, was die überwiegende Meinung in der Literatur generell als Job Sharing bezeichnet. Ein Job Sharing-Arbeitsverhältnis ist demnach gegeben, wenn sich der Arbeitnehmer aufgrund seines Arbeitsvertrages verpflichtet hat, den ihm zugewiesenen Arbeitsplatz in Abstimmung mit anderen am gleichen Arbeitsplatz Beschäftigten im Rahmen eines vorher aufgestellten Arbeitszeitplanes während der betriebsüblichen Arbeitszeit – aber alternierend – zu besetzen[53]. Dies bedeutet, daß beim Job Sharing im engeren Sinne die Arbeitnehmer selbst darüber bestimmen, wer zu welcher Arbeitszeit den Arbeitsplatz einnimmt. Eine besondere Vereinbarung mit dem Arbeitgeber hierüber braucht daher nicht getroffen zu werden.

---

53 Vgl. hierzu *Danne*, Das Job Sharing, 1985, S. 12 und *Schüren*, Job Sharing, 1983.

2. Job Pairing

Eine Arbeitsplatzteilung in Form des Job Pairing liegt vor, wenn sich die Arbeitnehmer verpflichtet haben, die Arbeit zusammen zu erledigen, sich, soweit erforderlich, zu informieren und die wesentlichen Entscheidungen gemeinsam zu treffen. Hierbei schließen sich die Arbeitnehmer vor dem Vertragsschluß zu einer sogenannten Eigengruppe zusammen, die in der Regel als BGB-Gesellschaft (§ 705 BGB) qualifiziert werden kann.

3. Job Splitting

Eine andere Form der Arbeitsplatzteilung, die ebenfalls vom Wortlaut des § 5 BeschFG erfaßt wird, kann darin bestehen, einen Vollzeitarbeitsplatz in zwei voneinander unabhängige Teilzeitstellen aufzuteilen (Job Splitting).

Hierbei sind wiederum unterschiedliche Gestaltungsformen denkbar. So ist es möglich, daß durch das Job Splitting ein Vollzeitarbeitsplatz lediglich in zwei Teilzeitarbeitsplätze mit feststehenden Arbeitszeiten umgewandelt wird. Daneben ist es aber auch denkbar, daß flexible Arbeitszeitgestaltungsformen, wie z.B. Gleitzeitarbeit, mit dem Job Splitting verbunden werden.

4. Split Level Sharing

Ferner ist es möglich, eine funktionale Arbeitsplatzteilung vorzunehmen. Für diese Form der Arbeitszeitgestaltung hat sich der Begriff Split Level Sharing durchgesetzt. Die Besonderheit dieses Modells besteht darin, daß die Arbeit nach Arbeitsinhalten (funktional) aufgeteilt wird, so daß es sich für Arbeitsplätze mit unterschiedlichen fachlichen Qualifikationsniveaus anbietet. Voraussetzung dürfte aber sein, daß die Arbeitsaufgaben teilbar sind, wie dies z.B. bei der Finanzbuchhaltung der Fall ist.

I. Das Job Sharing (Arbeitsplatzteilung)

II. Praktizierte Arbeitszeitmodelle

Eisen-, Metall- und Elektroindustrie

Unternehmen	Arbeitszeitmodell (Kurzbeschreibung)
BMW, Regensburg	Job Sharing
Hewlett-Packard GmbH, Böblingen	Job Sharing (als sinnvolle Weiterentwicklung der Teilzeit)[54]: Aufteilung von Arbeitsinhalten und -bereichen eines Arbeitsplatzes auf zwei Arbeitnehmer gleicher Qualifikation mit mindestens 20 Wochenstunden je Arbeitnehmer. Die Mitarbeiter haben die freie Wahl der Arbeitszeit innerhalb einer Woche, i.d.R. im alternierenden Wechsel mit dem Partner und in Absprache mit Vorgesetzten. Erstellung eines Arbeitszeitplanes für einen Monat durch Mitarbeiter und in Absprache mit Vorgesetzten. Der Mitarbeiter regelt die Vertretung selbst. Der Bedarf (Angebot- und Nachfrageregelung nach Job Sharing-Arbeitsverhältnissen) wird über einen „Job Sharing-Pool" abgewickelt. Weitere denkbare Job Sharing-Alternativen (noch Entwicklung): Job Sharing für Führungskräfte und Job Sharing-Plätze im „Dreier-Team". Nachgedacht wird über Modelle, die neue Verteilungen (auch geringere Zeitanteile als 50 % mit sozialer Absicherung) und neue Möglichkeiten (zeitweise wechselnder Ausstieg bei voller Bezahlung und Gruppenarbeitsverhältnis) beinhalten.
Klöckner-Moeller-Gruppe	Job Pairing (Job Sharing).
Landert-Motoren AG, Bülach bei Zürich	Job Sharing

---

[54] Zunächst beschäftigte sich eine Projektgruppe Ende 1982 mit dem Job Sharing. Bereits 1983 konnten 20 Arbeitsplätze im Job Sharing-Arbeitsverhältnis besetzt werden. Job Sharing wird fast ausschließlich von Frauen praktiziert.

Praktizierte Arbeitszeitmodelle

Eisen-, Metall- und Elektroindustrie (Forts.)

Unternehmen	Arbeitszeitmodell (Kurzbeschreibung)
RAFI GmbH & Co., Ravensburg	Job Sharing[55]
Siemens AG, München	Job Sharing nur als Form (nicht als Vertrag) in der Produktion.
Stahlunternehmen	„Ausbildungsplatz-Sharing"[56]
Volkswagen AG, Wolfsburg	Im Ansatz Job Sharing durch fliegenden Schichtwechsel[57].
C. A. Weidmüller GmbH & Co., Detmold	Job Sharing: Hier teilen sich bis zu drei Personen einen Arbeitsplatz. Allerdings gibt es wenig Job Sharing-Arbeitsverhältnisse.

Chemieindustrie

Unternehmen	Arbeitszeitmodell (Kurzbeschreibung)
Ciba-Geigy, Schweiz	Job Pairing (Job Sharing).
Farbwerke Hoechst AG, Frankfurt	„Ausbildungsplatz-Sharing"
Sandoz AG	Job Pairing (Job Sharing).
Schering AG, Berlin	Job Sharing

---

[55] Seit Februar 1984.
[56] Dieser Versuch ist eingestellt bzw. nicht wiederholt worden.
[57] Ist für die Zukunft geplant.

I. Das Job Sharing (Arbeitsplatzteilung)

Handel

Unternehmen	Arbeitszeitmodell (Kurzbeschreibung)
Betten-Fachgeschäft Gebrüder Barhorn, Emden	„Ausbildungsplatz-Sharing"
Otto-Versand, Hamburg	Job Pairing (Job Sharing) als innovative Form der Partner-Teilzeit. Die Teilzeit-Partner müssen sich jedoch untereinander abstimmen (Job Pairing).
Vorwerk, Wuppertal	Job Sharing[58]: 14 Job Sharer kommen auf 7 Arbeitsplätze. Eine Gruppe arbeitet in einer Woche von 7–11.15 Uhr und in der darauffolgenden Woche von 11.15–15.45 Uhr. Die 14 Arbeitnehmerinnen haben sich vertraglich verpflichtet, bei Ausfall ihres jeweiligen Partners volle acht Stunden zu arbeiten.

Dienstleistungen (Banken usw.)

Unternehmen	Arbeitszeitmodell (Kurzbeschreibung)
Deutsche Bank, Frankfurt	Job Sharing: z. B. für Führungskräfte bei Leitung einer Zweigstelle in Form von Teilblöcken (stunden-, tage- oder wochenweise Arbeit im Monat)[59].
Deutsche Bundesbahn	„Ausbildungsplatz-Sharing", d. h. es werden vorhandene Ausbildungsplätze auf mehrere Personen aufgeteilt[60].
Interflex Datensysteme GmbH, Stuttgart	Job Sharing/Job Splitting.
Softwarehaus	Job Sharing: Teams können für die Zeit zwischen zwei Projekten untereinander einen „Betriebs-

---

58 Wird seit 4 Jahren mit Erfolg praktiziert. Der Verwaltungsaufwand hat sich zwar erhöht (doppelt anfallende Fahrgeld- und Essensgeldzuschüsse), doch konnten die Fehlzeiten verringert werden.
59 Diese Überlegungen befinden sich noch im Planungsstadium.
60 Der Versuch wurde bereits wieder eingestellt bzw. ist nicht wiederholt worden.

Dienstleistungen (Banken usw.) (Forts.)

Unternehmen	Arbeitszeitmodell (Kurzbeschreibung)
Sparkasse	urlaub" aus individuellen Urlaubstagen und Arbeitszeit-Guthaben vereinbaren (Stellvertreterregelung). Teilzeit à la carte mit Job Pairing.
Stadtverwaltung Bochum	„Ausbildungsplatz-Sharing"

Sonstige

Unternehmen	Arbeitszeitmodell (Kurzbeschreibung)
Beck-Feldmeier KG, München	Job Pairing (Job Sharing).

III. Rechtlicher Entscheidungsrahmen

1. Gesetzliche Grundlagen

Einschlägig ist hier vor allem § 5 BeschFG. In den Anwendungsbereich des § 5 BeschFG fallen vor allem das Job Sharing im engeren Sinn, das Job Splitting und das Split Level Sharing. Hinsichtlich des Job Pairing ist jedoch zu differenzieren. Eine Anwendung des § 5 BeschFG auf das Job Pairing-Arbeitsverhältnis ist dann zu verneinen, wenn nur die Eigengruppe in eine Rechtsbeziehung zum Arbeitgeber tritt, da die Anwendung des § 5 BeschFG voraussetzt, daß der Arbeitgeber mit zwei oder mehreren Arbeitnehmern die Teilung der Arbeitszeit an einem Arbeitsplatz vereinbart hat. Daher kommt eine Anwendung des § 5 BeschFG nur dann in Betracht, wenn sowohl die Eigengruppe als auch die einzelnen Gruppenmitglieder oder ausschließlich letztere Vertragspartner des Arbeitgebers werden.

§ 5 BeschFG regelt insbesondere folgende Rechtsfragen:

a) Die Vertretungspflicht der Job Sharing-Partner:

Durch § 5 Abs. 1, 2. Halbsatz BeschFG wird eine automatische Vertretungspflicht der Job Sharer (Arbeitsplatzteiler) ausgeschlossen, so daß

I. Das Job Sharing (Arbeitsplatzteilung)

Arbeitnehmer, die sich einen Arbeitsplatz teilen, nicht im voraus generell verpflichtet werden können, bei Ausfall eines an der Arbeitsplatzteilung beteiligten Arbeitnehmers diesen zu vertreten.

Der Job Sharer ist allerdings gemäß § 5 Abs. 1, Satz 1, 2. Halbsatz BeschFG dann zur Vertretung verpflichtet, wenn er dies freiwillig mit dem Arbeitgeber für einen konkreten Vertretungsfall vereinbart. Hiervon abweichend läßt § 5 Abs. 1, Satz 2 BeschFG eine vorherige generelle Verpflichtung darüber hinaus für den Fall eines dringenden betrieblichen Erfordernisses zu. In diesem Fall muß die Vertretung dem Arbeitnehmer jedoch zumutbar sein. Die beiden unbestimmten Rechtsbegriffe (dringendes betriebliches Bedürfnis, Zumutbarkeit) sind nach Sinn und Zweck (ratio legis) des § 5 BeschFG eng auszulegen. Die Annahme eines dringenden betrieblichen Erfordernisses setzt voraus, daß durch eine unterlassene Vertretung erhebliche Nachteile für den Betrieb zu befürchten sind. Hierbei kommt es auf die konkreten Umstände des Einzelfalles an.

b) Die „partnerbedingte Kündigung" beim Job Sharing:

Gemäß § 5 Abs. 2 Satz 1 BeschFG ist die Kündigung des Arbeitsverhältnisses eines Job Sharers durch den Arbeitgeber wegen des Ausscheidens eines anderen Arbeitnehmers aus der Arbeitsplatzteilung unwirksam. Hiermit ist sichergestellt, daß der Job Sharing-Arbeitnehmer denselben Arbeitsplatzschutz genießt wie jeder andere Arbeitnehmer, so daß ihm aufgrund der Arbeitsplatzteilung keine Nachteile entstehen. Jedoch stellt § 5 Abs. 2 Satz 2 BeschFG klar, daß das Recht zur Änderungskündigung bei Ausscheiden eines „Job Sharing-Partners" hiervon nicht berührt wird, worauf das Kündigungsschutzgesetz Anwendung findet (vgl. § 2 KSchG).

2. Kollektivvertragliche Grundlagen

Möglich ist, daß die Arbeitsplatzteilung auch in einem Tarifvertrag geregelt wird, so daß die tarifgebundenen Arbeitsvertragsparteien hieran gebunden sind. Hierbei ist zu beachten, daß gemäß § 6 BeschFG der Tarifvertrag von den Vorschriften des § 5 BeschFG auch zum Nachteil der Arbeitnehmer abweichen kann.

Ferner stellt sich die Frage, in welchem Umfang ein Mitbestimmungsrecht des Betriebsrates gemäß § 87 Abs. 1 Nr. 2 BetrVG bei Job Sharing-Arbeitsverträgen besteht. So wird die Ansicht vertreten, daß die Begründung von Job Sharing-Arbeitsverhältnissen nicht der Mitbestimmungspflicht des Betriebsrates unterliege, weil die betriebliche Arbeitszeit nicht verändert werde. Hierzu ist anzumerken, daß die Einführung von Job Sharing-Arbeitsverträgen generell auch Einfluß auf die Arbeitsverhältnisse der anderen Mitarbeiter des Betriebes haben kann, so daß insoweit ein kollektiver Bezug (Koordination der unterschiedlichen Arbeitszeiten) und damit ein Mitbestimmungsrecht des Betriebsrates grundsätzlich zu bejahen ist.

Ein derartiger kollektiver Bezug (im Gegensatz zur mitbestimmungsfreien Individualmaßnahme) ist gegeben, wenn beim Job Splitting der Arbeitgeber allein jeweils die Lage und die Koordination der Arbeitszeit der betroffenen Arbeitnehmer bestimmt. Hingegen können beim Job Sharing i.e.S. die Arbeitnehmer untereinander autonom, d.h. unabhängig vom Arbeitgeber die Arbeitszeit festlegen, so daß, wenn andere Arbeitsverhältnisse hiervon nicht berührt werden, grundsätzlich kein Raum für die Mitbestimmung des Betriebsrates gegeben ist. Ein Mitbestimmungsrecht besteht aber dann, wenn der Arbeitgeber im Falle der Nichteinigung zwischen den Arbeitnehmern die endgültige Entscheidungsbefugnis über die Verteilung der Arbeitszeit erhält. Insoweit liegt ein Regelungstatbestand mit kollektivem Bezug vor. Aus diesem Grunde ist auch die Aufstellung von allgemeinen Rahmenregelungen über das Job Sharing mitbestimmungspflichtig.

Angesichts der noch bestehenden Rechtsunsicherheit über das Mitbestimmungsrecht des Betriebsrates bei der Gestaltung des Job Sharing empfiehlt es sich, um ein Prozeßrisiko zu vermeiden, eine möglichst umfassende Beteiligung des Betriebsrates anzustreben.

3. Individualrechtliche Grundlagen

Für die Einführung von Job Sharing-Arbeitsverhältnissen ist erforderlich, daß eine entsprechende individualvertragliche Regelung zwischen den Arbeitsvertragsparteien (Arbeitgeber und Arbeitnehmer) getroffen wird. Daher ist eine Einführung des Job Sharing kraft Direktionsrechts von vornherein ausgeschlossen.

I. Das Job Sharing (Arbeitsplatzteilung)

IV. Bewertung

1. Flexibilisierungspotential

Mit Ausnahme des Job Splittings, das überwiegend als starres Teilzeitmodell praktiziert wird, weist das Job Sharing ein hohes Flexibilisierungspotential auf, da sowohl die Lage der Arbeitszeit als auch deren Dauer permanent abänderbar sind. Das Job Sharing führt somit zu einer flexiblen Arbeitszeit. Dennoch ist anzumerken, daß das Job Sharing in der betrieblichen Praxis bisher keine Verbreitung gefunden hat und auf Einzelfälle beschränkt geblieben ist.

2. Vor- und Nachteile

a) Arbeitgeber-Sicht

Für den Arbeitgeber hat das Job Sharing keinen unmittelbaren Vorteil, wenn die Flexibilisierungsoption allein von den Arbeitnehmern ausgeübt wird. Jedoch bestehen insoweit mittelbare Vorteile, als der Arbeitgeber selbst nicht mehr mit der Koordinierung der Arbeitszeitverteilung zwischen den Arbeitnehmern konfrontiert wird. Mit der Einführung des Job Sharing könnte daher der Verwaltungsaufwand gesenkt werden.

Nachteilig für den Arbeitgeber ist aber, daß das von ihm angestrebte Ziel, einen Vollzeitarbeitsplatz ständig zu besetzen, ohne sich bei Urlaub, Krankheit und anderen Abwesenheitszeiten eines Mitarbeiters um eine fremde, nicht eingearbeitete Vertretungskraft bemühen zu müssen, wegen der Regelung des Job Sharing in § 5 BeschFG gerade nicht mehr realisiert werden kann. Dies mag auch ein Grund für die geringe Verbreitung dieser Arbeitszeitform sein.

b) Arbeitnehmer-Sicht

Soweit die Arbeitnehmer, die sich einen Arbeitsplatz teilen, die alleinige Flexibilisierungsoption erhalten, begründet das Job Sharing keinerlei Nachteile. Vielmehr eröffnet sich hierdurch gerade die Möglichkeit, persönliche Arbeitszeiten zu vereinbaren, die im Einklang mit ihren subjektiven Interessen stehen (Zeitsouveränität). Um aber einen angemessenen Ausgleich zwischen den betroffenen Arbeitnehmern bei der Verteilung der Arbeitszeit zu gewährleisten, ist es ratsam, bereits

Bewertung

zuvor ein „Konfliktlösungsmodell", das eine sachgerechte Schlichtung ermöglicht, vertraglich zu fixieren. Hierdurch wird sichergestellt, daß Streitigkeiten unter den Arbeitnehmern sachlich und damit nachvollziehbar gelöst werden.

3. Ausblick

Für bereits bestehende Teilzeitarbeitsverhältnisse würde es sich anbieten, diese in Job Sharing-Arbeitsverhältnisse umzuwandeln, da hierdurch für den einzelnen Arbeitnehmer eine verstärkte Selbstbestimmung der Arbeitszeit aufgrund des höheren Flexibilisierungspotentials erreicht werden könnte. Insoweit könnten die Betriebsräte über § 87 Abs. 1 Nr. 2 BetrVG für Teilzeitbeschäftige das Job Sharing vorschlagen. Für Arbeitnehmer, die über einen bestimmten Zeitraum hinweg weniger arbeiten möchten (wegen Kindererziehung oder Weiterbildung etc.), stellt das Job Sharing eine ideale Arbeitszeitform dar. So ist es möglich, kurzfristig im Zusammenwirken mit dem anderen, den Arbeitsplatz teilenden Arbeitnehmer, ohne Hinzuziehung des Arbeitgebers, die Arbeitszeit entsprechend der jeweiligen individuellen Präferenzen festzulegen. Da durch das Job Sharing infolge größerer Selbstbestimmung am Arbeitsplatz auch eine erhöhte Arbeitszufriedenheit der Arbeitnehmer erreicht werden kann, weist diese Arbeitszeitform für die Zukunft noch ein erhebliches Entwicklungspotential auf. Um aber die Chancen des Job Sharing nutzen zu können, ist sowohl von der Arbeitgeber- wie von der Arbeitnehmerseite eine größere Offenheit erforderlich. So könnte z.B. der Arbeitgeber durch Umfragen im Betrieb ermitteln lassen, inwieweit ein Interesse der Arbeitnehmer an Job Sharing besteht. Auf betrieblicher Ebene wäre eine Art „Arbeitsplatzbörse" einzuführen, auf der sich dann die potentiellen „Arbeitsplatzteiler" zusammenfinden könnten.

J. Grundmuster:
Die „amorphe" Arbeitszeit

I. Definition

Bei einer „amorphen", d. h. gestaltlosen, Arbeitszeit wird ausschließlich das Volumen der vom Arbeitnehmer geschuldeten Arbeitszeit z. B. tarifvertraglich festgelegt. Die konkrete Lage und Dauer der Arbeitszeit wird hingegen bewußt offengelassen. Neben dem Arbeitszeitkontingent (= Arbeitsstunden) muß kollektivvertraglich und/oder einzelvertraglich vereinbart werden, in welchem Zeitraum (= Bemessungszeitrahmen) der Arbeitnehmer seine Arbeitsleistung vollständig zu erbringen hat. Hierbei sind verschiedene Variationen vorstellbar. So kann als Bemessungszeitrahmen ein Jahr festgelegt werden. Dann handelt es sich um einen Jahresarbeitszeitvertrag. Ferner ist es möglich, als Bemessungszeitrahmen die Lebensarbeitszeit des Arbeitnehmers zu wählen (Lebensarbeitszeitvertrag). Selbstverständlich sind auch kürzere Bemessungszeiträume (Monat, Woche) denkbar.

II. Praktizierte Arbeitszeitmodelle

Eisen-, Metall- und Elektroindustrie

Unternehmen	Arbeitszeitmodell (Kurzbeschreibung)
Oskar Anders GmbH, Fritzlar	Modell (technische Verwaltung): Individuelle Planung der Monatsarbeitszeit.
Daimler-Benz-Konzern	Familienfreundliches Modell: Betriebsvereinbarung „Familie und Beruf". Mitarbeiterinnen und Mitarbeiter können ihre Berufstätigkeit unterbrechen, um eine Familienpause bis zu zehn Jahren in Anspruch zu nehmen (bei gleichzeitiger Wiedereinstellungszusage und Erhaltung ihrer beruflichen Qualifikation).
General Motors, Portugal	45-Stunden-Woche bei 9 Stunden/Tag und einer Jahresarbeitszeit von 2.025 Stunden.

Praktizierte Arbeitszeitmodelle

Eisen-, Metall- und Elektroindustrie (Forts.)

Unternehmen	Arbeitszeitmodell (Kurzbeschreibung)
Hewlett-Packard GmbH, Böblingen	Individueller Zeitwohlstand: Eigene Zeitpräferenzen über Zeitkonto[61] bei 40-Stunden-Woche, wobei 2,5 Stunden gutgeschrieben werden (trotz tarifvertraglicher Regelarbeitszeit von 37 Stunden). Swing-time: Freizeit-Sparprogramm mit Übertragungs- und Ausgleichsmöglichkeit auf Monats-, Jahres-, Lebensarbeitszeit-Basis. Flexible Jahresarbeitszeit.
Klöckner-Humboldt-Deutz AG, Köln	Langzeit-Urlaub (freiwilliges Unterbrechungsjahr für 50- bis 58jährige).
MTU Friedrichshafen GmbH	Ungleichmäßig verteilte Arbeitszeit: Extrempunkte zwischen 0 und 44 Stunden/Woche. Die Verkürzung der Wochenarbeitszeit erfolgt in Form von ganzen freien Tagen. Der Ausgleich von Zeitguthaben/-schulden erfolgt innerhalb eines jeweils rollierenden Zeitraumes von 6 Monaten. Dieses System kann als versetzte Normalarbeitszeit auch auf den Samstag ausgedehnt werden bzw. als rollierende Schicht (Unterform) genutzt werden.
Nixdorf Computer AG, Paderborn	Freizeitmodell: Langzeit-Urlaub für bestimmte Arbeitnehmergruppen (z.B. 1 Woche/Jahr nur AT), der mit dem Jahresurlaub zu länger dauernden Freizeitperioden aufgespart und auch in das Folgejahr übertragen werden kann, bis hin zu einem Sabbatical-Jahr.
Adam Opel AG, Rüsselsheim	Jahresarbeitszeit von 1.634 Stunden bei 30 Urlaubstagen und 10 Feiertagen.
RAFI GmbH & Co., Ravensburg	Jahresarbeitszeit: Individuell vereinbarte Jahresarbeitszeit. Sabbaticals: Sonderurlaub für mehrere Monate.

---

61 Seit 1983.

J. Die „amorphe" Arbeitszeit

Eisen-, Metall- und Elektroindustrie (Forts.)

Unternehmen	Arbeitszeitmodell (Kurzbeschreibung)
J.M. Voith GmbH, Heidenheim	Zeitkonten (kurz- und langfristig): Grundsätzlich werden 40 Stunden/Woche gearbeitet. Dafür erhalten die Mitarbeiter 1,5 Stunden gutgeschrieben. Von dem Zeitkonto kann nach Genehmigung des Vorgesetzten Freizeit abgebucht werden (jedoch am Stück höchstens 4 Stunden). Innerhalb von 2 Monaten ist das kurzfristige Konto auszugleichen. Auf dem Langzeitkonto wird eine Hälfte der Überstunden verbucht, die andere wird samt den Zuschlägen für sämtliche Mehrarbeit ausgezahlt. Bei einer Zeitschuld bzw. einem -guthaben von 100 Stunden wird über Kurzarbeit bzw. über Neueinstellungen diskutiert.
Volkswagen AG, Wolfsburg	Ausgangspunkt: 4-Tage-Modell mit einer Wochenarbeitszeit von 28,8 Stunden und einer täglichen Arbeitszeit von 7,2 Stunden. Verteilung und zeitliche Lage der Wochenarbeitszeit können die einzelnen Werke (Gem. § 77 Abs. 3 Satz 2 BetrVG) im Rahmen des Arbeitszeitvolumens von 28,8 Wochenstunden festlegen, einschließlich der vorübergehenden Einführung der 5- bzw. 3-Tage-Woche, um sich Nachfrageschwankungen anzupassen. Reduzierung der Jahresarbeitszeit auf neun Monate für jüngere Werksangehörige zu Weiterbildungszwecken (Finanzierung durch AFG und betriebliche Unterstützungszahlungen), wird als Modell 2 „Blockzeit" bezeichnet.
Volvo, Limburg	Jahresarbeitszeit von 1.752 Stunden bei 24 Urlaubstagen. Das ergibt bei einer wöchentlichen Arbeitszeit von 37,5 Stunden und 8,5 Stunden täglich 2×13 zusätzliche freie Tage. Über das Jahr sind das 50 freie Tage (Urlaub und Ausgleichstage).

Praktizierte Arbeitszeitmodelle

Chemieindustrie

Unternehmen	Arbeitszeitmodell (Kurzbeschreibung)
B. Braun Melsungen AG	„Idee" einer flexibilisierten Lebensarbeitszeit: Ansparen von Arbeitszeit, um dann entsprechend früher aus dem Erwerbsleben ausscheiden zu können. Hiernach besteht die Möglichkeit, 40 Stunden (und mehr) wöchentlich zu arbeiten, um z.B. mit 50 oder 55 Jahren aus dem Erwerbsleben auszuscheiden. Gleichzeitig hätte der Arbeitgeber bis zum eigentlichen Rentenalter des Mitarbeiters einen sog. Fonds einzurichten, aus dem dann der Mitarbeiter versorgt werden könnte, ohne daß es dabei zu Einkommenseinbußen käme.
Ciba-Geigy, Schweiz	Langzeiturlaub: Finanziell geförderte mehrmonatige Beratungstätigkeit in der Dritten Welt.

Handel

Unternehmen	Arbeitszeitmodell (Kurzbeschreibung)
Bayerische Brauereien	Lebensarbeitszeit: 30-Stunden-Woche für Mitarbeiter ab 60 Jahre, 35-Stunden-Woche für Mitarbeiter ab 55 Jahre.
Textilhaus Ludwig Beck, München	Individuelle Arbeitszeit (Arbeitszeit à la carte): Eine nach Arbeitnehmer-Präferenzen selbst bestimmte Dauer (z.B. in 10er Schritten bis 40 Stunden/Woche) und Lage der Arbeitszeit (Verteilung auf Werktage/ Wochen/Monate) im Rahmen vorgegebener, am Arbeitsablauf orientierter Optionen des Unternehmens (meist Koppelung mit Anreizsystemen wie Zeit-/Entgelt-Bonus zur Wahl unattraktiver Arbeitszeiten). Praxis: Minimum 60 Stunden/Monat oder 10 Stunden/Monat mehr bis Maximum von 173 Stunden/Monat[62].

---

62 Betriebsvereinbarung seit 1978.

J. Die „amorphe" Arbeitszeit

Handel (Forts.)

Unternehmen	Arbeitszeitmodell (Kurzbeschreibung)
Sportmodehaus Willy Bogner	Jahresarbeitszeitverträge: Wochenarbeitszeit in der Hauptsaison von 45 Stunden/Woche. Der Zeitausgleich erfolgt durch verlängerte Ferien (Ostern 2 Wochen, Mai/Juni 3,5 Wochen, September 14 Tage, Ende Oktober 1 Woche sowie zwischen Weihnachten und Neujahr) bei gleichen Monatsbezügen.

Dienstleistungen (Banken usw.)

Unternehmen	Arbeitszeitmodell (Kurzbeschreibung)
Interflex Datensysteme GmbH, Stuttgart	Jahresarbeitszeitverträge: Für die Dauer eines Jahres wird ein bestimmter Prozentsatz als Arbeitszeit festgelegt. Wären 100 % der Jahresarbeitsstunden 1.800 Stunden, so beläuft sich ein 60 %-Vertrag auf 1.080 Stunden. Der Vorgesetzte bespricht mit dem Mitarbeiter, wie viele Stunden in den jeweiligen Monaten zu leisten sind. So könnte der Mitarbeiter in einem Monat 100 % arbeiten, in einem anderen Monat null Stunden. Über- bzw. Unterstunden werden zum Jahresende ausgeglichen. Das in jedem Monat gleich hohe Gehalt resultiert dann aus dem 60 %-Vertrag.
Kreisverwaltung Santa Clara, USA	Individuelle Arbeitszeit (Arbeitszeit à la carte).
Rank-Xerox GmbH, Düsseldorf	Sozialdienstmodell: Langzeit-Urlaub (Sabbatical). Hier werden mindestens 1 Monat, maximal aber 6 Monate für soziale Betreuungsaufgaben gewährt.
Softwarehaus	Flexibles Arbeitszeitsystem: Die Urlaubsregelung wurde dahingehend verändert, daß die individuell über 25 hinaus vereinbarten Urlaubstage über 5 Jahre zu einem mehrmonatigen Sabbatical angespart werden können.

Praktizierte Arbeitszeitmodelle

Dienstleistungen (Banken usw.) (Forts.)

Unternehmen	Arbeitszeitmodell (Kurzbeschreibung)
Sparkasse	Innovativ-flexible Arbeitszeitgestaltung: Jahresarbeitszeitverträge mit Flexireserven und zeitautonomen Arbeitsgruppen mit Nachbarschaftshilfe.
VVA Vereinigte Verlagsauslieferung GmbH	Jahresarbeitszeitkonto für beliebige Höhe (Plus-, Minusstundensalden).

Sonstige

Unternehmen	Arbeitszeitmodell (Kurzbeschreibung)
Hasenkopf Kunststoffkonfektionierung, Mehring	Jahresarbeitszeitregelung[63]: 2002 Stunden pro Jahr bei 52 Wochen und 38,5 Wochenstunden. Die Jahresarbeitszeit wird mit dem Stundenlohn multipliziert und gleichmäßig auf 12 Monate verteilt (ohne Weihnachtsgeld und Sonderzahlungen). Die wöchentliche Arbeitszeit kann im Rahmen von 35 bis 45 Wochenstunden liegen. Für jede zehnte geleistete Mehrstunde gibt es 2 Freistunden. Zeitguthaben bzw. -salden werden am Jahresende in das Folgejahr übertragen und als Urlaub abgegolten.
Holzbetrieb Didymus, Mehring	Jahresarbeitszeitverträge: 2002 Stunden/Jahr. 45 Mitarbeiter stimmen sich untereinander ab. Bei großen Auftragslagen wird bis zu 10 Stunden täglich gearbeitet, bei wenig Arbeit können die Arbeitnehmer zu Hause bleiben.
Druckerei	Flexible Jahresarbeitszeitregelung: Über Flexibilisierung des täglichen und wöchentlichen Arbeitszeitrahmens sowie Flexibilisierung des Umfanges der Arbeitsleistung. Individuelle Zeitkonten werden geführt bei einer Durchschnittsvergütung. Folgende Zuschläge werden gezahlt: Samstagszuschlag, Kurzzeitigkeitszuschlag, Zuschlag für ungewöhnliche Arbeitszeitlagen.

63 Seit 1983.

J. Die „amorphe" Arbeitszeit

Sonstige (Forts.)

Unternehmen	Arbeitszeitmodell (Kurzbeschreibung)
Pinsel- und Bürstenhersteller, Mittelfranken	Zusatz- bzw. Langzeiturlaub: Zeitausgleich in Verbindung mit der Wochenteilzeitarbeit, Wochenarbeitszeitverlängerung oder Samstagsarbeit. Jahresarbeitszeitverträge: Für die Wochenteilzeitarbeit, die Wochenarbeitszeitverlängerung, die Samstagsarbeit und den Zusatzurlaub. Die Jahresarbeitszeitsumme wird dann im voraus gleichmäßig oder arbeitsanfallorientiert auf das Jahr verteilt (Flexibilität der Lage). Zeitreserven für unvorhergesehenen Personalbedarf bzw. Ausfallzeiten sind einzuplanen, Ankündigungsfristen sowie finanzieller Ausgleich (Kapazitätserweiterung/Arbeitszeitverlängerung) oder Zeitausgleich (nur Lageverschiebung der Arbeitszeit) sind zu vereinbaren.
Rolm Corporation, Kalifornien (USA)	Langzeiturlaub: Voll bezahltes Unterbrechungsjahr alle 7 Jahre.

III. Rechtlicher Entscheidungsrahmen

1. Gesetzliche Grundlagen

Gesetzliche Regelungen, die sich speziell auf die „amorphe" Arbeitszeit beziehen, bestehen derzeit nicht. Zu beachten sind aber die allgemeinen und besonderen Arbeitsschutzgesetze, insbesondere das ArbZG.

2. Kollektivvertragliche Grundlagen

Gerade bei der „amorphen" Arbeitszeit empfiehlt es sich, daß im Tarifvertrag zumindest die generellen Rahmenregelungen vereinbart werden. So ist insbesondere bei Bemessungszeiträumen, die unterhalb der Lebensarbeitszeit liegen, regelungsbedürftig, in welchem Umfang Zeitschulden bzw. Zeitguthaben auf den nachfolgenden Bemessungszeitraum übertragbar sind oder ob ggf. eine Abgeltung in Geld zu erfolgen hat. Ist als Bemessungszeitraum die Lebensarbeitszeit des Arbeitnehmers vereinbart worden, so ist zu regeln, was geschehen soll, wenn der Arbeitnehmer den Betrieb wechselt.

Neben den zu vereinbarenden **Rahmenbedingungen** für die „amorphe" Arbeitszeit kommt gerade den Tarifvertragsparteien, hierbei insbesondere den Gewerkschaften, die Aufgabe zu, die konkrete Umsetzung der „amorphen" Arbeitszeit zu beobachten, um so mögliche Mißbräuche zu verhindern.

Ferner bietet es sich für die Tarifvertragsparteien an, durch eine tarifvertragliche Öffnungsklausel den Betriebspartnern, Arbeitgeber und Betriebsrat, den Abschluß von ergänzenden Betriebsvereinbarungen gemäß § 77 Abs. 3 Satz 2 BetrVG zu gestatten.

Auf betrieblicher Ebene könnten dann durch den Abschluß entsprechender Betriebsvereinbarungen verschiedene Verfahrensarten entwickelt werden, die sicherstellen, daß sowohl die Bedürfnisse des Arbeitnehmers als auch die betrieblichen Belange eine gleichberechtigte Berücksichtigung erfahren.

Grundsätzlich ist bei der „amorphen" Arbeitszeit das zwingende Mitbestimmungsrecht des Betriebsrates gemäß § 87 Abs. 1 Nr. 2 BetrVG (Lage und Verteilung der Arbeitszeit auf die einzelnen Wochentage) zu beachten. Insbesondere wird ein Mitbestimmungsrecht bezüglich der Festlegung von Rahmenbedingungen und besonderen Verfahrensgrundsätzen zu bejahen sein (§ 87 Abs. 1 Nr. 2 BetrVG).

3. Individualrechtliche Grundlagen

Notwendig ist, daß sowohl das konkret geschuldete Arbeitszeitvolumen als auch der hierauf bezogene Bemessungszeitraum im Einzelarbeitsvertrag ausdrücklich festgelegt werden.

J. Die „amorphe" Arbeitszeit

IV. Bewertung

1. Flexibilisierungspotential

Das Flexibilisierungspotential besteht bei der „amorphen" Arbeitszeit sowohl hinsichtlich der Lage als auch hinsichtlich der Dauer. Je länger der Bemessungszeitraum gewählt wird (im Extremfall die Lebensarbeitszeit), desto größer wird naturgemäß das Flexibilisierungspotential.

2. Vor- und Nachteile

a) Arbeitgeber-Sicht

Für den Arbeitgeber hat die „amorphe" Arbeitszeit den entscheidenden Vorteil, hierdurch die Chance zu erhalten, eine Koordination zwischen der Arbeitszeit, die vom Arbeitnehmer zu erbringen ist, und dem Arbeitsanfall im Betrieb zu erzielen. Ist eine Jahresarbeitszeit mit dem Arbeitnehmer vereinbart, so besteht die Möglichkeit, daß der Arbeitnehmer eine höhere Arbeitsleistung bei saisonalen Spitzenzeiten erbringt, während er dann im restlichen Jahr weniger arbeiten muß (Zeitguthaben). Hierdurch erspart sich der Arbeitgeber die Einstellung von zusätzlichen Arbeitnehmern. Die Bauindustrie – aber auch andere Branchen – könnten hiervon profitieren. Ein Zugewinn an unternehmerischer Dispositionsfreiheit und Zeitsouveränität für den Arbeitnehmer könnte – bei entsprechender kollektivvertraglicher Regelung – das Ergebnis sein.

b) Arbeitnehmer-Sicht

Durch die „amorphe" Arbeitszeit eröffnet sich für den Arbeitnehmer eine größere Zeitsouveränität, und zwar in dem Umfang, wie er selbst bestimmen kann, wieviel er arbeiten will. Durch die Möglichkeit des Ansparens eines Zeitguthabens besteht die Option, einen längeren Urlaubszeitraum (z.B. ein Sabbatical) einzuschalten, den er entsprechend seinen individuellen Bedürfnissen nutzen könnte.

3. Ausblick

Wie dargestellt, eröffnet die „amorphe" Arbeitszeit eine Vielzahl von Flexibilisierungsoptionen, die sowohl für den Arbeitgeber aus

Bewertung

betriebswirtschaftlichen Gesichtspunkten als auch für den Arbeitnehmer aus Gründen einer größeren Zeitsouveränität interessant sind. Ob aber die Erwartungen, die mit der „amorphen" Arbeitszeit verbunden sind, erfüllt werden, hängt insgesamt davon ab, wie im konkreten Einzelfall die jeweiligen Gestaltungsoptionen verteilt sind. Wenn überwiegend der Arbeitgeber bestimmen kann, wann der Arbeitnehmer zu arbeiten hat, so ähnelt die „amorphe" Arbeitszeit der KAPOVAZ. Dann wäre auf seiten des Arbeitnehmers eine zusätzliche Zeitsouveränität nicht gegeben. Daher muß darauf geachtet werden, daß durch die kollektivvertraglichen Regelungen (Tarifvertrag, Betriebsvereinbarungen) sichergestellt wird, daß der Arbeitnehmer seine Flexibilisierungsoptionen erhält. Die Koordinierung von Arbeitnehmerbedürfnissen mit den betrieblichen Bedürfnissen könnte dann auf der betrieblichen Ebene durch die Einschaltung des Betriebsrates erfolgen. Zudem wäre vorstellbar, daß ein spezielles Schlichtungsverfahren entwickelt wird. Insgesamt läßt sich feststellen, daß die Einführung der „amorphen" Arbeitszeit auf allen Seiten, sowohl beim Arbeitgeber als auch bei den Arbeitnehmern, einschließlich der Gewerkschaften und Betriebsräte, Aufgeschlossenheit und ein hohes Maß an Phantasie bezüglich der konkreten Ausgestaltung erfordert. Gewerkschaftliche Vorbehalte dürften sich aus der mit der Einführung der „amorphen" Arbeitszeit verbundenen Kompetenzverlagerung von der tariflichen auf die betriebliche Ebene ergeben. Nur der zunehmende und letztlich unausweichliche Zwang zu weiterer Flexibilisierung der Arbeitszeit könnte zum Abbau gewerkschaftlicher Bedenken beitragen. Für die „Fünf Weisen"[64] ist die „amorphe" Jahresarbeitszeit bereits das Gebot der Stunde.

Bei der Firma Opel wird bereits eine „Mehrjahresarbeitszeit" diskutiert. Danach sollten Arbeitszeitmodelle den ganzen Modellzyklus eines Autos sowohl in der Produktion als auch in den indirekten Bereichen über einen Ausgleichszeitraum von drei bis vier Jahren umfassen (vgl. F.A.Z. v. 8.7.95).

---

64 Sachverständigenrat zur Begutachtung der gesamten wirtschaftlichen Entwicklung: Jahresgutachten 89, BT-Drucks. 11/5786.

K. Grundmuster: Die selbstbestimmte Arbeitszeit bei Trennung von Betriebs- und Arbeitsstätte

I. Definition

Unter der selbstbestimmten Arbeitszeit bei Trennung von Betriebs- und Arbeitsstätte können all diejenigen Arbeitszeitmodelle zusammengefaßt werden, bei denen der Beschäftigte aufgrund der Verlagerung seiner Tätigkeit aus der betrieblichen Sphäre (Externalisierung) in einem größeren Umfang die Chance erhält, seine Arbeitszeit völlig autonom zu gestalten.

Eine derartige selbstbestimmte Arbeitszeitgestaltung ist insbesondere gegeben bei der Heimarbeit, der Telearbeit und dem Heimarbeitsplatz:
- Der Begriff der **Heimarbeit** ist definiert in § 2 Abs. 1 Heimarbeitsgesetz (HAG). Der Heimarbeiter erbringt seine Arbeit in einer von ihm selber gewählten Betriebsstätte. Eine persönliche Abhängigkeit zum Auftraggeber besteht nicht, so daß der Heimarbeiter nicht als Arbeitnehmer angesehen werden kann.
- Die **Telearbeit** ist dadurch gekennzeichnet, daß der „Telearbeiter" seine Arbeitsleistung in räumlicher Abspaltung vom Betrieb durch die Benutzung informationstechnischer Endgeräte erbringt, wobei zwischen ihm und seinem Arbeit- bzw. Auftraggeber eine telekommunikative Verbindung besteht.
- Ein **Heimarbeitsplatz** liegt vor, wenn ein Arbeitnehmer bestimmte Arbeitsleistungen auch außerhalb des Betriebes erledigen kann, ohne daß hierdurch seine Arbeitnehmereigenschaft berührt wird (z.B., wenn der Arbeitnehmer zu Hause am PC arbeitet, ohne daß eine telekommunikative Verbindung zum Betrieb besteht).

II. Praktizierte Arbeitszeitmodelle

Eisen-, Metall- und Elektroindustrie

Unternehmen	Arbeitszeitmodell (Kurzbeschreibung)
IBM Deutschland Informationssysteme GmbH, Stuttgart	Telearbeit (Telecommuting-Programm)[65]
Luft- und Raumfahrtkonzern McDonnell Douglas (USA)	BV v. 10.12.1992 mit Gesamtbetriebsrat über „außerbetriebliche" Arbeitsstätten und die Möglichkeit einer selbstbestimmten Verteilung (Eigensteuerung) der außerbetrieblichen Arbeitszeit im Falle von Telearbeit. Telearbeit (Telecommuting-Programm)
Telefonfirma Pacific Bell, Anaheim, Kalifornien	Telearbeit: Hier arbeiten mittlerweile über 1.600 Mitarbeiter. Entstanden 1984 durch einen Modellversuch, um die Autobahnen zu entlasten. Betrifft überwiegend die Tätigkeit als Systemanalytiker am Computer.

Handel

Unternehmen	Arbeitszeitmodell (Kurzbeschreibung)
Kaufhauskonzern J.C. Penney (USA)	Heimarbeit

---

65 Innerhalb von fünf Jahren stieg die Zahl der Telecommuter in den USA von 10 Millionen auf 34,5 Millionen. Für das Jahr 1995 wird sich der anhaltende Trend zur Telearbeit auf über 51 Millionen Menschen erhöhen. Der Vorteil von PC-Heimarbeit liegt zum einen in höherer Produktivität, zum anderen können zeitraubende Konferenzen, unnötige Telefonanrufe reduziert werden. Unter den Telecommutern findet man Entwickler von Computersoftware, Journalisten. 15,7 % sind Konstrukteure und Techniker, 9,2 % Manager, 8,7 % Verkäufer und Repräsentanten, 6,4 % Unternehmensberater sowie 6,0 % Computertüftler. Die Telecommuter arbeiten zu Hause mit Computern. Des weiteren besteht eine Heimausstattung aus Telefonnebenanschluß, Telefax und PC-Direktverbindung. Entstehende Kosten liegen dafür unter 10.000 Dollar.

K. Die selbstbestimmte Arbeitszeit bei Trennung von ...

Handel (Forts.)

Unternehmen	Arbeitszeitmodell (Kurzbeschreibung)
Kaufhauskonzern Roebuck (USA)	Heimarbeit
Kaufhauskonzern Sears (USA)	Heimarbeit

Dienstleistungen (Banken usw.)

Unternehmen	Arbeitszeitmodell (Kurzbeschreibung)
Versicherungskonzern John Hancock Mutual Life (USA)	Heimarbeit
Versicherungskonzern New York Life (USA)	Heimarbeit

III. Rechtlicher Entscheidungsrahmen

1. Gesetzliche Grundlagen

Für die Heimarbeit gilt das HAG, das zwingende Schutzvorschriften enthält. Bei der Telearbeit ist zu beachten, daß sie in verschiedenen Organisationsformen durchgeführt werden kann. Erfolgt sie in Form der Heimarbeit, gilt das HAG. Wird die Telearbeit im on-line-Betrieb erbracht, besteht für den Unternehmer eine permanente Überwachungsmöglichkeit, die eine persönliche informationelle Abhängigkeit des „Telearbeiters" darstellt, so daß sämtliche Arbeitsschutzgesetze uneingeschränkte Anwendung finden.

2. Kollektivvertragliche Grundlagen

Angesichts der rechtlichen Unsicherheit, die bei der Ausgestaltung der Telearbeit besteht, empfiehlt es sich, daß im Tarifvertrag zumindest

Rahmenregelungen über die Einführung der Telearbeit vereinbart werden, worin der rechtliche Status des Telearbeiters eindeutig festgelegt wird.

Aufgrund der Arbeitnehmereigenschaft des Telearbeiters besteht ein Mitbestimmungsrecht des Betriebsrates gemäß § 87 Abs. 1 Nr. 6 BetrVG, weil beim on-line-Betrieb die Möglichkeit einer technisierten Überwachung (potentieller Informationssysteme mit Arbeitnehmerbezug) gegeben ist.

3. Individualrechtliche Grundlagen

Für die Begründung des Heimarbeitsverhältnisses ist ein Vertrag zwischen Unternehmer und Heimarbeiter notwendig. Die Begründung eines Telearbeitsverhältnisses oder die Schaffung eines Heimarbeitsplatzes setzen ebenfalls eine entsprechende einzelvertragliche Vereinbarung voraus.

IV. Bewertung

1. Flexibilisierungspotential

Das höchste Flexibilisierungspotential besteht bei der klassischen Heimarbeit, da hier der Heimarbeiter völlig autonom seinen Arbeitsablauf organisieren kann. Daher wird auch kein festes Arbeitszeitkontingent vereinbart.

Auch die Telearbeit weist ein hohes Flexibilisierungspotential auf, da der Telearbeiter allein die Lage und Dauer der Arbeitszeit bestimmen kann (Zeitsouveränität). Allerdings wird die zeitliche Selbstbestimmung dadurch wieder eingeschränkt, daß eine on-line-Verbindung existiert, die dem Arbeitgeber gewisse Kontrollmöglichkeiten verschafft. Die Vereinbarung eines bestimmten Arbeitszeitumfanges dient lediglich dem Zweck, eine objektive Berechnungsgrundlage für die Festsetzung der Entlohnung zu liefern.

Auch beim Heimarbeitsplatz kann der Arbeitnehmer grundsätzlich die Lage und die Dauer seiner Arbeitszeit autonom bestimmen. Jedoch besteht hierbei in der Regel eine starke Einbeziehung in die betriebliche Logistik, durch die sein Gestaltungsspielraum begrenzt wird.

2. Vor- und Nachteile

a) Arbeitgeber-Sicht

Die selbstbestimmte Arbeitszeit bei Trennung von Betriebs- und Arbeitsstätte bietet für den Arbeitgeber den Vorteil, daß er keine zusätzlichen Betriebsräume mehr zur Verfügung stellen muß, während die hierfür erforderlichen IuK-Technologien immer preiswerter werden (Kostenersparnispotential). Zugleich kann hiermit eine größere Arbeitszufriedenheit einhergehen, die auch in einer verbesserten Qualität der Arbeit zum Ausdruck kommen kann.

b) Arbeitnehmer und arbeitnehmerähnliche Personen

Der Vorteil für den Heimarbeiter, Telearbeiter und für den Arbeitnehmer eines Heimarbeitsplatzes besteht darin, daß er eine hohe Zeitsouveränität erhält und dadurch auch seine familiären Verpflichtungen mit denen aus dem Arbeitsverhältnis besser in Einklang bringen kann (familienfreundlicher Aspekt). Dem steht aber die Gefahr einer zunehmenden sozialen Isolation gegenüber, weil kein unmittelbarer persönlicher Kontakt mit anderen Beschäftigten mehr stattfindet (bei Telearbeit und Heimarbeitsplatz). Für den Heimarbeiter ist insbesondere die möglicherweise große wirtschaftliche Abhängigkeit vom Unternehmer bei gleichzeitiger fehlender Alternative nachteilig.

3. Ausblick

Mit der zunehmenden Verbreitung modernster IuK-Techniken (insbesondere ISDN) und den sinkenden Anschaffungskosten wird es für viele Betriebe immer attraktiver, bestimmte Arbeitsplätze aus der betrieblichen Sphäre zu verlagern (Externalisierung). Denkbar ist daher, daß zunehmend die Telearbeit und der Heimarbeitsplatz Verbreitung finden werden, während die klassische Heimarbeit immer mehr zurückgedrängt wird. Entscheidend ist aber, daß gerade die hieraus resultierenden Folgen (soziale Isolation) bewältigt werden. Es bietet sich daher an, daß durch kollektivvertragliche Regelungen (Tarifvertrag, Betriebsvereinbarung) festgelegt wird, daß sich die Beschäftigten in regelmäßigen Abständen im Betrieb treffen und gemeinsam mit dem Unternehmer die anfallenden Arbeitsaufgaben koordinieren. Zugleich wird hierdurch sichergestellt, daß das Zugehörigkeitsgefühl in bezug auf das Unternehmen (Corporate Identity) erhalten bleibt bzw. gefestigt wird.

Anhang

Checklisten für die Gestaltung von Betriebsvereinbarungen über die Einführung von Teilzeit, Freischichten, Gleitzeit und KAPOVAZ

Die Entwicklung von Muster-Betriebsvereinbarungen allgemeingültiger Art ist angesichts der Vielfalt der betrieblichen Verhältnisse unzweckmäßig. Aus diesem Grunde bieten sich, zur Unterstützung der eigenen konzeptionellen Arbeit, Checklisten statt Muster-Betriebsvereinbarungen an.

Wegen der inhaltlichen Ausgestaltung müßte auf die dargestellten Modelle im einzelnen verwiesen werden.

Um dem Benutzer dieses Buches eine grobe Orientierungshilfe zu ermöglichen, soll nachfolgend für diejenigen Arbeitszeitmodelle, die in der betrieblichen Praxis wohl gegenwärtig überwiegend auf Interesse stoßen dürften, eine Darstellung der Gesichtspunkte erfolgen, die bei Abschluß einer entsprechenden Betriebsvereinbarung (Rechtsgrundlage: § 87 Abs. 1 Nr. 2 BetrVG oder § 88 BetrVG, wenn ein erzwingbares Mitbestimmungsrecht des Betriebsrates nicht besteht) zu beachten sind.

I. Teilzeitarbeit

1. Regelungsinhalt (= Teilzeit) und Geltungsbereich:
   - räumlich (Betriebsteil, Abteilung)
   - Personenkreis
2. Rahmenregelungen:
   - Information des Betriebsrates, wenn Arbeitnehmer Teilzeitbeschäftigung ausüben wollen.
   - Verpflichtung, daß Interessen von Arbeitnehmer und Betrieb gleichgewichtig geprüft werden.

Anhang

- Voraussetzungen für Umwandlung eines Vollzeit- in ein Teilzeitarbeitsverhältnis (z.B. bei Wunsch des Arbeitnehmers).
- Voraussetzungen für Rückführung eines Teilzeit- in ein Vollzeitarbeitsverhältnis (betriebliche Situation; Freiwerden einer Planstelle).
- Festlegung einer Untergrenze bezüglich der täglichen Arbeitszeit; Verbot einer Splittung.
3. Darstellung der möglichen Arbeitszeitmodelle.
4. Recht des Betriebsrates, die Einhaltung der Betriebsvereinbarung jederzeit zu kontrollieren.
5. Laufzeit und Kündigung.

II. Freischichten

1. Regelungsinhalt (= Freischicht) und Geltungsbereich:
   - räumlich (Betriebsteil, Abteilung)
   - Personenkreis
2. Bezugnahme auf tarifvertragliche Öffnungsklausel und Wiedergabe der tarifvertraglichen Voraussetzungen für das Freischichtenmodell (z.B. durchschnittliche Arbeitszeit des Arbeitnehmers).
3. Vereinbarung des Freischichtenmodells (40-Stunden-Woche, der Arbeitnehmer erhält einen Zeitausgleich in Form von Freischichten).
4. Beschreibung des gewählten Freischichtenmodells.
5. Anzahl der Freischichten.
6. Genereller Modus zur Verteilung der Freischichten:
   - individuelle Festlegung der Freischichten
   - und/oder kollektive Festlegung der Freischichten.
7. Rahmenbedingungen über die Lage der Freischichten:
   - Verpflichtung, daß betriebliche wie persönliche Bedürfnisse des Arbeitnehmers gleichgewichtig zu behandeln sind.
   - Beteiligung des Betriebsrates als Vermittler, wenn bei individueller Festlegung der Freischichten eine Vereinbarung zwischen Arbeitnehmer und Arbeitgeber nicht zu erzielen ist.
   - Allgemeine Kriterien für Festlegung der Freischichten (Anzahl von Freischichten in einem bestimmten Zeitabschnitt, wie oft kann auf bestimmte Wochentage eine Freischicht gewählt werden).
8. Laufzeit und Kündigung.

III. Gleitzeitarbeit

1. Regelungsinhalt (= Gleitzeit) und Geltungsbereich:
   - räumlich (Betriebsteil, Abteilung, Verwaltung, Produktion)
   - Personenkreis (Angestellte, Arbeiter)
2. Arbeitszeit:
   - Sollarbeitszeit (z.B. 7 Stunden 25 Minuten).
   - Normalarbeitszeit
   - Kernarbeitszeit mit/ohne Anwesenheitspflicht
   - Pausen
   - Gleitzeitspannen
3. Zeitguthaben/-schulden (maximale Höhe von Zeitguthaben und Zeitschulden; deren Übertragbarkeit; Verfall von Zeitguthaben; Gleitzeitsparbuch).
4. Gleitzeitausgleich (Voraussetzungen für Gleitzeitausgleich, wie z.B. Beachtung betrieblicher Bedürfnisse, maximal ein Arbeitstag je Kalendermonat).
5. Mehrarbeit.
6. Verfahren der Zeiterfassung.
7. Regeln bezüglich der Beendigung des Arbeitsverhältnisses (wie erfolgt die Abrechnung von Zeitschulden und -guthaben?).
8. Laufzeit und Kündigung.

IV. KAPOVAZ

1. Regelungsinhalt (= KAPOVAZ) und Geltungsbereich:
   - räumlich (Betriebsteil, Abteilung)
   - Personenkreis (beigefügt als Anlage)
2. Art und Weise des Arbeitseinsatzes:
   - Verpflichtung des Arbeitgebers zur rechtzeitigen Unterrichtung der Arbeitnehmer über Zeitpunkt des Arbeitseinsatzes.
   - Mindestdauer des Arbeitseinsatzes.
3. Bereitschaft des Arbeitgebers, freiwerdende Vollzeitarbeitsplätze vorrangig Arbeitnehmern anzubieten, die einen „KAPOVAZ-Arbeitsplatz" haben.
4. Laufzeit und Kündigung.

Anhang

Artikel 1 des ArbZRG

Arbeitszeitgesetz (ArbZG)

Erster Abschnitt
Allgemeine Vorschriften

§ 1
Zweck des Gesetzes

Zweck des Gesetzes ist es,

1. die Sicherheit und den Gesundheitsschutz der Arbeitnehmer bei der Arbeitszeitgestaltung zu gewährleisten und die Rahmenbedingungen für flexible Arbeitszeiten zu verbessern sowie
2. den Sonntag und die staatlich anerkannten Feiertage als Tage der Arbeitsruhe und der seelischen Erhebung der Arbeitnehmer zu schützen.

§ 2
Begriffsbestimmungen

(1) Arbeitszeit im Sinne dieses Gesetzes ist die Zeit vom Beginn bis zum Ende der Arbeit ohne die Ruhepausen; Arbeitszeiten bei mehreren Arbeitgebern sind zusammenzurechnen. Im Bergbau unter Tage zählen die Ruhepausen zur Arbeitszeit.

(2) Arbeitnehmer im Sinne dieses Gesetzes sind Arbeiter und Angestellte sowie die zu ihrer Berufsbildung Beschäftigten.

(3) Nachtzeit im Sinne dieses Gesetzes ist die Zeit von 23 bis 6 Uhr.

(4) Nachtarbeit im Sinne dieses Gesetzes ist jede Arbeit, die mehr als zwei Stunden der Nachtzeit umfaßt.

(5) Nachtarbeitnehmer im Sinne dieses Gesetzes sind Arbeitnehmer, die

1. auf Grund ihrer Arbeitszeitgestaltung normalerweise Nachtarbeit in Wechselschicht zu leisten haben oder
2. Nachtarbeit an mindestens 48 Tagen im Kalenderjahr leisten.

Arbeitszeitgesetz

Zweiter Abschnitt
Werktägliche Arbeitszeit und arbeitsfreie Zeiten

§ 3
Arbeitszeit der Arbeitnehmer

Die werktägliche Arbeitszeit der Arbeitnehmer darf acht Stunden nicht überschreiten. Sie kann auf bis zu zehn Stunden nur verlängert werden, wenn innerhalb von sechs Kalendermonaten oder innerhalb von 24 Wochen im Durchschnitt acht Stunden werktäglich nicht überschritten werden.

§ 4
Ruhepausen

Die Arbeit ist durch im voraus feststehende Ruhepausen von mindestens 30 Minuten bei einer Arbeitszeit von mehr als sechs bis zu neun Stunden und 45 Minuten bei einer Arbeitszeit von mehr als neun Stunden insgesamt zu unterbrechen. Die Ruhepausen nach Satz 1 können in Zeitabschnitte von jeweils mindestens 15 Minuten aufgeteilt werden. Länger als sechs Stunden hintereinander dürfen Arbeitnehmer nicht ohne Ruhepause beschäftigt werden.

§ 5
Ruhezeit

(1) Die Arbeitnehmer müssen nach Beendigung der täglichen Arbeitszeit eine ununterbrochene Ruhezeit von mindestens elf Stunden haben.

(2) Die Dauer der Ruhezeit des Absatzes 1 kann in Krankenhäusern und anderen Einrichtungen zur Behandlung, Pflege und Betreuung von Personen, in Gaststätten und anderen Einrichtungen zur Bewirtung und Beherbergung, in Verkehrsbetrieben, beim Rundfunk sowie in der Landwirtschaft und in der Tierhaltung um bis zu eine Stunde verkürzt werden, wenn jede Verkürzung der Ruhezeit innerhalb eines Kalendermonats oder innerhalb von vier Wochen durch Verlängerung einer anderen Ruhezeit auf mindestens zwölf Stunden ausgeglichen wird.

(3) Abweichend von Absatz 1 können in Krankenhäusern und anderen Einrichtungen zur Behandlung, Pflege und Betreuung von Personen Kürzungen der Ruhezeit durch Inanspruchnahmen während des Bereitschaftsdienstes oder der Rufbereitschaft, die nicht mehr als die Hälfte der Ruhezeit betragen, zu anderen Zeiten ausgeglichen werden.

(4) Soweit Vorschriften der Europäischen Gemeinschaften für Kraftfahrer und Beifahrer geringere Mindestruhezeiten zulassen, gelten abweichend von Absatz 1 diese Vorschriften.

Anhang

§ 6
Nacht- und Schichtarbeit

(1) Die Arbeitszeit der Nacht- und Schichtarbeitnehmer ist nach den gesicherten arbeitswissenschaftlichen Erkenntnissen über die menschengerechte Gestaltung der Arbeit festzulegen.

(2) Die werktägliche Arbeitszeit der Nachtarbeitnehmer darf acht Stunden nicht überschreiten. Sie kann auf bis zu zehn Stunden nur verlängert werden, wenn abweichend von § 3 innerhalb von einem Kalendermonat oder innerhalb von vier Wochen im Durchschnitt acht Stunden werktäglich nicht überschritten werden. Für Zeiträume, in denen Nachtarbeitnehmer im Sinne des § 2 Abs. 5 Nr. 2 nicht zur Nachtarbeit herangezogen werden, findet § 3 Satz 2 Anwendung.

(3) Nachtarbeitnehmer sind berechtigt, sich vor Beginn der Beschäftigung und danach in regelmäßigen Zeitabständen von nicht weniger als drei Jahren arbeitsmedizinisch untersuchen zu lassen. Nach Vollendung des 50. Lebensjahres steht Nachtarbeitnehmern dieses Recht in Zeitabständen von einem Jahr zu. Die Kosten der Untersuchungen hat der Arbeitgeber zu tragen, sofern er die Untersuchungen den Nachtarbeitnehmern nicht kostenlos durch einen Betriebsarzt oder einen überbetrieblichen Dienst von Betriebsärzten anbietet.

(4) Der Arbeitgeber hat den Nachtarbeitnehmer auf dessen Verlangen auf einen für ihn geeigneten Tagesarbeitsplatz umzusetzen, wenn

a) nach arbeitsmedizinischer Feststellung die weitere Verrichtung von Nachtarbeit den Arbeitnehmer in seiner Gesundheit gefährdet oder

b) im Haushalt des Arbeitnehmers ein Kind unter zwölf Jahren lebt, das nicht von einer anderen im Haushalt lebenden Person betreut werden kann, oder

c) der Arbeitnehmer einen schwerpflegebedürftigen Angehörigen zu versorgen hat, der nicht von einem anderen im Haushalt lebenden Angehörigen versorgt werden kann,

sofern dem nicht dringende betriebliche Erfordernisse entgegenstehen. Stehen der Umsetzung des Nachtarbeitnehmers auf einen für ihn geeigneten Tagesarbeitsplatz nach Auffassung des Arbeitgebers dringende betriebliche Erfordernisse entgegen, so ist der Betriebs- oder Personalrat zu hören. Der Betriebs- oder Personalrat kann dem Arbeitgeber Vorschläge für eine Umsetzung unterbreiten.

(5) Soweit keine tarifvertraglichen Ausgleichsregelungen bestehen, hat der Arbeitgeber dem Nachtarbeitnehmer für die während der Nachtzeit geleisteten Arbeitsstunden eine angemessene Zahl bezahlter freier Tage oder einen angemessenen Zuschlag auf das ihm hierfür zustehende Bruttoarbeitsentgelt zu gewähren.

(6) Es ist sicherzustellen, daß Nachtarbeitnehmer den gleichen Zugang zur betrieblichen Weiterbildung und zu aufstiegsfördernden Maßnahmen haben wie die übrigen Arbeitnehmer.

§ 7
Abweichende Regelungen

(1) In einem Tarifvertrag oder auf Grund eines Tarifvertrages in einer Betriebsvereinbarung kann zugelassen werden,

Arbeitszeitgesetz

1. abweichend von § 3
   a) die Arbeitszeit über zehn Stunden werktäglich auch ohne Ausgleich zu verlängern, wenn in die Arbeitszeit regelmäßig und in erheblichem Umfang Arbeitsbereitschaft fällt,
   b) einen anderen Ausgleichszeitraum festzulegen,
   c) ohne Ausgleich die Arbeitszeit auf bis zu zehn Stunden werktäglich an höchstens 60 Tagen im Jahr zu verlängern,
2. abweichend von § 4 Satz 2 die Gesamtdauer der Ruhepausen in Schichtbetrieben und Verkehrsbetrieben auf Kurzpausen von angemessener Dauer aufzuteilen,
3. abweichend von § 5 Abs. 1 die Ruhezeit um bis zu zwei Stunden zu kürzen, wenn die Art der Arbeit dies erfordert und die Kürzung der Ruhezeit innerhalb eines festzulegenden Ausgleichszeitraums ausgeglichen wird,
4. abweichend von § 6 Abs. 2
   a) die Arbeitszeit über zehn Stunden werktäglich hinaus auch ohne Ausgleich zu verlängern, wenn in die Arbeitszeit regelmäßig und in erheblichem Umfang Arbeitsbereitschaft fällt,
   b) einen anderen Ausgleichszeitraum festzulegen,
5. den Beginn des siebenstündigen Nachtzeitraums des § 2 Abs. 3 auf die Zeit zwischen 22 und 24 Uhr festzulegen.

(2) Sofern der Gesundheitsschutz der Arbeitnehmer durch einen entsprechenden Zeitausgleich gewährleistet wird, kann in einem Tarifvertrag oder auf Grund eines Tarifvertrags in einer Betriebsvereinbarung ferner zugelassen werden,

1. abweichend von § 5 Abs. 1 die Ruhezeiten bei Bereitschaftsdienst und Rufbereitschaft den Besonderheiten dieser Dienste anzupassen, insbesondere Kürzungen der Ruhezeit infolge von Inanspruchnahmen während dieser Dienste zu anderen Zeiten auszugleichen,
2. die Regelungen der §§ 3, 5 Abs. 1 und § 6 Abs. 2 in der Landwirtschaft der Bestellungs- und Erntezeit sowie den Witterungseinflüssen anzupassen,
3. die Regelungen der §§ 3, 4, 5 Abs. 1 und § 6 Abs. 2 bei der Behandlung, Pflege und Betreuung von Personen der Eigenart dieser Tätigkeit und dem Wohl dieser Personen entsprechend anzupassen,
4. die Regelungen der §§ 3, 4, 5 Abs. 1 und § 6 Abs. 2 bei Verwaltungen und Betrieben des Bundes, der Länder, der Gemeinden und sonstigen Körperschaften, Anstalten und Stiftungen des öffentlichen Rechts sowie bei anderen Arbeitgebern, die der Tarifbindung eines für den öffentlichen Dienst geltenden oder eines im wesentlichen inhaltsgleichen Tarifvertrags unterliegen, der Eigenart der Tätigkeit bei diesen Stellen anzupassen.

(3) Im Geltungsbereich eines Tarifvertrags nach Absatz 1 oder 2 können abweichende tarifvertragliche Regelungen im Betrieb eines nicht tarifgebundenen Arbeitgebers durch Betriebsvereinbarung oder, wenn ein Betriebsrat nicht besteht, durch schriftliche Vereinbarung zwischen dem Arbeitgeber und dem Arbeitnehmer übernommen werden. Können auf Grund eines solchen Tarifvertrags abweichende Regelungen in einer Betriebsvereinbarung getroffen werden, kann auch in Betrieben eines nicht

Anhang

tarifgebundenen Arbeitgebers davon Gebrauch gemacht werden. Eine nach Absatz 2 Nr. 4 getroffene abweichende tarifvertragliche Regelung hat zwischen nicht tarifgebundenen Arbeitgebern und Arbeitnehmern Geltung, wenn zwischen ihnen die Anwendung der für den öffentlichen Dienst geltenden tarifvertraglichen Bestimmungen vereinbart ist und die Arbeitgeber die Kosten des Betriebs überwiegend mit Zuwendungen im Sinne des Haushaltsrechts decken.

(4) Die Kirchen und die öffentlich-rechtlichen Religionsgesellschaften können die in Absatz 1 oder 2 genannten Abweichungen in ihren Regelungen vorsehen.

(5) In einem Bereich, in dem Regelungen durch Tarifvertrag üblicherweise nicht getroffen werden, können Ausnahmen im Rahmen des Absatzes 1 oder 2 durch die Aufsichtsbehörde bewilligt werden, wenn dies aus betrieblichen Gründen erforderlich ist und die Gesundheit der Arbeitnehmer nicht gefährdet wird.

(6) Die Bundesregierung kann durch Rechtsverordnung mit Zustimmung des Bundesrates Ausnahmen im Rahmen des Absatzes 1 oder 2 zulassen, sofern dies aus betrieblichen Gründen erforderlich ist und die Gesundheit der Arbeitnehmer nicht gefährdet wird.

§ 8
Gefährliche Arbeiten

Die Bundesregierung kann durch Rechtsverordnung mit Zustimmung des Bundesrates für einzelne Beschäftigungsbereiche, für bestimmte Arbeiten oder für bestimmte Arbeitnehmergruppen, bei denen besondere Gefahren für die Gesundheit der Arbeitnehmer zu erwarten sind, die Arbeitszeit über § 3 hinaus beschränken, die Ruhepausen und Ruhezeiten über die §§ 4 und 5 hinaus ausdehnen, die Regelungen zum Schutz der Nacht- und Schichtarbeitnehmer in § 6 erweitern und die Abweichungsmöglichkeiten nach § 7 beschränken, soweit dies zum Schutz der Gesundheit der Arbeitnehmer erforderlich ist. Satz 1 gilt nicht für Beschäftigungsbereiche und Arbeiten in Betrieben, die der Bergaufsicht unterliegen.

Dritter Abschnitt
Sonn- und Feiertagsruhe

§ 9
Sonn- und Feiertagsruhe

(1) Arbeitnehmer dürfen an Sonn- und gesetzlichen Feiertagen von 0 bis 24 Uhr nicht beschäftigt werden.

(2) In mehrschichtigen Betrieben mit regelmäßiger Tag- und Nachtschicht kann Beginn oder Ende der Sonn- und Feiertagsruhe um bis zu sechs Stunden vor- oder zurückverlegt werden, wenn für die auf den Beginn der Ruhezeit folgenden 24 Stunden der Betrieb ruht.

(3) Für Kraftfahrer und Beifahrer kann der Beginn der 24stündigen Sonn- und Feiertagsruhe um bis zu zwei Stunden vorverlegt werden.

§ 10
Sonn- und Feiertagsbeschäftigung

(1) Sofern die Arbeiten nicht an Werktagen vorgenommen werden können, dürfen Arbeitnehmer an Sonn- und Feiertagen abweichend von § 9 beschäftigt werden

1. in Not- und Rettungsdiensten sowie bei der Feuerwehr,
2. zur Aufrechterhaltung der öffentlichen Sicherheit und Ordnung sowie der Funktionsfähigkeit von Gerichten und Behörden und für Zwecke der Verteidigung,
3. in Krankenhäusern und anderen Einrichtungen zur Behandlung, Pflege und Betreuung von Personen,
4. in Gaststätten und anderen Einrichtungen zur Bewirtung und Beherbergung sowie im Haushalt,
5. bei Musikaufführungen, Theatervorstellungen, Filmvorführungen, Schaustellungen, Darbietungen und anderen ähnlichen Veranstaltungen,
6. bei nichtgewerblichen Aktionen und Veranstaltungen der Kirchen, Religionsgesellschaften, Verbände, Vereine, Parteien und anderer ähnlicher Vereinigungen,
7. beim Sport und in Freizeit-, Erholungs- und Vergnügungseinrichtungen, beim Fremdenverkehr sowie in Museen und wissenschaftlichen Präsenzbibliotheken,
8. beim Rundfunk, bei der Tages- und Sportpresse, bei Nachrichtenagenturen sowie bei den der Tagesaktualität dienenden Tätigkeiten für andere Presseerzeugnisse einschließlich des Austragens, bei der Herstellung von Satz, Filmen und Druckformen für tagesaktuelle Nachrichten und Bilder, bei tagesaktuellen Aufnahmen auf Ton- und Bildträger sowie beim Transport und Kommissionieren von Presseerzeugnissen, deren Ersterscheinungstag am Montag oder am Tag nach einem Feiertag liegt,
9. bei Messen, Ausstellungen und Märkten im Sinne des Titels IV der Gewerbeordnung sowie bei Volksfesten,
10. in Verkehrsbetrieben sowie beim Transport und Kommissionieren von leichtverderblichen Waren im Sinne des § 30 Abs. 3 Nr. 2 der Straßenverkehrsordnung,
11. in den Energie- und Wasserversorgungsbetrieben sowie in Abfall- und Abwasserentsorgungsbetrieben,
12. in der Landwirtschaft und in der Tierhaltung sowie in Einrichtungen zur Behandlung und Pflege von Tieren,
13. im Bewachungsgewerbe und bei der Bewachung von Betriebsanlagen,
14. bei der Reinigung und Instandhaltung von Betriebseinrichtungen, soweit hierdurch der regelmäßige Fortgang des eigenen oder eines fremden Betriebs bedingt ist, bei der Vorbereitung der Wiederaufnahme des vollen werktägigen Betriebs sowie bei der Aufrechterhaltung der Funktionsfähigkeit von Datennetzen und Rechnersystemen,
15. zur Verhütung des Verderbens von Naturerzeugnissen oder Rohstoffen oder des Mißlingens von Arbeitsergebnissen sowie bei kontinuierlich durchzuführenden Forschungsarbeiten,
16. zur Vermeidung einer Zerstörung oder erheblichen Beschädigung der Produktionseinrichtungen.

Anhang

(2) Abweichend von § 9 dürfen Arbeitnehmer an Sonn- und Feiertagen mit den Produktionsarbeiten beschäftigt werden, wenn die infolge der Unterbrechung der Produktion nach Absatz 1 Nr. 14 zulässigen Arbeiten den Einsatz von mehr Arbeitnehmern als bei durchgehender Produktion erfordern.

§ 11
Ausgleich für Sonn- und Feiertagsbeschäftigung

(1) Mindestens 15 Sonntage im Jahr müssen beschäftigungsfrei bleiben.

(2) Für die Beschäftigung an Sonn- und Feiertagen gelten die §§ 3 bis 8 entsprechend, jedoch dürfen durch die Arbeitszeit an Sonn- und Feiertagen die in den §§ 3, 6 Abs. 2 und § 7 bestimmten Höchstarbeitszeiten und Ausgleichszeiträume nicht überschritten werden.

(3) Werden Arbeitnehmer an einem Sonntag beschäftigt, müssen sie einen Ersatzruhetag haben, der innerhalb eines den Beschäftigungstag einschließenden Zeitraums von zwei Wochen zu gewähren ist. Werden Arbeitnehmer an einem auf einen Werktag fallenden Feiertag beschäftigt, müssen sie einen Ersatzruhetag haben, der innerhalb eines den Beschäftigungstag einschließenden Zeitraums von acht Wochen zu gewähren ist.

(4) Die Sonn- oder Feiertagsruhe des § 9 oder der Ersatzruhetag des Absatzes 3 ist den Arbeitnehmern unmittelbar in Verbindung mit einer Ruhezeit nach § 5 zu gewähren, soweit dem technische oder arbeitsorganisatorische Gründe nicht entgegenstehen.

§ 12
Abweichende Regelungen

In einem Tarifvertrag oder auf Grund eines Tarifvertrags in einer Betriebsvereinbarung kann zugelassen werden,

1. abweichend von § 11 Abs. 1 die Anzahl der beschäftigungsfreien Sonntage in den Einrichtungen des § 10 Abs. 1 Nr. 2, 3, 4 und 10 auf mindestens zehn Sonntage, im Rundfunk, in Theaterbereichen, Orchestern sowie bei Schaustellungen auf mindestens acht Sonntage, in Filmtheatern und in der Tierhaltung auf mindestens sechs Sonntage im Jahr zu verringern,
2. abweichend von § 11 Abs. 3 den Wegfall von Ersatzruhetagen für auf Werktage fallende Feiertage zu vereinbaren oder Arbeitnehmer innerhalb eines festzulegenden Ausgleichszeitraums beschäftigungsfrei zu stellen,
3. abweichend von § 11 Abs. 1 bis 3 in der Seeschiffahrt die den Arbeitnehmern nach diesen Vorschriften zustehenden freien Tage zusammenhängend zu geben,
4. abweichend von § 11 Abs. 2 die Arbeitszeit in vollkontinuierlichen Schichtbetrieben an Sonn- und Feiertagen auf bis zu zwölf Stunden zu verlängern, wenn dadurch zusätzliche freie Schichten an Sonn- und Feiertagen erreicht werden.

§ 7 Abs. 3 bis 6 findet Anwendung.

Arbeitszeitgesetz

§ 13
Ermächtigung, Anordnung, Bewilligung

(1) Die Bundesregierung kann durch Rechtsverordnung mit Zustimmung des Bundesrates zur Vermeidung erheblicher Schäden unter Berücksichtigung des Schutzes der Arbeitnehmer und der Sonn- und Feiertagsruhe

1. die Bereiche mit Sonn- und Feiertagsbeschäftigung nach § 10 sowie die dort zugelassenen Arbeiten näher bestimmen,
2. über die Ausnahmen nach § 10 hinaus weitere Ausnahmen abweichend von § 9

    a) für Betriebe, in denen die Beschäftigung von Arbeitnehmern an Sonn- oder Feiertagen zur Befriedigung täglicher oder an diesen Tagen besonders hervortretender Bedürfnisse der Bevölkerung erforderlich ist,

    b) für Betriebe, in denen Arbeiten vorkommen, deren Unterbrechung oder Aufschub

    aa) nach dem Stand der Technik ihrer Art nach nicht oder nur mit erheblichen Schwierigkeiten möglich ist,

    bb) besondere Gefahren für Leben oder Gesundheit der Arbeitnehmer zur Folge hätte,

    cc) zu erheblichen Belastungen der Umwelt oder der Energie- oder Wasserversorgung führen würde,

    c) aus Gründen des Gemeinwohls, insbesondere auch zur Sicherung der Beschäftigung,

zulassen und die zum Schutz der Arbeitnehmer und der Sonn- und Feiertagsruhe notwendigen Bedingungen bestimmen.

(2) Soweit die Bundesregierung von der Ermächtigung des Absatzes 1 Nr. 2 Buchstabe a keinen Gebrauch gemacht hat, können die Landesregierungen durch Rechtsverordnung entsprechende Bestimmungen erlassen. Die Landesregierungen können diese Ermächtigung durch Rechtsverordnung auf oberste Landesbehörden übertragen.

(3) Die Aufsichtsbehörde kann

1. feststellen, ob eine Beschäftigung nach § 10 zulässig ist,
2. abweichend von § 9 bewilligen, Arbeitnehmer zu beschäftigen

    a) im Handelsgewerbe an bis zu zehn Sonn- und Feiertagen im Jahr, an denen besondere Verhältnisse einen erweiterten Geschäftsverkehr erforderlich machen,

    b) an bis zu fünf Sonn- und Feiertagen im Jahr, wenn besondere Verhältnisse zur Verhütung eines unverhältnismäßigen Schadens dies erfordern,

    c) an einem Sonntag im Jahr zur Durchführung einer gesetzlich vorgeschriebenen Inventur,

und Anordnungen über die Beschäftigungszeit unter Berücksichtigung der für den öffentlichen Gottesdienst bestimmten Zeit treffen.

(4) Die Aufsichtsbehörde soll abweichend von § 9 bewilligen, daß Arbeitnehmer an Sonn- und Feiertagen mit Arbeiten beschäftigt werden, die aus chemischen, biologi-

Anhang

schen, technischen oder physikalischen Gründen einen ununterbrochenen Fortgang auch an Sonn- und Feiertagen erfordern.

(5) Die Aufsichtsbehörde hat abweichend von § 9 die Beschäftigung von Arbeitnehmern an Sonn- und Feiertagen zu bewilligen, wenn bei einer weitgehenden Ausnutzung der gesetzlich zulässigen wöchentlichen Betriebszeiten und bei längeren Betriebszeiten im Ausland die Konkurrenzfähigkeit unzumutbar beeinträchtigt ist und durch die Genehmigung von Sonn- und Feiertagsarbeit die Beschäftigung gesichert werden kann.

Vierter Abschnitt
Ausnahmen in besonderen Fällen

§ 14
Außergewöhnliche Fälle

(1) Von den §§ 3 bis 5, 6 Abs. 2, §§ 7, 9 bis 11 darf abgewichen werden bei vorübergehenden Arbeiten in Notfällen und in außergewöhnlichen Fällen, die unabhängig vom Willen der Betroffenen eintreten und deren Folgen nicht auf andere Weise zu beseitigen sind, besonders wenn Rohstoffe oder Lebensmittel zu verderben oder Arbeitsergebnisse zu mißlingen drohen.

(2) Von den §§ 3 bis 5, 6 Abs. 2, §§ 7, 11 Abs. 1 bis 3 und § 12 darf ferner abgewichen werden,

1. wenn eine verhältnismäßig geringe Zahl von Arbeitnehmern vorübergehend mit Arbeiten beschäftigt wird, deren Nichterledigung das Ergebnis der Arbeiten gefährden oder einen unverhältnismäßigen Schaden zur Folge haben würde,
2. bei Forschung und Lehre, bei unaufschiebbaren Vor- und Abschlußarbeiten sowie bei unaufschiebbaren Arbeiten zur Behandlung, Pflege und Betreuung von Personen oder zur Behandlung und Pflege von Tieren an einzelnen Tagen,

wenn dem Arbeitgeber andere Vorkehrungen nicht zugemutet werden können.

§ 15
Bewilligung, Ermächtigung

(1) Die Aufsichtsbehörde kann

1. eine von den §§ 3, 6 Abs. 2 und § 11 Abs. 2 abweichende längere tägliche Arbeitszeit bewilligen
   a) für kontinuierliche Schichtbetriebe zur Erreichung zusätzlicher Freischichten,
   b) für Bau- und Montagestellen,
2. eine von den §§ 3, 6 Abs. 2 und § 11 Abs. 2 abweichende längere tägliche Arbeitszeit für Saison- und Kampagnebetriebe für die Zeit der Saison oder Kampagne bewilligen, wenn die Verlängerung der Arbeitszeit über acht Stunden werktäglich

Arbeitszeitgesetz

durch eine entsprechende Verkürzung der Arbeitszeit zu anderen Zeiten ausgeglichen wird,

3. eine von den §§ 5 und 11 Abs. 2 abweichende Dauer und Lage der Ruhezeit bei Arbeitsbereitschaft, Bereitschaftsdienst und Rufbereitschaft den Besonderheiten dieser Inanspruchnahmen im öffentlichen Dienst entsprechend bewilligen,

4. eine von den §§ 5 und 11 Abs. 2 abweichende Ruhezeit zur Herbeiführung eines regelmäßigen wöchentlichen Schichtwechsels zweimal innerhalb eines Zeitraums von drei Wochen bewilligen.

(2) Die Aufsichtsbehörde kann über die in diesem Gesetz vorgesehenen Ausnahmen hinaus weitergehende Ausnahmen zulassen, soweit sie im öffentlichen Interesse dringend nötig werden.

(3) Das Bundesministerium der Verteidigung kann in seinem Geschäftsbereich durch Rechtsverordnung mit Zustimmung des Bundesministeriums für Arbeit und Sozialordnung aus zwingenden Gründen der Verteidigung Arbeitnehmer verpflichten, über die in diesem Gesetz und in den auf Grund dieses Gesetzes erlassenen Rechtsverordnungen und Tarifverträgen festgelegten Arbeitszeitgrenzen und -beschränkungen hinaus Arbeit zu leisten.

Fünfter Abschnitt
Durchführung des Gesetzes

§ 16
Aushang und Arbeitszeitnachweise

(1) Der Arbeitgeber ist verpflichtet, einen Abdruck dieses Gesetzes, der auf Grund dieses Gesetzes erlassenen, für den Betrieb geltenden Rechtsverordnungen und der für den Betrieb geltenden Tarifverträge und Betriebsvereinbarungen im Sinne des § 7 Abs. 1 bis 3 und § 12 an geeigneter Stelle im Betrieb zur Einsichtnahme auszulegen oder auszuhängen.

(2) Der Arbeitgeber ist verpflichtet, die über die werktägliche Arbeitszeit des § 3 Satz 1 hinausgehende Arbeitszeit der Arbeitnehmer aufzuzeichnen. Die Aufzeichnungen sind mindestens zwei Jahre aufzubewahren.

§ 17
Aufsichtsbehörde

(1) Die Einhaltung dieses Gesetzes und der auf Grund dieses Gesetzes erlassenen Rechtsverordnungen wird von den nach Landesrecht zuständigen Behörden (Aufsichtsbehörden) überwacht.

(2) Die Aufsichtsbehörde kann die erforderlichen Maßnahmen anordnen, die der Arbeitgeber zur Erfüllung der sich aus diesem Gesetz und den auf Grund dieses Gesetzes erlassenen Rechtsverordnungen ergebenden Pflichten zu treffen hat.

Anhang

(3) Für den öffentlichen Dienst des Bundes sowie für die bundesunmittelbaren Körperschaften, Anstalten und Stiftungen des öffentlichen Rechts werden die Aufgaben und Befugnisse der Aufsichtsbehörde vom zuständigen Bundesministerium oder den von ihm bestimmten Stellen wahrgenommen; das gleiche gilt für die Befugnisse nach § 15 Abs. 1 und 2.

(4) Die Aufsichtsbehörde kann vom Arbeitgeber die für die Durchführung dieses Gesetzes und der auf Grund dieses Gesetzes erlassenen Rechtsverordnungen erforderlichen Auskünfte verlangen. Sie kann ferner vom Arbeitgeber verlangen, die Arbeitszeitnachweise und Tarifverträge oder Betriebsvereinbarungen im Sinne des § 7 Abs. 1 bis 3 und des § 12 vorzulegen oder zur Einsicht einzusenden.

(5) Die Beauftragten der Aufsichtsbehörde sind berechtigt, die Arbeitsstätten während der Betriebs- und Arbeitszeit zu betreten und zu besichtigen; außerhalb dieser Zeit oder wenn sich die Arbeitsstätten in einer Wohnung befinden, dürfen sie ohne Einverständnis des Inhabers nur zur Verhütung von dringenden Gefahren für die öffentliche Sicherheit und Ordnung betreten und besichtigt werden. Der Arbeitgeber hat das Betreten und Besichtigen der Arbeitsstätten zu gestatten. Das Grundrecht der Unverletzlichkeit der Wohnung (Artikel 13 des Grundgesetzes) wird insoweit eingeschränkt.

(6) Der zur Auskunft Verpflichtete kann die Auskunft auf solche Fragen verweigern, deren Beantwortung ihn selbst oder einen der in § 383 Abs. 1 Nr. 1 bis 3 der Zivilprozeßordnung bezeichneten Angehörigen der Gefahr strafgerichtlicher Verfolgung oder eines Verfahrens nach dem Gesetz über Ordnungswidrigkeiten aussetzen würde.

Sechster Abschnitt
Sonderregelungen

§ 18
Nichtanwendung des Gesetzes

(1) Dieses Gesetz ist nicht anzuwenden auf

1. leitende Angestellte im Sinne des § 5 Abs. 3 des Betriebsverfassungsgesetzes sowie Chefärzte,
2. Leiter von öffentlichen Dienststellen und deren Vertreter sowie Arbeitnehmer im öffentlichen Dienst, die zu selbständigen Entscheidungen in Personalangelegenheiten befugt sind,
3. Arbeitnehmer, die in häuslicher Gemeinschaft mit den ihnen anvertrauten Personen zusammenleben und sie eigenverantwortlich erziehen, pflegen oder betreuen,
4. den liturgischen Bereich der Kirchen und der Religionsgemeinschaften.

(2) Für die Beschäftigung von Personen unter 18 Jahren gilt anstelle dieses Gesetzes das Jugendarbeitsschutzgesetz.

Arbeitszeitgesetz

(3) Für die Beschäftigung von Arbeitnehmern auf Kauffahrteischiffen als Besatzungsmitglieder im Sinne des § 3 des Seemannsgesetzes gilt anstelle dieses Gesetzes das Seemannsgesetz.

(4) Für die Beschäftigung von Arbeitnehmern in Bäckereien und Konditoreien gilt anstelle dieses Gesetzes das Gesetz über die Arbeitszeit in Bäckereien und Konditoreien.

§ 19
Beschäftigung im öffentlichen Dienst

Bei der Wahrnehmung hoheitlicher Aufgaben im öffentlichen Dienst können, soweit keine tarifvertragliche Regelung besteht, durch die zuständige Dienstbehörde die für Beamte geltenden Bestimmungen über die Arbeitszeit auf die Arbeitnehmer übertragen werden; insoweit finden die §§ 3 bis 13 keine Anwendung.

§ 20
Beschäftigung in der Luftfahrt

Für die Beschäftigung von Arbeitnehmern als Besatzungsmitglieder von Luftfahrzeugen gelten anstelle der Vorschriften dieses Gesetzes über Arbeits- und Ruhezeiten die Vorschriften über Flug-, Flugdienst- und Ruhezeiten der Zweiten Durchführungsverordnung zur Betriebsordnung für Luftfahrtgerät in der jeweils geltenden Fassung.

§ 21
Beschäftigung in der Binnenschiffahrt

Die Vorschriften dieses Gesetzes gelten für die Beschäftigung von Fahrpersonal in der Binnenschiffahrt, soweit die Vorschriften über Ruhezeiten der Rheinschiffs-Untersuchungsordnung und der Binnenschiffs-Untersuchungsordnung in der jeweils geltenden Fassung dem nicht entgegenstehen. Sie können durch Tarifvertrag der Eigenart der Binnenschiffahrt angepaßt werden.

Siebter Abschnitt
Straf- und Bußgeldvorschriften

§ 22
Bußgeldvorschriften

(1) Ordnungswidrig handelt, wer als Arbeitgeber vorsätzlich oder fahrlässig
1. entgegen § 3 oder § 6 Abs. 2, jeweils auch in Verbindung mit § 11 Abs. 2, einen Arbeitnehmer über die Grenzen der Arbeitszeit hinaus beschäftigt,

Anhang

2. entgegen § 4 Ruhepausen nicht, nicht mit der vorgeschriebenen Mindestdauer oder nicht rechtzeitig gewährt,
3. entgegen § 5 Abs. 1 die Mindestruhezeit nicht gewährt oder entgegen § 5 Abs. 2 die Verkürzung der Ruhezeit durch Verlängerung einer anderen Ruhezeit nicht oder nicht rechtzeitig ausgleicht,
4. einer Rechtsverordnung nach § 8 Satz 1, § 13 Abs. 1 oder 2 oder § 24 zuwiderhandelt, soweit sie für einen bestimmten Tatbestand auf diese Bußgeldvorschrift verweist,
5. entgegen § 9 Abs. 1 einen Arbeitnehmer an Sonn- oder Feiertagen beschäftigt,
6. entgegen § 11 Abs. 1 einen Arbeitnehmer an allen Sonntagen beschäftigt oder entgegen § 11 Abs. 3 einen Ersatzruhetag nicht oder nicht rechtzeitig gewährt,
7. einer vollziehbaren Anordnung nach § 13 Abs. 3 Nr. 2 zuwiderhandelt,
8. entgegen § 16 Abs. 1 die dort bezeichnete Auslage oder den dort bezeichneten Aushang nicht vornimmt,
9. entgegen § 16 Abs. 2 Aufzeichnungen nicht oder nicht richtig erstellt oder nicht für die vorgeschriebene Dauer aufbewahrt oder
10. entgegen § 17 Abs. 4 eine Auskunft nicht, nicht richtig oder nicht vollständig erteilt, Unterlagen nicht oder nicht vollständig vorlegt oder nicht einsendet oder entgegen § 17 Abs. 5 Satz 2 eine Maßnahme nicht gestattet.

(2) Die Ordnungswidrigkeit kann in den Fällen des Absatzes 1 Nr. 1 bis 7, 9 und 10 mit einer Geldbuße bis zu 30 000 Deutsche Mark, in den Fällen des Absatzes 1 Nr. 8 mit einer Geldbuße bis zu 5 000 Deutsche Mark geahndet werden.

§ 23
Strafvorschriften

(1) Wer eine der in § 22 Abs. 1 Nr. 1 bis 3, 5 bis 7 bezeichneten Handlungen

1. vorsätzlich begeht und dadurch Gesundheit oder Arbeitskraft eines Arbeitnehmers gefährdet oder
2. beharrlich wiederholt,

wird mit Freiheitsstrafe bis zu einem Jahr oder mit Geldstrafe bestraft.

(2) Wer in den Fällen des Absatzes 1 Nr. 1 die Gefahr fahrlässig verursacht, wird mit Freiheitsstrafe bis zu sechs Monaten oder mit Geldstrafe bis zu 180 Tagessätzen bestraft.

Arbeitszeitgesetz

Achter Abschnitt
Schlußvorschriften

§ 24
Umsetzung von zwischenstaatlichen Vereinbarungen und Rechtsakten der EG

Die Bundesregierung kann mit Zustimmung des Bundesrates zur Erfüllung von Verpflichtungen aus zwischenstaatlichen Vereinbarungen oder zur Umsetzung von Rechtsakten des Rates oder der Kommission der Europäischen Gemeinschaften, die Sachbereiche dieses Gesetzes betreffen, Rechtsverordnungen nach diesem Gesetz erlassen.

§ 25
Übergangsvorschriften für Tarifverträge

Enthält ein bei Inkrafttreten dieses Gesetzes bestehender oder nachwirkender Tarifvertrag abweichende Regelungen nach § 7 Abs. 1 oder 2 oder § 12 Satz 1, die den in den genannten Vorschriften festgelegten Höchstrahmen überschreiten, so bleiben diese tarifvertraglichen Regelungen unberührt. Tarifverträgen nach Satz 1 stehen durch Tarifvertrag zugelassene Betriebsvereinbarungen gleich. Satz 1 gilt entsprechend für tarifvertragliche Regelungen, in denen abweichend von § 11 Abs. 3 für die Beschäftigung an Feiertagen anstelle der Freistellung ein Zuschlag gewährt wird.

§ 26
Übergangsvorschrift für bestimmte Personengruppen

§ 5 ist für Ärzte und das Pflegepersonal in Krankenhäusern und anderen Einrichtungen zur Behandlung, Pflege und Betreuung von Personen erst ab 1. Januar 1996 anzuwenden.

Anhang

Zusammenfassung

Es bestand unter mehreren rechtlichen Gesichtspunkten die Notwendigkeit für eine neue, die AZO beseitigende Rechtsgrundlage, also für ein umfassendes staatliches Arbeitszeitrecht. So bestimmte Art. 30 Abs. 1 Nr. 1 des *Einigungsvertrages* als Aufgabe des gesamtdeutschen Gesetzgebers, das Arbeitsvertragsrecht sowie das öffentlich-rechtliche Arbeitszeitrecht einschließlich der Zulässigkeit von Sonn- und Feiertagsarbeit und dem besonderen Frauenarbeitszeitschutz möglichst bald einheitlich neu zu regeln. Sodann entschied das *Bundesverfassungsgericht* am 28.1.1992, daß das selektive Nachtarbeitsverbot des § 19 AZO für gewerbliche Arbeiterinnen gegen Art. 3 GG verstößt und daß der Gesetzgeber verpflichtet ist, den Schutz der Arbeitnehmer vor den schädlichen Folgen der Nachtarbeit neu zu regeln. Hinzu kam schließlich die *Richtlinie des Rates der EU* vom 23.11.1993 über bestimmte Aspekte der Arbeitszeitgestaltung (93/104/EG).

Dem hieraus zu entnehmenden gesetzlichen Auftrag hat der Gesetzgeber durch das ArbZRG Rechnung getragen. Art. 1 dieses Gesetzes enthält das *ArbZG*.

Die Anwendung und Beachtung des Arbeitszeitrechtes ist nicht nur eine *arbeitsvertragliche*, sondern auch eine *öffentlich-rechtliche* Verpflichtung gegenüber dem Staat. Während dieser durch polizeilichen Zwang, Geldbuße und Geldstrafe die Einhaltung der Arbeitsschutzvorschriften überwacht und gegebenenfalls erzwingt (§§ 22, 23 ArbZG), müßte der einzelne Arbeitnehmer im Streitfalle die Erfüllung von Arbeitszeitrecht beim Arbeitsgericht einklagen (§ 2 Abs. 1 Nr. 2 ArbGG). Da es sich um öffentlich-rechtliches Arbeitszeitrecht handelt, begründen die Vorschriften des ArbZG keine privatrechtliche Verpflichtung für Arbeitnehmer, während der zulässigen gesetzlichen Höchstarbeitszeiten Arbeit zu leisten. Der zeitliche Umfang der Arbeitsverpflichtung wird vielmehr durch Tarifvertrag, Betriebs- oder Dienstvereinbarung und Einzelarbeitsvertrag festgelegt.

Der *gesetzliche Arbeitszeitschutz* besteht in seinem *Kern* aus der gesetzlichen werktäglichen Regelarbeitszeit, der höchstzulässigen Arbeitszeit, den Mindestruhepausen und der Mindestruhezeit. Dies hat sich seit der Einführung des gesetzlichen Arbeitszeitschutzes im Jahr 1918/19 und seiner Weiterentwicklung im Jahr 1923 nicht geändert. Ausgelöst durch die oben erwähnte Entscheidung des Bundesverfassungsgerichts ist nunmehr eine eingehende gesetzliche Regelung der Nachtarbeit hinzugekommen. Ferner ist die Regelung der Sonn- und Feiertagsruhe aus der GewO (§§ 105 a ff.) in das ArbZG übernommen worden.

§ 1 umschreibt als *Zweck* des *ArbZG* den Gesundheitsschutz, die Sonn- und Feiertagsruhe sowie die Verbesserung der Rahmenbedingungen für *flexible* Arbeitszeiten.

Im Gegensatz zu dem erheblich eingeschränkten *Geltungsbereich* der AZO (vgl. § 1 Abs. 3 AZO) gilt das ArbZG im Grundsatz für alle Arbeitnehmer und für alle Beschäftigungsbereiche. Auf leitende Angestellte i.S.d. § 5 Abs. 3 BetrVG findet das ArbZG keine Anwendung (§ 18 Abs. 1 Nr. 1 ArbZG). Weitere Ausnahmen sind in § 18 ArbZG geregelt.

Der *Begriff* der *Arbeitszeit* sowie die Bestimmung über die Zusammenrechnung der Arbeitszeiten bei mehreren Arbeitgebern (§ 2 Abs. 1 ArbZG) entsprechen inhaltlich

Arbeitszeitgesetz

§ 2 Abs. 1, Abs. 3 Satz 2 AZO. Der Arbeitnehmerbegriff (§ 2 Abs. 2 ArbZG) deckt sich mit dem des § 5 Abs. 1 BetrVG, wobei „Berufsausbildung" durch „Berufsbildung" ersetzt worden ist. Daher werden auch solche Arbeitsverhältnisse erfaßt, die weder Ausbildungsverhältnisse noch Arbeitsverhältnisse sind.

In § 3 Satz 1 ArbZG ist der seit 1918 geltende *Grundsatz* des 8-Stunden-Tages aus § 3 AZO übernommen worden. In § 3 Satz 2 ArbZG ist vor allem aus gesundheitlichen Gründen die Verlängerung der werktäglichen Arbeitszeit auf höchstens zehn Stunden mit der Verpflichtung für zulässig erklärt worden, daß innerhalb der folgenden sechs Kalendermonate bzw. 24 Wochen ein Ausgleich auf die Durchschnittsgrenze von acht Stunden werktäglich zu erfolgen hat. Durch diesen *Ausgleichszeitraum* erhalten die Betriebe einen erheblichen Spielraum für flexible Arbeitszeiten. Außerdem sind die Tarifvertragsparteien ermächtigt, einen anderen Ausgleichszeitraum festzulegen (§ 7 Abs. 1 Nr. 1b ArbZG), so daß der Ausgleichszeitraum auch ausgedehnt werden darf; gleiches gilt für die Nachtarbeit (§ 7 ABs. 1 Nr. 4b ArbZG).

Nach wie vor kann die *Aufsichtsbehörde* abweichende längere tägliche Arbeitszeiten z.B. für kontinuierliche Schichtbetriebe, Saisonbetriebe und für Montagestellen bewilligen. Der Ausnahmecharakter von unaufschiebbaren Vor- und Abschlußarbeiten ist in § 14 Abs. 2 Nr. 2 ArbZG berücksichtigt worden.

Die Höchstarbeitszeitgrenzen des § 3 ArbZG gelten auch bei zulässiger Sonn- und Feiertagsarbeit (§ 11 Abs. 2 ArbZG).

Gemäß § 4 ArbZG ist die Arbeit durch im voraus feststehende *Ruhepausen* von mindestens 30 Minuten bei einer Arbeitszeit von mehr als sechs Stunden bis zu neun Stunden und 45 Minuten bei einer Arbeitszeit von mehr als neun Stunden insgesamt zu unterbrechen, wobei die Ruhepausen in Zeitabschnitte von jeweils mindestens 15 Minuten aufgeteilt werden. In einem Tarifvertrag oder aufgrund eines Tarifvertrages in einer Betriebsvereinbarung kann zugelassen werden, daß abweichend von § 4 Satz 2 ArbZG die Gesamtdauer der Ruhepausen in Schichtbetrieben und Verkehrsbetrieben auf Kurzpausen von angemessener Dauer aufgeteilt werden (§ 7 Abs. 1 Nr. 2 ArbZG).

Die bisher unterschiedliche Pausenregelung für Männer und Frauen in § 12 Abs. 2 und § 18 AZO ist vor allem wegen der Gleichbehandlung in der betrieblichen Praxis vereinheitlicht worden. Dabei entspricht die Pausenzeit von 30 Minuten in § 4 Satz 1 ArbZG der bisher für Männer geltenden Regelung in § 12 Abs. 2 Satz 1 AZO; § 4 Satz 2 ArbZG über die Mindestdauer einer Ruhepause ist der für Frauen ehemals geltenden Regelung in § 18 Abs. 2 AZO entnommen worden.

Entgegen den §§ 12 Abs. 2 Satz 2, 18 Abs. 3 AZO findet sich im ArbZG keine Regelung mehr über Aufenthaltsräume während der Pausen. Vorschriften hierüber enthalten § 29 der Arbeitsstättenverordnung und die hierzu ergangenen Richtlinien.

§ 5 ArbZG regelt die *Ruhezeit*, unter der die arbeitsfreie Zeit zwischen den Arbeitsschichten zu verstehen ist. Die Ruhezeit muß eine *ununterbrochene* sein (§ 5 Abs. 1 ArbZG). Das bedeutet, daß die Ruhezeit, da sie mindestens elf Stunden betragen muß (§ 5 Abs. 1 ArbZG), nicht in Zeitabschnitte aufgeteilt werden darf, die weniger als elf Stunden betragen. Anderenfalls – auch bei jeder kurzzeitigen Tätigkeit – ist die Ruhezeit unterbrochen und beginnt erneut zu laufen. Die Dauer der Ruhezeit kann um bis zu einer Stunde in Krankenhäusern, Pflegeeinrichtungen, in Gaststätten und im Beherbergungsgewerbe, in Verkehrsbetrieben, beim Rundfunk sowie in der

Anhang

Landwirtschaft verkürzt werden, wenn jede *Verkürzung* der Ruhezeit innerhalb eines Kalendermonats oder innerhalb von vier Wochen durch Verlängerung einer anderen Ruhezeit auf mindestens zwölf Stunden ausgeglichen wird (§ 5 Abs. 2 ArbZG).

Für Krankenhäuser und andere Pflegeeinrichtungen sind zusätzliche *Ausnahmen* zulässig hinsichtlich der Verkürzung der Ruhezeit während des Bereitschaftsdienstes oder der Rufbereitschaft und des Ausgleichszeitraumes (§ 5 Abs. 3 ArbZG).

Auf die Ruhezeiten von Kraftfahrern und Beifahrern finden die Vorschriften des europäischen Rechtes Anwendung, soweit diese Abweichungen vom Grundsatz des § 5 Abs. 1 ArbZG vorsehen[1].

Die *Nacht-* und die *Schichtarbeit* sind eingehend in § 6 ArbZG geregelt. Hierzu bestand aufgrund des Urteils des Bundesverfassungsgerichtes vom 28.1.1992[2] Handlungsbedarf. Mit dieser Entscheidung erklärte das Gericht das Nachtarbeitsverbot für Arbeiterinnen des § 19 AZO für unvereinbar mit Art. 3 Abs. 1 und 3 GG, verbunden mit der Aufforderung an den Gesetzgeber, den Schutz der Beschäftigten vor den schädlichen Folgen der Nachtarbeit neu zu regeln[3]. Dies ist nunmehr in § 6 ArbZG geschehen.

Unter *Nachtzeit* im Sinne des ArbZG ist die Zeit von 23.00 bis 6.00 Uhr (§ 2 Abs. 3 ArbZG) sowie unter *Nachtarbeit* im Sinne des ArbZG jede Arbeit zu verstehen, die mehr als zwei Stunden der Nachtzeit umfaßt (§ 2 Abs. 4 ArbZG).

Nach § 6 Abs. 1 ArbZG ist die Arbeitszeit der Nacht- und Schichtarbeitnehmer nach den „*gesicherten arbeitswissenschaftlichen Erkenntnissen*" über die menschengerechte Gestaltung der Arbeit festzulegen. „Gesichert sind die Erkenntnisse, wenn die Mehrheit der Fachleute aus dem jeweiligen Bereich von ihrer Zweckmäßigkeit überzeugt ist, die Erkenntnisse in mindestens einem Betrieb erprobt worden sind und dort zu einer Verbesserung der Arbeitsbedingungen geführt haben ..."[4].

Dem Auftrag des Bundesverfassungsgerichts in seinem Urteil vom 28.1.1992 entsprechend sind die gesetzlichen Regelungen der Nacht- und Schichtarbeit *geschlechtsneutrale Schutzvorschriften* für alle Nachtarbeitnehmer im Sinne eines zwingenden Mindestschutzes, um den objektiven Gehalt der Grundrechte, insbesondere des Rechts auf körperliche Unversehrtheit (Art. 2 Abs. 2 Satz 1 GG) insoweit sicherzustellen. Bei Bedarf kann der gesetzliche Mindestschutz durch Rechtsverordnungen erweitert werden (§ 8 ArbZG).

Der Grundsatz des 8-Stunden-Tages (§ 6 Abs. 2 Satz 1 ArbZG) entspricht der Regelung der höchstzulässigen Tagesarbeitszeit in § 3 Satz 1 ArbZG.

Die *Nachtarbeit* kann zwar auf zehn Stunden verlängert werden (vgl. § 3 Satz 2 ArbZG), jedoch ist der *Ausgleichszeitraum* für die Durchschnittsgrenze von acht Stunden werktäglich auf den folgenden Kalendermonat bzw. die folgenden vier Wochen begrenzt (§ 6 Abs. 2 Satz 2 ArbZG), wobei die Tarifvertragsparteien den begrenzten Ausgleichszeitraum gemäß § 7 Abs. 1 Nr. 4 b ArbZG unter den dort angegebenen Voraussetzungen verlängern dürfen.

---

1 Siehe hierzu sowie insgesamt zum Thema der Ruhezeit *Buschmann/Ulber*, a.a.O. § 5 ArbZG.
2 S. BB 1992 Beil. III zu H. 5.
3 Johannes *Zmarzlik*, Entwurf eines Arbeitszeitgesetzes, BB 1993 S. 2009 m.w.N.
4 Johannes *Zmarzlik*, Entwurf eines Arbeitszeitgesetzes, a.a.O., S. 2012 Fn. 33.

In § 6 Abs. 3 ArbZG wird den Nachtarbeitnehmern zur Aufnahme einer mit Nachtarbeit verbundenen Tätigkeit und danach in regelmäßigen Zeitabständen von mindestens drei Jahren (nach Vollendung des 50. Lebensjahres jährlich) die Möglichkeit einer medizinischen Untersuchung ihres Gesundheitszustandes auf Kosten des Arbeitgebers eingeräumt.

Nach § 6 Abs. 4 ArbZG kann der Arbeitnehmer vom Arbeitgeber in drei Fällen seine *Umsetzung* auf einen für ihn geeigneten *Tagesarbeitsplatz* verlangen:

1. Die weitere Verrichtung von Nachtarbeit gefährdet nach arbeitsmedizinischer Feststellung die *Gesundheit* des Arbeitnehmers;
2. im Haushalt des Arbeitnehmers lebt ein *Kind unter 12 Jahren,* das nicht von einer anderen im Haushalt lebenden Person betreut werden kann;
3. der Arbeitnehmer hat einen *schwerpflegebedürftigen Angehörigen* zu versorgen, der nicht von einem anderen im Haushalt lebenden Angehörigen versorgt werden kann.

Im Rahmen dieses Verfahrens ist der Betriebs- bzw. der Personalrat zu hören, der dem Arbeitgeber Vorschläge für eine Umsetzung unterbreiten kann.

Die Altersgrenze von 12 Jahren ist in Anlehnung an § 45 SGB V und der Begriff „schwerpflegebedürftig" in Anlehnung an § 53 SGB V gewählt worden. Mit diesen Regelungen wird dem Auftrag des Bundesverfassungsgerichts an den Gesetzgeber entsprochen, besondere Schutzvorschriften für solche Arbeitnehmer vorzusehen, die der Doppelbelastung von Nachtarbeit und Familienpflichten ausgesetzt sind (§ 6 Abs. 4 Satz 1 a, b, c ArbZG).

§ 6 Abs. 5 sieht einen Ausgleich für die mit Nachtarbeit verbundenen Beeinträchtigungen vor, ohne daß der Gesetzgeber bestimmte Vorgaben zum Umfang des Ausgleichs macht. Die Regelung steht allerdings unter *Tarifvorbehalt.*

Der Verfassungsrechtslage entsprechend enthält § 9 ArbZG ein grundsätzliches *Verbot der Beschäftigung* von Arbeitnehmern an *Sonn- und gesetzlichen Feiertagen* von 0 bis 24 Uhr und übernimmt damit die bisherige Regelung des § 105b GewO.

Die *Ausnahmen* zur Sonn- und Feiertagsruhe bzw. die ausnahmsweise Zulässigkeit von Sonn- und Feiertagsbeschäftigung ist in § 10 ArbZG in den Nummern 1 bis 16 geregelt.

Dabei läßt der Gesetzgeber Ausnahmen zum Verbot der Sonn- und Feiertagsbeschäftigung insoweit zu, als es sich handelt um

– die Aufrechterhaltung der öffentlichen Sicherheit und Ordnung (Nr. 1, 2, 13)
– die Lebensgrundlagen in gesundheitlicher und in ernährungsmäßiger Hinsicht (Nr. 3, 4, 11, 12)
– sportliche, kulturelle und religiöse Veranstaltungen (Nr. 5, 6, 7, 8)
– das Verkehrs- und Messewesen (Nr. 9, 10)
– die Aufrechterhaltung der wirtschaftlichen Funktionsfähigkeit (Nr. 14, 15, 16), insbesondere
  – Datennetze und Rechnersysteme (Nr. 14)
  – Verhütung des Mißlingens von Arbeitsergebnissen (Nr. 15)
  – zum Schutz von Produktionseinrichtungen vor erheblicher Zerstörung (Nr. 16).

Anhang

Die Ausnahmeregelungen des § 10 Abs. 1 Nr. 1 bis 16 ArbZG beziehen sich vor allem auf die Beschäftigung von Arbeitnehmern in *Dienstleistungsbereichen.* Dabei korrespondieren die Nummern 4, 5, 8, 10, 11 mit den bisherigen §§ 105e und 105i GewO, die Nummern 1, 2, 3, 6, 7, 12 mit § 105b GewO sowie die Nummern 13, 14, 15 mit § 105c Abs. 1 Nr. 3 und 4 GewO.

Art. 5 Satz 1 Nr. 1 ArbZRG hat die genannten Vorschriften der GewO aufgehoben; an ihre Stelle sind die Ausnahmeregelungen des § 10 Abs. 1 Nr. 1 bis 16 ArbZG getreten.

§ 10 Abs. 2 ArbZG will verhindern, daß bei zulässigen Reparatur- und Instandhaltungsarbeiten nach Abs. 1 Nr. 14 ArbZG mehr Arbeitnehmer beschäftigt werden müssen als bei fortlaufender Produktion; wenn dies der Fall wäre, dürfen – abweichend von § 9 ArbZG – Arbeitnehmer auch an Sonn- und Feiertagen mit den Produktionsarbeiten beschäftigt werden.

Zur Vermeidung von Mißbräuchen bei der Anwendung der Ausnahmen des § 10 ArbZG kann die Bundesregierung im Verordnungswege tätig werden (§ 13 ArbZG). Darüber hinaus können auf diese Weise *weitere Ausnahmen* über die des § 10 ArbZG hinaus abweichend von § 9 ArbZG zugelassen werden, wobei hierfür die §§ 105d und 105e GewO übernommen und den heutigen Erfordernissen entsprechend näher konkretisiert worden sind. Maßgebliche Gründe für zulässige Abweichungen sind solche des Gemeinwohls, insbesondere gesamtwirtschaftliche Gründe, wie z. B. Existenzgefährdung von Betrieben sowie eine angespannte internationale Wettbewerbssituation in einer Branche (§ 13 Abs. 1 Nr. 2 c; Abs. 5 ArbZG).

§ 11 ArbZG regelt den Mindeststandard, der als *Ausgleich* für Sonn- und Feiertagsbeschäftigung zu gewähren ist. Nach dem Grundsatz von § 11 ArbZG müssen im Jahr mindestens fünfzehn Sonntage, d. h. mindestens ein Sonntag monatlich, beschäftigungsfrei sein. Abweichungen sind jedoch zulässig, insbesondere durch Tarifvertrag, wie z. B. im Falle von § 12 Satz 1 Nr. 1 ArbZG.

Aus Gründen des *Gesundheitsschutzes* finden die Vorschriften der §§ 3 bis 8 ArbZG auch auf die Beschäftigung von Arbeitnehmern an Sonn- und Feiertagen Anwendung (§ 11 Abs. 2 ArbZG).

Nach § 11 Abs. 3 ArbZG ist Arbeitnehmern nach näherer gesetzlicher Regelung ein *Ersatzruhetag* zu gewähren, wenn Arbeitnehmer an einem Sonntag beschäftigt werden. Das gleiche gilt, wenn es sich um einen auf einen Werktag fallenden Feiertag handelt (§ 11 Abs. 3 Satz 2 ArbZG). Unter dem „Ersatzruhetag" ist ein freier Arbeitstag zu verstehen und nicht ein Feiertag oder sonstiger Tag, an dem die betriebliche Arbeit ruht (*Buschmann/Ulber,* a.a.O., S. 87 Rn. 3). Abweichend hiervon meint *Dobberahn,* (ders., Das neue Arbeitszeitrechtsgestz S. 46 Rn. 122), daß Sonn- und Feiertagsbeschäftigung auch bei einer 5-Tage-Woche durch den arbeitsfreien Samstag ausgeglichen werden darf.

Weitere Ausnahmen von den Grundsätzen des ArbZG können bei *außergewöhnlichen Fällen* vorgenommen (§ 14 ArbZG) sowie durch die *Aufsichtsbehörde* zugelassen werden (§ 15 ArbZG).

Darüber hinaus wird nach § 7 Abs. 1 und 2 ArbZG die gesetzliche Möglichkeit eröffnet, von den *Grundnormen der §§ 3 bis 6 ArbZG* in einem *Tarifvertrag* oder aufgrund eines Tarifvertrages in einer *Betriebsvereinbarung* abzuweichen. In diesem Sinne darf die Arbeitszeit z.B. bei Arbeitsbereitschaft („wache Achtsamkeit im Zustande der Entspannung") wie ehedem nach § 7 Abs. 2 ArbZG auch über zehn Stunden werktäglich hinaus verlängert werden; damit ist es zulässig, sowohl die in § 3 Satz 2 ArbZG mittelbar festgelegte Grenze der wöchentlichen Höchstarbeitszeit von sechzig Stunden als auch den gleichfalls festgelegten Ausgleichszeitraum zu überschreiten (§ 7 Abs. 1 Nr. 1 a ArbZG); weitere Beispiele siehe § 7 Abs. 1 Nr. 1 b), c) sowie die Nrn. 2. bis 5. ArbZG.

§ 7 Abs. 3 ArbZG sieht vor, daß im Geltungsbereich eines Tarifvertrages nach Abs. 1 oder Abs. 2 *abweichende tarifliche Regelungen* im Betrieb eines *nicht* tarifgebundenen Arbeitgebers durch Betriebsvereinbarung übernommen werden dürfen. Für Betriebe ohne Betriebsrat ist es zulässig, durch *schriftliche* Vereinbarung tarifvertragliche Abweichungen im Sinne des § 7 Abs. 1 und 2 ArbZG auf das Arbeitsverhältnis anzuwenden (§ 7 Abs. 3 Satz 1 ArbZG).

Soweit ein entsprechender Tarifvertrag abweichende Regelungen durch Betriebsvereinbarung, also im Wege einer sogenannten *Tariföffnungsklausel* (vgl. § 77 Abs. 3 Satz 2 BetrVG) vorsieht, kann auch in Betrieben eines nicht tarifgebundenen Arbeitgebers davon Gebrauch gemacht werden (§ 7 Abs. 3 Satz 2 ArbZG).

Erläuternd zu den vorgenannten Regelungen ist zu bemerken, daß § 7 Abs. 3 Satz 1 ArbZG die „Direktübernahme" *ohne* Tariföffnungsklausel durch nicht tarifgebundene Arbeitgeber mit und ohne Betriebsrat regelt. Soweit ein Betriebsrat vorhanden ist, handelt es sich also um eine Ausnahme von der Tarifsperre des § 77 Abs. 3 Satz 1 BetrVG. Die Kompetenz für nicht tarifgebundene Arbeitgeber mit Betriebsrat erweitert § 7 Abs. 3 Satz 2 ArbZG insoweit, als diese aufgrund einer *Tariföffnungsklausel* auch *selbst* „abweichende" Arbeitszeitregelungen durch Betriebsvereinbarungen einführen dürfen. Es handelt sich hierbei um eine Klarstellung im Sinne des § 77 Abs. 3 Satz 2 BetrVG, der nach herrschender Interpretation auch für nicht tarifbundene Arbeitgeber mit Betriebsrat gilt (vgl. *Fitting/Auffarth/Kaiser/Heither,* Betriebsverfassungsgesetz, 17. Aufl., § 77 Rn. 76).

Anhang

Tarifvertragsgesetz (TVG)

In der Fassung vom 25. August 1969[1] (BGBl. I S. 1323)

Geändert durch Heimarbeitsänderungsgesetz vom 29. Oktober 1974 (BGBl. I S. 2879) mit Maßgaben für das Gebiet der ehem. DDR durch Anlage I Kapitel VIII Sachgebiet A Abschnitt III Nr. 14 des Einigungsvertrages vom 31.8.1990 (BGBl. II S. 889)[2] (BGBl. III 802-1)

§ 1. Inhalt und Form des Tarifvertrages. (1) Der Tarifvertrag regelt die Rechte und Pflichten der Tarifvertragsparteien und enthält Rechtsnormen, die den Inhalt, den Abschluß und die Beendigung von Arbeitsverhältnissen sowie betriebliche und betriebsverfassungsrechtliche Fragen ordnen können[3].

(2) Tarifverträge bedürfen der Schriftform.

§ 2. Tarifvertragsparteien. (1) Tarifvertragsparteien sind Gewerkschaften, einzelne Arbeitgeber sowie Vereinigungen von Arbeitgebern.

(2) Zusammenschlüsse von Gewerkschaften und von Vereinigungen von Arbeitgebern (Spitzenorganisationen) können im Namen der ihnen angeschlossenen Verbände Tarifverträge abschließen, wenn sie eine entsprechende Vollmacht haben.

(3) Spitzenorganisationen können selbst Parteien eines Tarifvertrages sein, wenn der Abschluß von Tarifverträgen zu ihren satzungsgemäßen Aufgaben gehört.

(4) In den Fällen der Absätze 2 und 3 haften sowohl die Spitzenorganisationen wie die ihnen angeschlossenen Verbände für die Erfüllung der gegenseitigen Verpflichtungen der Tarifvertragsparteien.

---

1 Bei der neuen Bekanntmachung des Gesetzes hat sich die Paragraphenfolge gegenüber der alten Fassung geändert.
2 Für das Gebiet der ehem. DDR gilt das TVG mit folgender Maßgabe:
Bis zum Abschluß eines neuen Tarifvertrages ist der geltende Rahmenkollektivvertrag oder Tarifvertrag mit allen Nachträgen und Zusatzvereinbarungen weiter anzuwenden, soweit eine Registrierung entsprechend dem Arbeitsgesetzbuch erfolgt ist. Der Rahmenkollektivvertrag oder Tarifvertrag tritt ganz oder teilweise außer Kraft, wenn für denselben Geltungsbereich oder Teile desselben ein neuer Tarifvertrag in Kraft tritt. Bestimmungen bisheriger Rahmenkollektivverträge oder Tarifverträge, die im neuen Tarifvertrag nicht aufgehoben oder ersetzt sind, gelten weiter.
Rationalisierungsschutzabkommen, die vor dem 1. Juli 1990 abgeschlossen und registriert worden sind, treten ohne Nachwirkung am 31. Dezember 1990 außer Kraft; soweit Arbeitnehmer bis zum 31. Dezember 1990 die Voraussetzungen der Rationalisierungsschutzabkommen erfüllt haben, bleiben deren Ansprüche und Rechte vorbehaltlich neuer tarifvertraglicher Regelungen unberührt. Die Regelungen des Artikel 20 des Vertrages und der dazu ergangenen Anlagen bleiben unberührt.
Vgl. Einigungsvertrag vom 31.8.1990 (BGBl. II S. 889/1023).
3 Hiernach erfolgt die Regelung von Entgelten und sonstigen Arbeitsbedingungen grundsätzlich in freier Vereinbarung zwischen den Tarifvertragsparteien durch Tarifverträge. Zur Regelung von Entgelten und sonstigen Arbeitsbedingungen können jedoch unter bestimmten Voraussetzungen durch staatliche Stellen Mindestarbeitsbedingungen festgesetzt werden.

Tarifvertragsgesetz (TVG)

§ 3. Tarifgebundenheit. (1) Tarifgebunden sind die Mitglieder der Tarifvertragsparteien und der Arbeitgeber, der selbst Partei des Tarifvertrages ist.

(2) Rechtsnormen des Tarifvertrages über betriebliche und betriebsverfassungsrechtliche Fragen gelten für alle Betriebe, deren Arbeitgeber tarifgebunden ist.

(3) Die Tarifgebundenheit bleibt bestehen, bis der Tarifvertrag endet.

§ 4. Wirkung der Rechtsnormen. (1) Die Rechtsnormen des Tarifvertrages, die den Inhalt, den Abschluß oder die Beendigung von Arbeitsverhältnissen ordnen, gelten unmittelbar und zwingend zwischen den beiderseits Tarifgebundenen, die unter den Geltungsbereich des Tarifvertrages fallen. Diese Vorschrift gilt entsprechend für Rechtsnormen des Tarifvertrages über betriebliche und betriebsverfassungsrechtliche Fragen.

(2) Sind im Tarifvertrag gemeinsame Einrichtungen der Tarifvertragsparteien vorgesehen und geregelt (Lohnausgleichskassen, Urlaubskassen usw.), so gelten diese Regelungen auch unmittelbar und zwingend für die Satzung dieser Einrichtung und das Verhältnis der Einrichtung zu den tarifgebundenen Arbeitgebern und Arbeitnehmern.

(3) Abweichende Abmachungen sind nur zulässig, soweit sie durch den Tarifvertrag gestattet sind oder eine Änderung der Regelungen zugunsten des Arbeitnehmers enthalten.

(4) Ein Verzicht auf entstandene tarifliche Rechte ist nur in einem von den Tarifvertragsparteien gebilligten Vergleich zulässig. Die Verwirkung von tariflichen Rechten ist ausgeschlossen. Ausschlußfristen für die Geltendmachung tariflicher Rechte können nur im Tarifvertrag vereinbart werden.

(5) Nach Ablauf des Tarifvertrages gelten seine Rechtsnormen weiter, bis sie durch eine andere Abmachung ersetzt werden.

§ 5. Allgemeinverbindlichkeit. (1) Der Bundesminister für Arbeit und Sozialordnung kann einen Tarifvertrag im Einvernehmen mit einem aus je drei Vertretern der Spitzenorganisationen der Arbeitgeber und der Arbeitnehmer bestehenden Ausschuß auf Antrag einer Tarifvertragspartei für allgemeinverbindlich erklären, wenn

1. die tarifgebundenen Arbeitgeber nicht weniger als 50 vom Hundert der unter den Geltungsbereich des Tarifvertrages fallenden Arbeitnehmer beschäftigen und
2. die Allgemeinverbindlicherklärung im öffentlichen Interesse geboten erscheint.

Von den Voraussetzungen der Nummern 1 und 2 kann abgesehen werden, wenn die Allgemeinverbindlicherklärung zur Behebung eines sozialen Notstandes erforderlich erscheint.

(2) Vor der Entscheidung über den Antrag ist Arbeitgebern und Arbeitnehmern, die von der Allgemeinverbindlicherklärung betroffen werden würden, den am Ausgang des Verfahrens interessierten Gewerkschaften und Vereinigungen der Arbeitgeber sowie den obersten Arbeitsbehörden der Länder, auf deren Bereich sich der Tarifvertrag erstreckt, Gelegenheit zur schriftlichen Stellungnahme sowie zur Äußerung in einer mündlichen und öffentlichen Verhandlung zu geben.

(3) Erhebt die oberste Arbeitsbehörde eines beteiligten Landes Einspruch gegen die beantragte Allgemeinverbindlicherklärung, so kann der Bundesminister für Arbeit und Sozialordnung dem Antrag nur mit Zustimmung der Bundesregierung stattgeben.

Anhang

(4) Mit der Allgemeinverbindlicherklärung erfassen die Rechtsnormen des Tarifvertrages in seinem Geltungsbereich auch die bisher nicht tarifgebundenen Arbeitgeber und Arbeitnehmer.

(5) Der Bundesminister für Arbeit und Sozialordnung kann die Allgemeinverbindlicherklärung eines Tarifvertrages im Einvernehmen mit dem in Abs. 1 genannten Ausschuß aufheben, wenn die Aufhebung im öffentlichen Interesse geboten erscheint. Die Absätze 2 und 3 gelten entsprechend. Im übrigen endet die Allgemeinverbindlichkeit eines Tarifvertrages mit dessen Ablauf.

(6) Der Bundesminister für Arbeit und Sozialordnung kann der obersten Arbeitsbehörde eines Landes für einzelne Fälle das Recht zur Allgemeinverbindlicherklärung sowie zur Aufhebung der Allgemeinverbindlichkeit übertragen.

(7) Die Allgemeinverbindlicherklärung wie die Aufhebung der Allgemeinverbindlichkeit bedürfen der öffentlichen Bekanntmachung.

§ 6. Tarifregister. Bei dem Bundesminister für Arbeit und Sozialordnung wird ein Tarifregister geführt, in das der Abschluß, die Änderung und die Aufhebung der Tarifverträge sowie der Beginn und die Beendigung der Allgemeinverbindlichkeit eingetragen werden.

§ 7. Übersendungs- und Mitteilungspflicht. (1) Die Tarifvertragsparteien sind verpflichtet, dem Bundesminister für Arbeit und Sozialordnung innerhalb eines Monats nach Abschluß kostenfrei die Urschrift oder eine beglaubigte Abschrift sowie zwei weitere Abschriften eines jeden Tarifvertrages und seiner Änderungen zu übersenden; sie haben ihm das Außerkrafttreten eines jeden Tarifvertrages innerhalb eines Monats mitzuteilen. Sie sind ferner verpflichtet, den obersten Arbeitsbehörden der Länder, auf deren Bereich sich der Tarifvertrag erstreckt, innerhalb eines Monats nach Abschluß kostenfrei je drei Abschriften des Tarifvertrages und seiner Änderungen zu übersenden und auch das Außerkrafttreten des Tarifvertrages innerhalb eines Monats mitzuteilen. Erfüllt eine Tarifvertragspartei die Verpflichtungen, so werden die übrigen Tarifvertragsparteien davon befreit.

(2) Ordnungswidrig handelt, wer vorsätzlich oder fahrlässig entgegen Absatz 1 einer Übersendungs- oder Mitteilungspflicht nicht, unrichtig, nicht vollständig oder nicht rechtzeitig genügt. Die Ordnungswidrigkeit kann mit einer Geldbuße geahndet werden.

(3) Verwaltungsbehörde im Sinne des § 36 Abs. 1 Nr. 1 des Gesetzes über Ordnungswidrigkeiten ist die Behörde, der gegenüber die Pflicht nach Absatz 1 zu erfüllen ist.

§ 8. Bekanntgabe des Tarifvertrages. Die Arbeitgeber sind verpflichtet, die für ihren Betrieb maßgebenden Tarifverträge an geeigneter Stelle im Betrieb auszulegen.

§ 9. Feststellung der Rechtswirksamkeit. Rechtskräftige Entscheidungen der Gerichte für Arbeitssachen, die in Rechtsstreitigkeiten zwischen Tarifvertragsparteien aus dem Tarifvertrag oder über das Bestehen oder Nichtbestehen des Tarifvertrages ergangen sind, sind in Rechtsstreitigkeiten zwischen tarifgebundenen Parteien sowie zwischen diesen und Dritten für die Gerichte und Schiedsgerichte bindend.

§ 10. Tarifvertrag und Tarifordnungen. Gegenstandslos.

Tarifvertragsgesetz (TVG)

§ 11. Durchführungsbestimmungen[4]. Der Bundesminister für Arbeit und Sozialordnung kann unter Mitwirkung der Spitzenorganisationen der Arbeitgeber und der Arbeitnehmer die zur Durchführung des Gesetzes erforderlichen Verordnungen erlassen, insbesondere über

1. die Errichtung und die Führung des Tarifregisters und des Tarifarchivs;
2. das Verfahren bei der Allgemeinverbindlicherklärung von Tarifverträgen und der Aufhebung von Tarifordnungen und Anordnungen, die öffentlichen Bekanntmachungen bei der Antragsstellung, der Erklärung und Beendigung der Allgemeinverbindlichkeit und der Aufhebung von Tarifordnungen und Anordnungen sowie die hierdurch entstehenden Kosten;
3. den in § 5 genannten Ausschuß.

§ 12. Spitzenorganisationen. Spitzenorganisationen im Sinne dieses Gesetzes sind – unbeschadet der Regelung in § 2 – diejenigen Zusammenschlüsse von Gewerkschaften oder von Arbeitgebervereinigungen, die für die Vertretung der Arbeitnehmer- oder der Arbeitgeberinteressen im Arbeitsleben des Bundesgebietes wesentliche Bedeutung haben. Ihnen stehen gleich Gewerkschaften und Arbeitgebervereinigungen, die keinem solchen Zusammenschluß angehören, wenn sie die Voraussetzungen des letzten Halbsatzes in Satz 1 erfüllen.

§ 12a. Arbeitnehmerähnliche Personen. (1) Die Vorschriften dieses Gesetzes gelten entsprechend

1. für Personen, die wirtschaftlich abhängig und vergleichbar einem Arbeitnehmer sozial schutzbedürftig sind (arbeitnehmerähnliche Personen), wenn sie auf Grund von Dienst- oder Werkverträgen für andere Personen tätig sind, die geschuldeten Leistungen persönlich und im wesentlichen ohne Mitarbeit von Arbeitnehmern erbringen und

    a) überwiegend für eine Person tätig sind oder

    b) ihnen von einer Person im Durchschnitt mehr als die Hälfte des Entgelts zusteht, das ihnen für ihre Erwerbstätigkeit insgesamt zusteht; ist dies nicht voraussehbar, so sind für die Berechnung, soweit im Tarifvertrag nichts anderes vereinbart ist, jeweils die letzten sechs Monate, bei kürzerer Dauer der Tätigkeit dieser Zeitraum, maßgebend,

2. für die in Nummer 1 genannten Personen, für die arbeitnehmerähnlichen Personen tätig sind, sowie für die zwischen ihnen und den arbeitnehmerähnlichen Personen durch Dienst- oder Werkverträge begründeten Rechtsverhältnisse.

(2) Mehrere Personen, für die arbeitnehmerähnliche Personen tätig sind, gelten als eine Person, wenn diese mehreren Personen nach der Art eines Konzerns (§ 18 des Aktiengesetzes) zusammengefaßt sind oder zu einer zwischen ihnen bestehenden Organisationsgemeinschaft oder nicht nur vorübergehenden Arbeitsgemeinschaft gehören.

(3) Die Absätze 1 und 2 finden auf Personen, die künstlerische, schriftstellerische oder journalistische Leistungen erbringen, sowie auf Personen, die an der Erbrin-

---

[4] Vgl. die VO zur Durchführung des Tarifvertragsgesetzes (abgedruckt bei *Nipperdey* I unter Nr. 504).

Anhang

gung, insbesondere der technischen Gestaltung solcher Leistungen unmittelbar mitwirken, auch dann Anwendung, wenn ihnen abweichend von Absatz 1 Nr. 1 Buchstabe b erster Halbsatz von einer Person im Durchschnitt mindestens ein Drittel des Entgelts zusteht, das ihnen für ihre Erwerbstätigkeit insgesamt zusteht.

(4) Die Vorschrift findet keine Anwendung auf Handelsvertreter im Sinne des § 84 des Handelsgesetzbuchs.

§ 12b. Berlin-Klausel (gegenstandslos).

§ 13. Inkrafttreten. (1) Dieses Gesetz tritt mit seiner Verkündung in Kraft[5].

(2) Tarifverträge, die vor dem Inkrafttreten dieses Gesetzes abgeschlossen sind, unterliegen diesem Gesetz.

---

[5] Die Vorschrift betrifft das Inkrafttreten des Gesetzes in der Fassung vom 9. April 1949 (Gesetzblatt der Verwaltung des Vereinigten Wirtschaftsgebietes S. 55).

§§ 77, 87 BetrVG

§ 77. Durchführung gemeinsamer Beschlüsse, Betriebsvereinbarungen. (1) Vereinbarungen zwischen Betriebsrat und Arbeitgeber, auch soweit sie auf einem Spruch der Einigungsstelle beruhen, führt der Arbeitgeber durch, es sei denn, daß im Einzelfall etwas anderes vereinbart ist. Der Betriebsrat darf nicht durch einseitige Handlungen in die Leitung des Betriebs eingreifen.

(2) Betriebsvereinbarungen sind von Betriebsrat und Arbeitgeber gemeinsam zu beschließen und schriftlich niederzulegen. Sie sind von beiden Seiten zu unterzeichnen; dies gilt nicht, soweit Betriebsvereinbarungen auf einem Spruch der Einigungsstelle beruhen. Der Arbeitgeber hat die Betriebsvereinbarungen an geeigneter Stelle im Betrieb auszulegen.

(3) Arbeitsentgelte und sonstige Arbeitsbedingungen, die durch Tarifvertrag geregelt sind oder üblicherweise geregelt werden, können nicht Gegenstand einer Betriebsvereinbarung sein. Dies gilt nicht, wenn ein Tarifvertrag den Abschluß ergänzender Betriebsvereinbarungen ausdrücklich zuläßt.

(4) Betriebsvereinbarungen gelten unmittelbar und zwingend. Werden Arbeitnehmern durch die Betriebsvereinbarung Rechte eingeräumt, so ist ein Verzicht auf sie nur mit Zustimmung des Betriebsrats zulässig. Die Verwirkung dieser Rechte ist ausgeschlossen. Ausschlußfristen für ihre Geltendmachung sind nur insoweit zulässig, als sie in einem Tarifvertrag oder einer Betriebsvereinbarung vereinbart werden; dasselbe gilt für die Abkürzung der Verjährungsfristen.

(5) Betriebsvereinbarungen können, soweit nichts anderes vereinbart ist, mit einer Frist von drei Monaten gekündigt werden.

(6) Nach Ablauf einer Betriebsvereinbarung gelten ihre Regelungen in Angelegenheiten, in denen ein Spruch der Einigungsstelle die Einigung zwischen Arbeitgeber und Betriebsrat ersetzen kann, weiter, bis sie durch eine andere Abmachung ersetzt werden.

§ 87. Mitbestimmungsrechte. (1) Der Betriebsrat hat, soweit eine gesetzliche oder tarifliche Regelung nicht besteht, in folgenden Angelegenheiten mitzubestimmen:

1. Fragen der Ordnung des Betriebs und des Verhaltens der Arbeitnehmer im Betrieb;
2. Beginn und Ende der täglichen Arbeitszeit einschließlich der Pausen sowie Verteilung der Arbeitszeit auf die einzelnen Wochentage;
3. vorübergehende Verkürzung oder Verlängerung der betriebsüblichen Arbeitszeit;
4. Zeit, Ort und Art der Auszahlung der Arbeitsentgelte;
5. Aufstellung allgemeiner Urlaubsgrundsätze und des Urlaubsplans sowie die Festsetzung der zeitlichen Lage des Urlaubs für einzelne Arbeitnehmer, wenn zwischen dem Arbeitgeber und den beteiligten Arbeitnehmern kein Einverständnis erzielt wird;
6. Einführung und Anwendung von technischen Einrichtungen, die dazu bestimmt sind, das Verhalten oder die Leistung der Arbeitnehmer zu überwachen;

Anhang

7. Regelungen über die Verhütung von Arbeitsunfällen und Berufskrankheiten sowie über den Gesundheitsschutz im Rahmen der gesetzlichen Vorschriften oder der Unfallverhütungsvorschriften;
8. Form, Ausgestaltung und Verwaltung von Sozialeinrichtungen, deren Wirkungsbereich auf den Betrieb, das Unternehmen oder den Konzern beschränkt ist;
9. Zuweisung und Kündigung von Wohnräumen, die den Arbeitnehmern mit Rücksicht auf das Bestehen eines Arbeitsverhältnisses vermietet werden, sowie die allgemeine Festlegung der Nutzungsbedingungen;
10. Fragen der betrieblichen Lohngestaltung, insbesondere die Aufstellung von Entlohnungsgrundsätzen und die Einführung und Anwendung von neuen Entlohnungsmethoden sowie deren Änderung;
11. Festsetzung der Akkord- und Prämiensätze und vergleichbarer leistungsbezogener Entgelte, einschließlich der Geldfaktoren;
12. Grundsätze über das betriebliche Vorschlagswesen.

(2) Kommt eine Einigung über eine Angelegenheit nach Absatz 1 nicht zustande, so entscheidet die Einigungsstelle. Der Spruch der Einigungsstelle ersetzt die Einigung zwischen Arbeitgeber und Betriebsrat.

Tarifvereinbarung[*]

Zwischen der Volkswagen AG und der Industriegewerkschaft Metall – Bezirksleitung Hannover wird folgende Vereinbarung zur Sicherung der Standorte und der Beschäftigung abgeschlossen:

Präambel

Die Tarifvertragsparteien stimmen darin überein, daß die tiefgreifenden konjunkturellen und strukturellen Probleme sowie gesamtgesellschaftlichen Veränderungsprozesse neue Lösungsansätze auch von den Tarifparteien erfordern, um Beschäftigung sichern zu können.

Volkswagen und IG Metall verfolgen gemeinsam das Ziel der Sicherung der Beschäftigung in den inländischen Standorten und der Wettbewerbsfähigkeit der Volkswagen AG. Sie schließen daher nachfolgende Vereinbarung ab, die besondere Arbeitszeit- und Bezahlungsregelungen festlegt.

Zwischen den Parteien besteht Einvernehmen, daß entsprechende Regelungen auch für die nicht unter den Geltungsbereich der Tarifverträge fallenden Mitarbeiter und Mitarbeiterinnen gelten sollen. Volkswagen wird dies durch geeignete Vereinbarungen und Maßnahmen sicherstellen.

Die Parteien sind ferner darüber einig, daß zur Beschäftigungssicherung weitere Maßnahmen erforderlich sind. Dies können z.B. arbeitsfreie Blockzeiten zur Qualifizierung und ein sogenanntes Stafettenmodell sein. Einzelheiten zu den Modellen werden, soweit tarifvertragliche Regelungen nicht tangiert sind, zwischen den Betriebsparteien vereinbart. Sind im Ausnahmefall, speziell zur Durchführung dieser beiden Maßnahmen, aus betriebsbedingten Gründen abweichend von § 5 personelle Einzelmaßnahmen erforderlich, so bedürfen sie der Zustimmung des Betriebsrates.

§ 1 Geltungsbereich

Diese Vereinbarung gilt

1.1 räumlich:
Für die Werke der Volkswagen AG

1.2 persönlich:
Für alle Werksangehörigen, die Mitglied der Industriegewerkschaft Metall sind, mit Ausnahme von

- Praktikanten
- Werkstudenten
- Volontären
- Informanden

---

[*] Aus technischen Gründen konnte die Tarifvereinbarung vom 12. September 1995 nicht mehr abgedruckt werden. Inhaltlich besteht aber überwiegend Übereinstimmung.

Anhang

sowie

- Angestellten, die aufgrund von Sonderverträgen beschäftigt werden, die über den Rahmen des Manteltarifvertrages und des Gehaltstarifvertrages hinausgehen.

§ 2 Arbeitszeit

2.1 Die Tarifvertragsparteien stimmen überein, daß das Inkrafttreten der 35-Stunden-Woche vom 1. Oktober 1995 auf den 1. Januar 1994 vorgezogen wird.

2.2 Arbeitszeitdauer

2.2.1 Die regelmäßige Arbeitszeit beträgt ab 1. Januar 1994 28,8 Stunden in der Woche im Jahresdurchschnitt.

Dies gilt auch für Teilzeitbeschäftigte mit einer einzelvertraglich vereinbarten Arbeitszeit über 28,8 Stunden pro Woche im Durchschnitt eines Monats.

2.2.2 Die regelmäßige Arbeitszeit gemäß des Tarifvertrages für Monatsentgeltempfänger mit Arbeitsbereitschaft sowie des Tarifvertrages für Angehörige des Werkschutzes und der Werkfeuerwehr beträgt ab 1. Januar 1994 für

- Monatsentgeltempfänger mit Arbeitsbereitschaft
  * lfd. Nr. 1 und 2 152 Stunden/Monat
  * lfd. Nr. 10 und 11 148,8 Stunden/Monat
- Werkschutz
  * vollkontinuierlicher Schichtbetrieb 133,86 Stunden/Monat
  * Wechselschichtbetrieb 143,46 bzw. 134,85 Stunden/Monat
- Werkfeuerwehr
  * vollkontinuierlicher Schichtbetrieb 207,2 Stunden/Monat

2.2.3 Für Auszubildende gilt weiterhin 14.7 Manteltarifvertrag vom 21. November 1991.

2.3 Arbeitszeitverteilung
Beginn und Ende der täglichen Arbeitszeit einschließlich der Pausen sowie die Verteilung der wöchentlichen Arbeitszeit auf die einzelnen Wochentage – in der Regel von Montag bis Freitag – werden mit dem Betriebsrat vereinbart. Die wöchentliche Arbeitszeit ist grundsätzlich auf 4 Arbeitstage in der Regel von Montag bis Freitag zu verteilen. Eine Verteilung auf 5 Arbeitstage kann vereinbart werden, wenn dies betrieblich erforderlich ist; dies bedarf der Genehmigung der Tarifvertragsparteien.

2.4 Urlaubsansprüche
Bei einer kollektiven und/oder individuellen 4-Tage-Woche sind Ansprüche auf Tarifurlaub, Schwerbehindertenurlaub und gesetzlichen Bildungsurlaub so anzupassen, daß sie von ihrem Umfang her der Dauer entsprechen, als wenn gemäß Schichtplan regelmäßig an 5 Arbeitstagen in der Woche zu arbeiten wäre.

§ 3 Bezahlung

3.1 Monatsentgelte/Gehälter

3.1.1 Das Inkrafttreten der gemäß Verhandlungsergebnis vom 23. November 1992 vereinbarten 3,5%igen Entgelterhöhung wird vom 1. November 1993 auf den 1. Januar 1994 verschoben.

Dies gilt auch für Auszubildende und Teilzeitbeschäftigte.

3.1.2 Die Monatsentgelte und Gehälter werden ab 1. Januar 1994 entsprechend der Absenkung der wöchentlichen Arbeitszeit um 20 % gekürzt. Dies gilt ratierlich auch für Teilzeitbeschäftigte mit einer einzelvertraglich vereinbarten Arbeitszeit über 28,8 Stunden pro Woche im Durchschnitt eines Monats.

3.1.3 Die 3,5 %ige Entgelterhöhung gemäß Ziffer 3.1.1 wird mit der Entgeltreduzierung gemäß Ziffer 3.1.2 verrechnet. Dies gilt nicht für Auszubildende und Teilzeitbeschäftigte mit einer einzelvertraglich vereinbarten Arbeitszeit unter 28,8 Stunden pro Woche im Durchschnitt eines Monats.

3.1.4 In den Monatsentgelten und Gehältern sind Ausgleichszulagen enthalten. Die Ausgleichszulagen und ihre Höhe zum 1. Januar 1994 ergeben sich aus der Anlage. Die Ausgleichszulage 1 wird bis einschließlich Juli 1994, die Ausgleichszulage 2 bis einschließlich September 1995 gezahlt und geht ab 1. Oktober 1995 in die Entgelttafeln ein. Die Ausgleichszulage 3 wird bis einschließlich Dezember 1995 gezahlt.

Teilzeitbeschäftigte und Auszubildende erhalten die Ausgleichszulage 2 und 4.

Die Ausgleichszulagen werden bei zukünftigen Tariferhöhungen entsprechend angepaßt.

3.1.5 Die ab 1. Januar 1994 geltenden Monatsentgelte und Gehälter einschließlich Ausgleichszulagen enthalten Anlagen 1 und 2.

Die monatlichen Entgelte einschließlich Ausgleichszulagen für Auszubildende und Teilzeitbeschäftigte enthalten Anlagen 3 und 4.

3.2 Bezahlungsregelungen

3.2.1 Die Stundengrundentgelte für stundenabhängige Bezahlungen werden auf der Basis der tariflichen Normalentgelte und der 36 Stunden-Woche berechnet, ab 1. Oktober 1995 auf der Basis der 35 Stunden-Woche.

3.2.2 Für die Zuwendung für Arbeitsjubiläen gemäß § 10.3 Manteltarifvertrag ist auf das jeweils geltende Monatsentgelt/Gehalt einschließlich der jeweiligen Ausgleichszulagen abzustellen.

3.2.3 Im Umfang der Jahressonderzahlung erfolgen monatliche Zahlungen. Die Jahressonderzahlung gemäß 10.2 Manteltarifvertrag entfällt für die Laufzeit dieser Vereinbarung. Dies gilt auch für Auszubildende und Teilzeitbeschäftigte.

3.2.4 Die Zahlung des zusätzlichen Urlaubsgeldes wird für die Dauer dieser Vereinbarung abweichend von §§ 6.3.3 und 6.3.4 Manteltarifvertrag wie folgt geregelt: Ein Teil des Urlaubsgeldes ist Bestandteil der Ausgleichszulage 4 und wird monatlich gezahlt. Im übrigen erhalten Werksangehörige, deren Arbeitsverhältnis am 30. Juni eines Jahres ungekündigt besteht und nicht ruht, am 1. Juli eines Jahres eine Einmalzahlung von DM 764,–.

Schwerbehinderte erhalten darüber hinaus eine zusätzliche Einmalzahlung in Höhe von DM 676,–.

Teilzeitbeschäftigte erhalten eine ihrer vertraglichen Arbeitszeit entsprechende Einmalzahlung.

Die Einmalzahlung für Auszubildende beträgt DM 218,–.

Anhang

3.2.5 Laufende individuelle Entgeltgarantien und Schichtausgleichszulagen gemäß § 13 Manteltarifvertrag, § 9 Monatsentgelttarifvertrag und § 5 Gehaltstarifvertrag werden neu berechnet und an die neuen Monatsentgelte und Gehälter einschließlich Ausgleichszulagen angepaßt; ab 1. Januar 1994 neu entstehende Entgeltgarantien und Schichtausgleichszulagen werden auf der Basis der neuen Monatsentgelte und Gehälter einschließlich Ausgleichszulagen berechnet.

3.2.6 Die Beträge sonstiger tariflicher Bezahlungsregelungen (z.b. individuelle monatliche Zulagen, Tagespauschalen, Funktionszulagen usw.) werden ab 1. Januar 1994 in der im Oktober 1993 gültigen Höhe gezahlt und bei der nächsten Tariferhöhung entsprechend angepaßt.

§ 4 Zusätzliche Regelungen

4.1 Zur Beschäftigungssicherung kann es aus betrieblichen Gründen erforderlich sein, Umsetzungen und Versetzungen vorzunehmen. Jeder Werksangehörige ist verpflichtet, eine zugewiesene Tätigkeit zu übernehmen, wenn sie zumutbar ist. Über die Regeln und das Verfahren zur Zumutbarkeit entscheiden die Betriebsparteien. Bei der Frage der Zumutbarkeit sind insbesondere Eignung, Qualifikation, bisherige Tätigkeit, Verdienst und Wohnsitz des betroffenen Werksangehörigen zu berücksichtigen. Bei Meinungsverschiedenheiten über die Frage der Zumutbarkeit entscheidet die jeweils zuständige Kommission. Ist hier eine Einigung nicht zu erzielen, gilt § 18.2 Manteltarifvertrag.

Dieses Verfahren gilt auch bei Einsprüchen der betroffenen Werksangehörigen gegen die Zumutbarkeit.

4.2 Zuschläge für Mehrarbeit gemäß Manteltarifvertrag werden ausschließlich für Stunden gezahlt, die über 35 Stunden in der Woche hinausgehen.

4.3 Mehrarbeit ist grundsätzlich durch bezahlte Freistellung von der Arbeit auszugleichen. Bezahlte Freistellung muß innerhalb von 6 Kalendermonaten nach Beendigung des Monats erfolgen, in dem die Mehrarbeit geleistet wurde.

Bei der Festlegung des Termins sind die persönlichen und betrieblichen Belange zu berücksichtigen.

In Sonderfällen kann mit dem Betriebsrat die Bezahlung von Mehrarbeit vereinbart werden. Dies gilt für Arbeit in definierten Projekten, in unaufschiebbaren Fällen (z.B. Versuchsfahrten) und von Spezialisten. Die Tarifvertragsparteien sind über entsprechende Vereinbarungen zu informieren, um Mißbrauchsfälle auszuschließen.

4.4 § 6 des Tarifvertrages über die Arbeitszeit sowie §§ 5.1.5 und 14.14 Manteltarifvertrag entfallen auf Dauer mit Wirkung vom 31. Dezember 1993 ersatzlos. Bis zu diesem Zeitpunkt erworbene Ansprüche auf Erholungsfreizeit sind im Laufe des Jahres 1994 ausschließlich in Freizeit zu entnehmen; die Erholungsbeihilfe wird für ganze Tage anteilig gezahlt.

§ 5 Beschäftigungssicherung

Für die Laufzeit der Vereinbarung sind betriebsbedingte Kündigungen ausgeschlossen.

Tarifvereinbarung zwischen Volkswagen AG und IG Metall

Für den nicht unter den Geltungsbereich der Tarifverträge fallenden Personenkreis wird Volkswagen eine entsprechende Erklärung in geeigneter Form vereinbaren.

§ 6 Anwendung der Tarifverträge

Soweit in dieser Vereinbarung nichts anderes bestimmt ist, gelten die Bestimmungen der übrigen Tarifverträge in ihrer jeweiligen Fassung weiter.

§ 7 Vertragsdauer

7.1 Die Vereinbarung tritt am 1. Januar 1994 in Kraft.

7.2 Sie kann – mit Ausnahme von § 4.1 – mit einer Frist von 3 Monaten zum Jahresende, erstmals zum 31. Dezember 1995, gekündigt werden.

7.3 Kommt binnen einer Frist von 6 Monaten nach Ablauf der Vereinbarung keine Nachfolgeregelung zustande, so treten in diesem Zeitpunkt die normalen tariflichen Regelungen (einschließlich § 4.1 dieser Vereinbarung) in ihrer dann gültigen Fassung in Kraft.

Wolfsburg, 15. Dezember 1993

Volkswagen AG   Industriegewerkschaft Metall – Bezirksleitung Hannover

Anhang

1. Manteltarifvertrag für Arbeiter und Angestellte in der Metallindustrie in Südbaden vom 26. 4. 1994

(mit Leitfunktion für alle übrigen Bundesländer)

§ 7
Regelmäßige Arbeitszeit

7.1 Die tarifliche wöchentliche Arbeitszeit ohne Pausen beträgt 37 Stunden
ab 1. 4. 1993 36 Stunden
ab 1. 10. 1995 35 Stunden.

Protokollnotiz:

Vollzeitbeschäftigte, die gemäß § 7.1 MTV vom 23. 11. 1987 eine individuelle regelmäßige wöchentliche Arbeitszeit von unter 37 Stunden hatten, können diese Arbeitszeit auch nach Inkrafttreten dieses Tarifvertrages bis zum 31. 03. 1993 beibehalten. Ungeachtet § 7.3 gelten sie weiterhin als Vollzeitbeschäftigte.

Die bisherigen Regelungen für die Bezahlung gelten weiter.

Vollzeitbeschäftigte, die gemäß § 7.1 MTV vom 23. 11. 1987 eine individuelle regelmäßige wöchentliche Arbeitszeit von über 37 Stunden hatten, behalten diese Arbeitszeit auch nach Inkrafttreten dieses Tarifvertrages bei. Diese Arbeitszeit kann auf Wunsch des Beschäftigten mit einer Ankündigungsfrist von 6 Monaten an die tarifliche wöchentliche Arbeitszeit gemäß § 7.1 angepaßt werden, es sei denn, sie wird einvernehmlich früher geändert. Das Arbeitsentgelt wird ebenfalls entsprechend angepaßt. § 7.1.4 kommt zur Anwendung.

7.1.1 Soll für einzelne Beschäftigte die individuelle regelmäßige wöchentliche Arbeitszeit auf bis zu 40 Stunden verlängert werden, bedarf dies der Zustimmung des Beschäftigten.

Lehnen Beschäftigte die Verlängerung ihrer individuellen regelmäßigen wöchentlichen Arbeitszeit ab, so darf ihnen daraus kein Nachteil entstehen.

7.1.2 Bei der Vereinbarung einer solchen Arbeitszeit bis zu 40 Stunden kann der Beschäftigte wählen zwischen

– einer dieser Arbeitszeit entsprechenden Bezahlung
– dem Ausgleich der Differenz zur tariflichen Arbeitszeit nach § 7.1 durch einen oder mehrere große Freizeitblöcke im Laufe von 2 Jahren, bei Bezahlung der tariflichen Arbeitszeit. § 7.6 bleibt hiervon unberührt.

Die §§ 7.7 und 11.4.5 finden entsprechende Anwendung.

7.1.3 Die vereinbarte Arbeitszeit kann frühestens nach Ablauf von 2 Jahren auf Wunsch des Beschäftigten mit einer Ankündigungsfrist von 6 Monaten geändert werden, es sei denn, sie wird einvernehmlich früher geändert. Entsprechendes gilt für die Wahl gemäß § 7.1.2. Das Arbeitsentgelt wird entsprechend angepaßt.

7.1.4 Der Arbeitgeber teilt dem Betriebsrat jeweils zum Ende eines Kalenderhalbjahres die Beschäftigten mit verlängerter individueller regelmäßiger wöchentlicher Arbeitszeit mit, deren Anzahl 18 % aller Beschäftigten des Betriebes nicht übersteigen darf.

7.2 Für Beschäftigte, in deren Arbeitszeit regelmäßig und in erheblichem Umfang Arbeitsbereitschaft fällt, z.B. Heizer, Pförtner, Maschinisten, Kraftfahrer, Wächter usw., kann die regelmäßige Arbeitszeit bis auf 10 Stunden täglich, jedoch wöchentlich nicht mehr als 5 Stunden über die regelmäßige Arbeitszeit nach § 7.1 erhöht werden. Arbeitsbereitschaft ist die während der vereinbarten Arbeitszeit im Arbeitsbereich dauernd aufrechterhaltene Bereitschaft zum Tätigwerden im Sinne des Arbeitsauftrages.

Arbeitsbereitschaft in erheblichem Umfang ist jedoch nur dann gegeben, wenn die Arbeitsbereitschaft mehr als 25 % der gesamten Arbeitszeit nach § 7.1 beträgt. Überwachungs- und arbeitsablaufbedingte Wartezeiten gelten, soweit sie fertigungstechnisch bedingt und nicht zu beeinflussen sind, als Arbeitszeit und nicht als Arbeitsbereitschaft.

Die Zugehörigkeit eines Beschäftigten zu dieser Gruppe ist mit ihm schriftlich zu vereinbaren.

7.2.1 Eine darüber hinausgehende Regelung kann nur mit schriftlicher Zustimmung der Tarifvertragsparteien getroffen werden.

7.3 Beschäftigte, deren individuelle regelmäßige wöchentliche Arbeitszeit geringer als die tarifliche wöchentliche Arbeitszeit gemäß § 7.1 ist, sind Teilzeitbeschäftigte. Teilzeitarbeit wird einzelvertraglich vereinbart.

7.3.1 Wünschen Beschäftigte Teilzeitarbeit, so soll dem im Rahmen der betrieblichen Möglichkeiten Rechnung getragen werden.

7.3.2 Beschäftigte mit Teilzeitarbeit haben im Rahmen ihres Arbeitsvertrages die gleichen tariflichen Rechte und Pflichten wie Vollzeitbeschäftigte, soweit sich nicht aus den Tarifverträgen etwas anderes ergibt.

Für die Berechnung der Beschäftigungsjahre im Rahmen von § 7.2.4.2 LGRTV I zählen alle Beschäftigungsjahre, unabhängig vom Umfang oder der Verteilung der vereinbarten Teilarbeitszeit.

7.3.3 Teilzeitarbeit soll, sofern sachliche Gründe keine andere Regelung erfordern, so gestaltet werden,

– daß die jeweils gültigen Grenzen der Sozialversicherungspflicht im Rahmen der Kranken-, Renten- und Arbeitslosenversicherung nicht unterschritten werden; ist dies aus betriebsorganisatorischen Gründen nicht möglich oder wünschen Beschäftigte eine kürzere Arbeitszeit, sind die Beschäftigten auf mögliche sozialversicherungsrechtliche Folgen schriftlich hinzuweisen,

– daß die tägliche Arbeitszeit mindestens 3 Stunden beträgt und zusammenhängend erbracht werden kann.

Davon ausgenommen sind bestehende Arbeitsverhältnisse.

7.3.4 Wünschen Beschäftigte mit Teilzeitarbeit den Übergang in Vollzeitarbeit oder eine andere Arbeitszeit unterhalb der Vollzeitarbeit, so soll dem Rechnung getragen

Anhang

werden, wenn eine solche Beschäftigung an einem anderen Arbeitsplatz oder mit einer anderen Arbeitszeit am gleichen Arbeitsplatz betrieblich möglich ist.

7.4 Für die Arbeitszeit der Jugendlichen bis zur Vollendung des 18. Lebensjahres gelten die Bestimmungen des Jugendarbeitsschutzgesetzes, soweit nicht durch diesen Tarifvertrag eine günstigere Arbeitszeit vereinbart ist.

7.5 Die individuelle regelmäßige wöchentliche Arbeitszeit kann gleichmäßig oder ungleichmäßig auf bis zu 5 Werktage von Montag bis Freitag verteilt werden.

Die individuelle regelmäßige wöchentliche Arbeitszeit kann auch ungleichmäßig auf mehrere Wochen verteilt werden. Sie muß jedoch im Durchschnitt von längstens 6 Monaten erreicht werden.

7.5.1 Für einzelne Beschäftigte oder Beschäftigtengruppen, die mit der Überwachung der Werksanlagen oder mit der Instandsetzung oder Wartung von Betriebsmitteln beschäftigt sind, kann die Verteilung der wöchentlichen Arbeitszeit auf bis zu fünf Werktage, unter Einschluß des Samstags, mit dem Betriebsrat vereinbart werden.

7.5.2 Soll der Samstag im übrigen für einzelne Beschäftigte oder für bestimmte Beschäftigtengruppen in die Verteilung der regelmäßigen Arbeitszeit einbezogen werden, so bedarf dies der Zustimmung des Betriebsrats, die nicht durch den Spruch der Einigungsstelle ersetzt werden kann.

Die abgeschlossene Betriebsvereinbarung ist den Tarifparteien zur Kenntnis zu geben.

Protokollnotiz:

Die Tarifvertragsparteien erklären übereinstimmend, daß die Einbeziehung des Samstages in ein betriebliches Arbeitszeitmodell maßgeblich von den betrieblichen Belangen abhängt und unter Berücksichtigung der berechtigten Interessen der Beschäftigten im Rahmen der tariflich zulässigen Realisierungsmöglichkeiten zu erfolgen hat. Sie verpflichten sich daher, überbetriebliche Interessen bezüglich tariflich zulässiger Arbeitszeitgestaltungsmöglichkeiten nicht zum Gegenstand einer Einflußnahme auf die Betriebsparteien zu machen.

7.5.3 Über die Verteilung der Arbeitszeit sind Betriebsvereinbarungen abzuschließen. In diesen ist auch Beginn und Ende der Ausgleichszeiträume nach § 7.5 Abs. 2 festzulegen.

7.5.4 Wenn keine andere Regelung getroffen wird, beträgt für Vollzeitbeschäftigte die regelmäßige tägliche Arbeitszeit 1/5 der individuellen regelmäßigen wöchentlichen Arbeitszeit.

7.6 Soll aus betrieblichen Gründen die bisherige Auslastung der betrieblichen Anlagen beibehalten oder optimiert werden, so ist auf Wunsch des Unternehmens die Arbeitszeit im Rahmen der gesetzlichen und tariflichen Bestimmungen entsprechend zu verteilen. Dabei kann eine Differenz zwischen der betrieblich vereinbarten regelmäßigen Arbeitszeit und der individuellen regelmäßigen wöchentlichen Arbeitszeit auch in Form von freien Tagen ausgeglichen werden.

Zur Vermeidung von Störungen im Betriebsablauf muß eine möglichst gleichmäßige Anwesenheit der Beschäftigten gewährleistet sein.

Bei der Festlegung der freien Tage sind die Wünsche der Beschäftigten zu berücksichtigen. Es dürfen nicht mehr als 5 freie Tage zusammengefaßt werden.

MTV Metallindustrie Südbaden

Die individuelle regelmäßige wöchentliche Arbeitszeit muß dabei im Durchschnitt von längstens 6 Monaten erreicht werden.

7.7 Zeitausgleichsanteile entstehen an Feiertagen und in den Fällen des § 13 MTV; sie entstehen nicht bei Krankheit, Urlaub und freien Tagen gem. § 7.6. Dafür entsteht weder eine Vor- noch eine Nacharbeitspflicht. Die Zeitausgleichstage dürfen nicht auf Wochenfeiertage, Urlaubs- und Krankheitstage fallen.

An freien Tagen gem. § 7.6 wird der Monatslohn (ohne Auslösungen) oder das Gehalt fortgezahlt.

Protokollnotiz:

§ 6.8 BMTV bleibt unberührt.

7.8 Wünschen Beschäftigte, deren Kinder in Kindertagesstätten oder bei Tagesmüttern untergebracht sind, Beginn und Ende ihrer Arbeitszeit flexibel zu gestalten, so ist dem im Rahmen der betrieblichen Möglichkeiten Rechnung zu tragen.

7.9 An Werktagen, die unmittelbar vor dem 1. Weihnachtsfeiertag und vor Neujahr liegen, endet die Arbeitszeit spätestens um 12.00 Uhr. Monatslohn oder Gehalt werden fortgezahlt.

Die Verpflichtung zur Bezahlung der infolge des Frühschlusses (12.00 Uhr) ausfallenden Arbeitszeit ist auch im Zwei- bzw. Dreischichtbetrieb gegeben.

7.10 Gleitzeit. Auf Wunsch einer Tarifvertragspartei werden die Parteien dieses Vertrages Verhandlungen aufnehmen mit dem Ziel, tarifliche Rahmenbestimmungen für Betriebsvereinbarungen über Gleitzeit zu vereinbaren.

Anhang

2. Manteltarifvertrag für die Arbeiter der Metall- und Elektroindustrie in Berlin und Brandenburg

(Tarifgebiet I vom 10. Mai 1990 in der Fassung vom 9. März 1994; erstmals kündbar am 31.12.1998 mit Ausnahme der Bestimmung Ziffer 2.4.2., die zum 31.12.1995 ausläuft!)

2. Arbeitszeit

2.1 Dauer der Arbeitszeit

2.1.1 Die tarifliche wöchentliche Arbeitszeit beträgt ausschließlich der Pausen
37 Stunden ab 1.4.1990,
36 Stunden ab 1.4.1993,
35 Stunden ab 1.10.1995.

Protokollnotiz 1:

Zur Durchführung der Arbeitszeitverkürzungsstufen zum 1.4.1993 und zum 1.10.1995 vereinbaren die Tarifvertragsparteien:

a) In den Jahren, in denen eine Arbeitszeitverkürzung mit neuen Lohnregelungen zusammentrifft, sind die materiellen Auswirkungen der Arbeitszeitverkürzung zu berücksichtigen.

b) Die Tarifvertragsparteien werden, wenn eine von ihnen es wünscht, drei Monate vor den in Ziffer 2.1 genannten Terminen einer Arbeitszeitverkürzung in ein Gespräch über die Durchführbarkeit der Arbeitszeitverkürzung unter Berücksichtigung der wirtschaftlichen Lage eintreten. Dabei sind insbesondere die Beschäftigungssituation in der Metall- und Elektroindustrie, die Entwicklung im Zusammenwachsen der beiden deutschen Staaten und die Entwicklung der Arbeitszeiten in den Ländern der Europäischen Gemeinschaft zu berücksichtigen. Die Tarifvertragsparteien werden sich um eine einvernehmliche Beurteilung und gegebenenfalls um eine daraus abgeleitete abweichende Regelung bemühen.

Protokollnotiz 2:

Vollzeitbeschäftigte, die gemäß Ziffer 2.1 MTV-Arbeiter vom 29.4.1987 (Differenzierungsregelung) eine individuelle regelmäßige wöchentliche Arbeitszeit von unter 37 Stunden hatten, können diese Arbeitszeit auch nach Inkrafttreten dieses Tarifvertrages bis zum 31.3.1993 beibehalten. Ungeachtet Ziffer 2.1.3 gelten sie weiterhin als Vollzeitbeschäftigte.

Die bisherigen Regelungen für die Bezahlung gelten weiter. Vollzeitbeschäftigte, die gemäß Ziffer 2.1 MTV-Arbeiter vom 29.4.1987 (Differenzierungsregelung) eine individuelle regelmäßige wöchentliche Arbeitszeit von über 37 Stunden hatten, behalten diese Arbeitszeit auch nach Inkrafttreten dieses Tarifvertrages bei. Ziffer 2.1.2.3 kommt zur Anwendung. Diese Arbeitszeit kann auf Wunsch des/der Beschäftigten mit einer Ankündigungsfrist von 6 Monaten an die tarifliche wöchentliche Arbeitszeit gemäß Ziffer 2.1.1 angepaßt werden, es sei denn, sie wird einvernehmlich früher geändert. Das Arbeitsentgelt wird ebenfalls entsprechend angepaßt.

Protokollnotiz 3:

Falls sich einzelne Bestimmungen des MTV auf den Zeitpunkt der Verkürzung der Arbeitszeit beziehen, treten sie tatsächlich erst mit der neuen Arbeitszeitverkürzung in Kraft.

Protokollnotiz 4:

Die Tarifvertragsparteien empfehlen, die Arbeitszeitverkürzung, soweit möglich, zu Neueinstellungen zu nutzen.

2.1.2 Soll für einzelne Beschäftigte die individuelle regelmäßige wöchentliche Arbeitszeit auf bis zu 40 Stunden verlängert werden, bedarf dies ihrer Zustimmung.

Lehnen Beschäftigte die Verlängerung ihrer individuellen regelmäßigen wöchentlichen Arbeitszeit ab, so darf ihnen daraus kein Nachteil entstehen.

2.1.2.1 Bei der Vereinbarung einer solchen Arbeitszeit bis zu 40 Stunden erhalten die einzelnen Beschäftigten eine dieser Arbeitszeit entsprechende Bezahlung.

2.1.2.2 Die vereinbarte verlängerte Arbeitszeit kann auf Wunsch des Arbeitnehmers oder Arbeitgebers mit einer Ankündigungsfrist von drei Monaten geändert werden, es sei denn, sie wird einvernehmlich früher geändert. Das Arbeitsentgelt wird entsprechend angepaßt.

2.1.2.3 Der Arbeitgeber teilt dem Betriebsrat jeweils zum Ende eines Kalenderhalbjahres die Beschäftigten mit verlängerter individueller regelmäßiger wöchentlicher Arbeitszeit mit, deren Anzahl 13 % aller Beschäftigen (Arbeiter/Arbeiterinnen und Angestellte) des Betriebes zuzüglich der Beschäftigten gemäß Ziffer 1.3 a) und b) MTV-Angestellte nicht übersteigen darf.

2.1.3 Teilzeitarbeitsverhältnisse werden durch die vorstehenden Bestimmungen nicht berührt; die tägliche regelmäßige Arbeitszeit von 8 Stunden soll nicht überschritten werden.

Teilzeitarbeitsverhältnisse sind Arbeitsverhältnisse, für die im Einzelarbeitsvertrag eine geringere als die in Ziffer 2.1.1 (ohne Protokollnotizen 1 und 2) geregelte tarifliche wöchentliche Arbeitszeit vereinbart ist.

Beschäftigte mit Teilzeitarbeit haben im Rahmen ihres Arbeitsvertrages die gleichen tariflichen Rechte und Pflichten wie Vollzeitbeschäftigte, soweit sich nicht aus den Tarifverträgen etwas anderes ergibt.

Wünschen Beschäftigte Teilzeitarbeit, so soll dem im Rahmen der betrieblichen Möglichkeiten Rechnung getragen werden.

Wünschen Beschäftigte mit Teilzeitarbeit den Übergang in Vollzeitarbeit oder eine andere Arbeitszeit unterhalb der Vollzeitarbeit, so soll dem Rechnung getragen werden, wenn eine solche Beschäftigung an einem verfügbaren anderen Arbeitsplatz, für den die persönliche Eignung gegeben ist, oder mit einer anderen Arbeitszeit am gleichen Arbeitsplatz betrieblich möglich ist.

Bei neu begründeten Teilzeitarbeitsverhältnissen ist Teilzeitarbeit so zu gestalten, daß die Grenzen der Sozialversicherungspflicht (Kranken- und Arbeitslosenversicherung) überschritten werden. Dies gilt nicht für Beschäftigte, die aus sachlichen,

Anhang

arbeitsorganisatorischen Gründen oder persönlichen Gründen nicht anders beschäftigt werden können oder aber die Grenze zum Rentenalter bereits überschritten haben.

2.1.4 Die individuelle regelmäßige wöchentliche Arbeitszeit muß aus dem Arbeitsvertrag ersichtlich sein, bei Teilzeitbeschäftigten auch deren Umsetzung.

2.2 Arbeitsbereitschaft

Für Beschäftigte, bei denen regelmäßig und in erheblichem Umfang Arbeitsbereitschaft vorliegt, darf die individuelle regelmäßige wöchentliche Arbeitszeit einschließlich der Arbeitsbereitschaft verlängert werden, wenn der Anteil der Arbeitsbereitschaft durchschnittlich 25 % der tariflichen wöchentlichen Arbeitszeit ausmacht, jedoch höchstens

- bis zu 45 Stunden in der Woche
- ab 1.4.1993 bis zu 44 Stunden in der Woche.
- ab 1.10.1995 bis zu 43 Stunden in der Woche.

(Vgl. Protokollnotiz 3 zu Ziffer 2.1.1)

Arbeitsbereitschaft kann z.b. bei Beschäftigten im Wach- und Pförtnerdienst, Maschinisten/Maschinistinnen, Heizern/Heizerinnen und Beschäftigten an automatischen und halbautomatischen Kesselanlagen, bei Beschäftigten im Fahrdienst (Fahren und Begleiten), bei Angehörigen der Werksfeuerwehr, Heilgehilfen/Heilgehilfinnen usw. vorliegen. Keine Arbeitsbereitschaft ist z.b. das ständige Beobachten bzw. Überwachen von technischen Anlagen.

An welchen Arbeitsplätzen regelmäßig und in erheblichem Umfang Arbeitsbereitschaft im Sinne des Absatzes 1 anfällt, wird durch die Betriebsparteien festgestellt und schriftlich niedergelegt.

2.3 Arbeitszeit am Jahresende

Am 24. und 31. Dezember darf nicht mehr als je 6 Stunden gearbeitet werden. Von der an diesen Tagen ausfallenden Arbeitszeit sind jeweils 2 Stunden, die nicht vor- oder nachzuarbeiten sind, zu vergüten.

In Einschichtbetrieben soll die Arbeitszeit unter den vorstehenden Voraussetzungen nicht über 13.00 Uhr ausgedehnt werden. In Mehrschichtbetrieben ist hinsichtlich des Schichtendes eine entsprechende betriebliche Vereinbarung zu treffen.

2.4 Verteilung der Arbeitszeit

2.4.1 Die regelmäßige wöchentliche Arbeitszeit verteilt sich auf die Werktage von Montag bis Freitag.

2.4.2 Die für einzelne Beschäftigte festgelegte individuelle regelmäßige wöchentliche Arbeitszeit kann gleichmäßig oder ungleichmäßig auf die Werktage von Montag bis Freitag verteilt werden; sie kann auch ungleichmäßig auf mehrere Wochen verteilt werden.

Die individuelle regelmäßige wöchentliche Arbeitszeit muß im Durchschnitt von längstens 12 Monaten erreicht werden.

Die Verlängerung des Ausgleichszeitraums von 6 auf 12 Monate läuft zum 31.12.1995 aus und hat keine Nachwirkung. Die unterzeichnenden Parteien werden spätestens am 1.10.1995 in Gespräche darüber eintreten, ob diese Vereinbarung oder Teilelemente über die vereinbarte Laufzeit hinaus weitergeführt bzw. in die jeweiligen Tarifverträge übernommen werden.

MTV Metall- und Elektroindustrie Berlin/Brandenburg

In den Betriebsvereinbarungen über die Arbeitszeitverteilung sind auch Beginn und Ende der Ausgleichszeiträume festzulegen.

2.4.3 Aus betrieblichen Gründen kann für einzelne Beschäftigte oder Beschäftigtengruppen, die mit der Überwachung der Werksanlagen (nicht für die Produktion) oder der Instandsetzung oder der Wartung von Betriebsmitteln beschäftigt sind, die Verteilung der wöchentlichen Arbeitszeit auf bis zu 5 Werktage unter Einschluß des Samstags mit dem Betriebsrat vereinbart werden.

2.4.4 Wenn in Ausnahmefällen aus betrieblichen Gründen der Samstag für einzelne Beschäftigte oder für bestimmte Beschäftigtengruppen in die Verteilung der regelmäßigen Arbeitszeit einbezogen wird, kann dies durch Betriebsvereinbarung zwischen Arbeitgeber und Betriebsrat vereinbart werden.

Die Betriebsvereinbarung bzw. der sie ersetzende Spruch der Einigungsstelle bedürfen vor der Anwendung der Zustimmung der Tarifvertragsparteien. Das gleiche gilt für eine Änderung der Betriebsvereinbarung.

Protokollnotiz zu Ziffer 2.4.4:

Die Tarifvertragsparteien erklären übereinstimmend, daß die Einbeziehung des Samstags in ein betriebliches Arbeitszeitmodell maßgeblich von den betrieblichen Belangen abhängt und unter Berücksichtigung der berechtigten Interessen der Beschäftigten im Rahmen der tariflich zulässigen Realisierungsmöglichkeiten zu erfolgen hat. Sie verpflichten sich daher, überbetriebliche Interessen bezüglich tariflich zulässiger Arbeitszeitgestaltungsmöglichkeiten nicht zum Gegenstand einer Einflußnahme auf die Betriebsparteien zu machen.

2.4.5 Arbeitsleistungen im Sinne von Ziffer 2.4.3 und Ziffer 2.4.4 dürfen nur aus zwingenden Gründen abgelehnt werden.

2.4.6 In Betrieben, die aufgrund technischer Bedingungen einen kontinuierlichen Arbeitsablauf fordern, kann für den Betrieb oder Gruppen von Beschäftigten im Einvernehmen mit dem Betriebsrat die wöchentliche Arbeitszeit nach bestimmtem Plan ungleichmäßig auf mehrere Wochen, höchstens jedoch auf 4 Wochen, verteilt werden. Die Tarifvertragsparteien sind von dieser Arbeitsregelung zu unterrichten und verständigen sich gegenseitig über den Eingang derartiger Mitteilungen.

Protokollnotiz:

Die Tarifvertragsparteien sind sich darüber einig, daß in diesen Fällen für die Verteilung alle Wochentage zur Verfügung stehen.

2.4.7 Wünschen Beschäftigte, deren Kinder in Kindertagesstätten oder bei Tagesmüttern untergebracht sind, Beginn und Ende ihrer Arbeitszeit flexibel zu gestalten, so soll dem im Rahmen der betrieblichen Möglichkeiten Rechnung getragen werden.

2.4.8 Wenn keine andere Regelung getroffen wird, beträgt für Vollzeitbeschäftigte die regelmäßige tägliche Arbeitszeit 1/5 der individuellen regelmäßigen wöchentlichen Arbeitszeit.

2.4.9 Die Verteilung der individuellen regelmäßigen wöchentlichen Arbeitszeit für den Betrieb oder einzelne Betriebsabteilungen auf die nach Ziffer 2.4.2, 2.4.3 und 2.4.4 festgelegten Tage wird durch Betriebsvereinbarung nach Maßgabe der betrieblichen Erfordernisse und unter angemessener Berücksichtigung der Belange der betroffenen Beschäftigten festgelegt.

Anhang

Wird darüber keine Einigung erzielt, so kann eine Einigungsstelle gemäß § 76 Betriebsverfassungsgesetz angerufen werden.

2.5 Zeitausgleich durch freie Tage

Aus Anlaß der Neufestlegung der Arbeitszeit wird die Auslastung der betrieblichen Anlagen und Einrichtungen nicht vermindert. Bei einer Differenz zwischen Betriebsnutzungszeit und der Arbeitszeit für die einzelnen Beschäftigten kann der Zeitausgleich auch in Form von freien Tagen erfolgen. Dabei muß zur Vermeidung von Störungen im Betriebsablauf eine möglichst gleichmäßige Anwesenheit der Beschäftigten gewährleistet sein. Bei der Festlegung der freien Tage sind die Wünsche der Beschäftigten zu berücksichtigen. Es dürfen nicht mehr als fünf freie Tage zusammengefaßt werden.

Hinweis zu Ziffer 2.4 und 2.5:

Einzelregelungen für die ungleichmäßige Verteilung der Arbeitszeiten sind in der **Anlage 1** vereinbart.

– Berechnung der Vergütung bei Abwesenheit
– Berechnung der Ausgleichstage
– Verbrauch von Ausgleichstagen
– Beispiele 1 bis 4

2.6 Beginn und Ende der Arbeitszeit

Beginn und Ende der täglichen Arbeitszeit und der Pausen werden entsprechend den betrieblichen Erfordernissen unter Beachtung der arbeitszeitrechtlichen Vorschriften im Einvernehmen zwischen Arbeitgeber und Betriebsrat festgesetzt.

3. Pausen

3.1 Zeiten zum Umkleiden und Waschen sowie Frühstücks-, Mittags und Vesperpausen sind keine Arbeitszeiten. Bei gesundheitsschädlichen und bsonders schmutzigen Arbeiten haben die Beschäftigten Anspruch auf eine bezahlte Zeit zum Reinigen vor den Pausen und vor Arbeitsschluß, deren Dauer zwischen den Betriebsparteien zu regeln ist.

Das gleiche gilt in besonders gelagerten Fällen hinsichtlich des Umkleidens.

Protokollnotiz:

Das bezieht sich auf Arbeiten, die aufgrund der Arbeitssicherheitsvorschriften besondere Reinigungsmaßnahmen bzw. ein mit zusätzlichem Zeitaufwand verbundenes Wechseln von Arbeitsschutzkleidung erfordern oder bei denen die Verschmutzung einen Grad erreicht, wie er sich aus den in der **Anlage 2** enthaltenen Arbeitsbeispielen ergibt.

3.2 Die Pausen müssen so bemessen sein, daß sie zum Einnehmen der Mahlzeiten ausreichen. Bei festen Betriebspausen ist das Einnehmen der Mahlzeiten während der Arbeitszeit unzulässig.

3.3 Wenn Beschäftigte in drei oder mehr Schichten ohne feste Betriebspausen arbeiten, ist ihnen zur Einnahme des Essens eine Pausenzeit von 30 Minuten ohne Lohnabzug zu gewähren; dies gilt auch für Beschäftigte, die ständig in der Nachtschicht arbeiten.

4. Aussetzen, Vor- und Nacharbeit

4.1 Der Betrieb oder eine Betriebsabteilung kann während der Dauer der Inventur nach Beratung mit dem Betriebsrat geschlossen werden.

Eine Schließung ist jedoch – soweit es die betrieblichen Verhältnisse gestatten – zu vermeiden.

Für die gegebenenfalls ausfallende Arbeitszeit, deren Dauer die Schichtarbeitszeit der einzelnen Beschäftigten nicht überschreiten darf, besteht ein Anspruch auf Vor- und Nacharbeit, die im Einvernehmen mit dem Betriebsrat auf einen mit den arbeitszeitrechtlichen Vorschriften übereinstimmenden Zeitraum zu verteilen ist. Die über die Dauer der Schicht hinausgehende Ausfallzeit ist zu bezahlen.

Ist Vor- oder Nacharbeit nicht möglich, so ist die infolge der Inventur ausfallende Arbeitszeit zu vergüten.

4.2 Schließung aus anderen Anlässen erfolgt unter Beachtung der arbeitszeitrechtlichen Vorschriften im Einvernehmen mit dem Betriebsrat.

Die ausfallende Arbeitszeit kann im Einvernehmen mit dem Betriebsrat durch Vor- oder Nacharbeit, die auf einen mit den arbeitszeitrechtlichen Vorschriften übereinstimmenden Zeitraum zu verteilen ist, ausgeglichen werden.

Sofern eine Vor- oder Nacharbeit nicht erfolgt, ist ein Anspruch auf Bezahlung der ausfallenden Arbeitszeit nicht gegeben.

4.3 Wird der Betrieb an Werktagen vor und nach gesetzlichen Feiertagen geschlossen, so bleibt dessen ungeachtet der Anspruch auf Bezahlung der gesetzlichen Feiertage bestehen.

5. Kurzarbeit

5.1 Wenn es die betrieblichen Verhältnisse erfordern, kann im Einvernehmen mit dem Betriebsrat Kurzarbeit (AFG) ohne Rücksicht auf die Kündigungsfrist der Arbeitsverhältnisse mit einer Ankündigungsfrist von 14 Kalendertagen angeordnet werden.

Arbeitszeit im Sinne der § 69 AFG ist die individuelle regelmäßige wöchentliche Arbeitszeit gemäß Ziffer 2 der von der Kurzarbeit betroffenen Beschäftigten.

In den Fällen, in denen bei Einhaltung der Ankündigungsfrist der Mangel an Beschäftigungsmöglichkeiten in der Produktion zu einem für den Betrieb erheblichen Schaden führen würde, kann eine hiervon abweichende betriebliche Regelung zwischen den Betriebsparteien vereinbart werden.

5.2 Wird die Kurzarbeit vorübergehend bis zu höchstens 4 Wochen durch Vollarbeit unterbrochen, so ist die Wiedereinführung der Kurzarbeit nicht von einer vorherigen Ankündigung abhängig.

5.3 Wird einzelnen Beschäftigten während der Dauer der Kurzarbeit gekündigt, so haben sie für die Dauer der Kündigungsfrist gegenüber dem Arbeitgeber Anspruch auf ungekürzte tarifliche oder vertragliche Entlohnung. Dieser Anspruch besteht nicht, wenn der Lohn für die Dauer der Kündigungsfrist aus einer vorangegangenen Änderungskündigung bereits in voller Höhe vom Arbeitgeber gezahlt worden ist.

Anhang

5.4 Liegt die wöchentliche Arbeitszeit bei angeordneter Kurzarbeit nicht mehr als 10 % unter der Grenze der individuellen regelmäßigen wöchentlichen Arbeitszeit, so ist hinsichtlich der Erstattung des Lohnausfalls zwischen den Betriebsparteien eine Vereinbarung zu treffen.

6. Mehrarbeit, Wechselschichtarbeit, Nachtarbeit, Sonntags- und Feiertagsarbeit

6.1 **Mehrarbeit** soll nicht dauerhaft und nicht als Ersatz für mögliche Neueinstellungen genutzt werden.

Mehrarbeit ist nach Möglichkeit zu vermeiden. Sofern es die Eigenart und die wirtschaftlichen Erfordernisse des Betriebes bedingen, kann vorübergehend Mehrarbeit angeordnet werden.

Protokollnotiz:

Die Tarifvertragsparteien empfehlen vielmehr, daß überall, wo es möglich ist, Neueinstellungen vorgenommen werden und das Volumen von Mehrarbeit so gering wie möglich gehalten wird.

Mehrarbeit ist bis zu 10 Mehrarbeitsstunden in der Woche und bis zu 20 Stunden im Monat zulässig. Durch Betriebsvereinbarung kann für einzelne Beschäftigte oder Gruppen ein Mehrarbeitsvolumen von mehr als 20 Stunden im Monat zugelassen werden.

Mehrarbeit bis 16 Stunden im Monat kann im einzelnen Fall auch durch bezahlte Freistellung von der Arbeit ausgeglichen werden. Bei mehr als 16 Mehrarbeitsstunden im Monat kann der/die Beschäftigte die Abgeltung durch bezahlte Freistellung von der Arbeit verlangen, soweit dem nicht dringende betriebliche Belange entgegenstehen. Der Freizeitausgleich hat in den folgenden 3 Monaten zu erfolgen.

Mehrarbeitszuschläge sind grundsätzlich in Geld zu vergüten.

Zuschlagspflichtige Mehrarbeit liegt vor, wenn die Arbeitszeit bei Vollzeitbeschäftigten die individuelle tägliche oder die individuelle regelmäßige wöchentliche Arbeitszeit gemäß Ziffer 2.1 bzw. die in Ziffer 2.2 Abs. 1 überschreitet.

Bei Teilzeitbeschäftigung liegt Mehrarbeit vor, wenn die tarifliche wöchentliche Arbeitszeit von 36 1/2 Stunden, ab 1.4.1993 36 Stunden und ab 1.10.1995 35 Stunden überschritten wird (vgl. Protokollnotiz 3 zu Ziffer 2.1.1). Werden Teilzeitbeschäftigte außerhalb der mit ihnen vereinbarten regelmäßigen Arbeitszeit an Tagen, die regelmäßig keine betrieblichen Arbeitstage sind, zur Arbeitsleistung herangezogen, so liegt Mehrarbeit vor.

Von einzelnen Beschäftigten verschuldete Ausfallstunden werden bei der Feststellung der individuellen Arbeitszeit nicht mitgezählt.

Mehrarbeit liegt nicht vor, wenn die individuelle regelmäßige wöchentliche Arbeitszeit aufgrund betrieblicher Regelungen gemäß Ziffer 2.4 oder 2.5 überschritten wird.

Mehrarbeit liegt ferner nicht vor, soweit es sich um Vor- und/oder Nacharbeit gemäß Ziffer 4 handelt.

Mehrarbeit liegt auch dann nicht vor, wenn zum Ausgleich der individuellen Arbeitszeit im Interesse des/der Beschäftigten entstehende unbezahlte Ausfallzeiten in der

MTV Metall- und Elektroindustrie Berlin/Brandenburg

Woche des Ausfalls oder in der darauffolgenden Woche vor- oder nachgearbeitet werden.

6.2 **Wechselschichtarbeit** ist die Arbeit, die von einzelnen Beschäftigten im Rahmen regelmäßig wechselnder Schichten geleistet wird.

Im Rahmen regelmäßig wechselnder Schichten geleistete Arbeit liegt dann vor, wenn einzelne Beschäftigte, dem Schichtplan entsprechend, selbst regelmäßigem Schichtwechsel unterliegen oder aber ständig außerhalb der Normalschicht bzw. der ersten Schicht in den weiteren Schichten des Schichtplanes eingesetzt werden.

Protokollnotiz:

Die Schichtzuschläge, die für tatsächlich in den Nachtstunden zwischen 20.00 Uhr und 6.00 Uhr geleistete Arbeit gezahlt werden, haben den Rechtscharakter von Nachtarbeitszuschlägen.

6.3 **Nachtarbeit** ist die in der Zeit zwischen 20.00 Uhr und 6.00 Uhr geleistete Arbeit.

Ständige Nachtarbeit ist Nachtarbeit, die für einen zusammenhängenden Zeitraum von mehr als zwei Wochen angeordnet wird.

Unregelmäßige Nachtarbeit ist Nachtarbeit, die aus Anlaß betrieblicher Erfordernisse außerhalb der regelmäßigen Schicht geleistet wird.

6.4 **Sonntags- und Feiertagsarbeit** ist die an Sonntagen und gesetzlichen Feiertagen in der Zeit zwischen 6.00 Uhr und 6.00 Uhr des darauffolgenden Werktages geleistete Arbeit.

6.5 Notwendige Mehrarbeit, Wechselschichtarbeit, Nachtarbeit, Sonntags- und Feiertagsarbeit kann nur im Einvernehmen mit dem Betriebsrat angeordnet werden. Wenn in nicht voraussehbaren Fällen Beschäftigte zu solchen Arbeiten herangezogen werden müssen, ist der Betriebsrat, sofern das vorherige Einvernehmen aus Zeitmangel nicht herbeigeführt werden konnte, unverzüglich nachträglich zu verständigen.

Einzelne Beschäftigte können nur dann zur Arbeitsleistung in einer außerordentlichen Arbeitszeit im Sinne der Ziffern 6.1 bis 6.4 verpflichtet werden, wenn ihnen dieses mindestens 24 Stunden vorher angekündigt wird.

Arbeitsleistungen im vorstehenden Sinne dürfen nur aus zwingenden Gründen abgelehnt werden.

Außergewöhnliche Fälle im Sinne des § 14 AZO werden hiervon nicht berührt.

7. Zuschläge

7.1 Folgende Zuschläge werden für angeordnete Arbeitsleistungen gezahlt:

7.1.1 **Mehrarbeit** (Ziffer 6.1)
für die 1. und 2. tägliche Mehrarbeitsstunde   25 %
von der 3. an demselben Tage geleistete Mehrarbeitsstunde an   50 %

7.1.2 **Wechselschichtarbeit** (Ziffer 6.2)
in der 2. Schicht   12 %
in der 3. und 4. Schicht   15 %

Anhang

7.1.3 **Nachtarbeit** (Ziffer 6.3)
ständige Nachtarbeit 15 %
unregelmäßige Nachtarbeit 50 %
unregelmäßige Nachtarbeit, die zugleich Mehrarbeit ist 60 %

7.1.4 **Sonntagsarbeit** (Ziffer 6.4) 70 %

7.1.5 **Arbeit an gesetzlichen Feiertagen** (Ziffer 6.4) 150 %

7.2 Angefangene Mehrarbeitsstunden, Sonntags- und Feiertagsstunden und zuschlagspflichtige unregelmäßige Nachtarbeitsstunden werden täglich auf halbe Arbeitsstunden aufgerundet.

7.3 Bei der Berechnung der Grundvergütung und der Zuschläge ist zugrunde zu legen:

Für Beschäftigte mit einem regelmäßigen festen Stundenlohn, die nicht dem Monatslohn unterliegen, der effektive Stundenverdienst.

Für alle anderen Beschäftigten der Stundendurchschnittsverdienst aus dem Verdienst des letzten abgerechneten Monats.

$$\frac{\text{Monatsverdienst}}{(4{,}35 \times \text{irwaz}) - E} = (\text{DM/Stunde})$$

E = entschuldigte unbezahlte Fehlzeiten

Monatsverdienst: Verdienst (beim Monatsentgelt feste und variable Bestandteile) innerhalb des Berechnungszeitraumes. Vermögenswirksame Leistungen, einmalige Zahlungen sowie Grundvergütung und Zuschläge für Mehr-, Schicht-, Nacht-, Sonntags- und Feiertagsarbeit bleiben unberücksichtigt.

Bei der Berechnung der Mehrarbeitsvergütung wird die zusätzliche Ausgleichszahlung (gemäß Lohntarifvertrag vom 10.5.1990, Ziffer 3) nicht mit einbezogen.

MTV Chemische Industrie

3. Manteltarifvertrag vom 24.6.1992 für die chemische Industrie

(gültig ab 1.1./1.4.1993; erstmals kündbar zum 30.6.1997)

§ 2 Regelmäßige Arbeitszeit

I. Dauer und Verteilung der Arbeitszeit

1. Die regelmäßige tarifliche wöchentliche Arbeitszeit an Werktagen beträgt ausschließlich der Pausen 37,5 Stunden. Sie gilt nicht für Teilzeitbeschäftigte und Arbeitnehmer mit Arbeitsbereitschaft im Sinne des § 5.

Die regelmäßige tarifliche oder abweichend festgelegte wöchentliche Arbeitszeit kann auch im Durchschnitt eines Verteilzeitraums von bis zu 12 Monaten erreicht werden[1]. Bei der Verteilung der regelmäßigen Arbeitszeit kann die tägliche Arbeitszeit bis zu 10 Stunden betragen. Im übrigen werden die Möglichkeiten der Verteilung der Arbeitszeit nach den gesetzlichen Bestimmungen nicht berührt.

Einigen sich Arbeitgeber und Betriebsrat bei der Arbeitszeitverkürzung von 39 auf 37,5 Wochenstunden nicht über die Verteilung, fallen je Arbeitswoche 1,5 Stunden unbezahlte Freizeit an, die im wöchentlichem Turnus für die einzelnen Arbeitnehmer der in Betracht kommenden Arbeitnehmergruppen bei Aufrechterhaltung der bisherigen Betriebsnutzungs- und Ansprechzeiten abwechselnd an den verschiedenen Wochenarbeitstagen, bei Fünf-Tage-Woche abwechselnd von Montag bis Freitag, zu gewähren ist. Fällt die Arbeit z.B. wegen Urlaub, Krankheit, Feiertag oder Freistellung von der Arbeit aus, verringert sich der Zeitausgleich je Fehltag um 18 Minuten.

Kann der Zeitausgleich wegen Krankheit, Urlaub, Dienstreise oder ähnlichen Gründen an dem turnusmäßigen Wochentag nicht gewährt werden, ist er spätestens innerhalb des nächsten Entgeltabrechnungszeitraums nachzugewähren; hält die Abwesenheit länger an, verfällt er.

Diese Auffangregelung gilt nicht für Auszubildende und hauptberufliche Ausbilder sowie Arbeitsverhältnisse, die damit in unmittelbarem Zusammenhang stehen. Für diesen Bereich ist betrieblich eine gesonderte Regelung, zum Beispiel im Zusammenhang mit Berufsschulferien, zu treffen.

Bei gleitender Arbeitszeit wird, wenn sich Arbeitgeber und Betriebsrat nicht einigen, abweichend von Absatz 3 die wöchentliche Sollarbeitszeit bei der Arbeitszeitverkürzung von 39 auf 37,5 Stunden um 1,5 Stunden reduziert.

2. Für Wechselschichtarbeitnehmer in vollkontinuierlichen und teilkontinuierlichen Betrieben beträgt die regelmäßige wöchentliche Gesamtarbeitszeit ausschließlich der Pausen 37,5 Stunden. Eine geringfügige durch den Schichtplan bedingte Überschreitung der 37,5 Stunden ist mit Zustimmung des Betriebsrats zulässig.

---

1 Im Einvernehmen mit dem Betriebsrat ist bei projektbezogenen Tätigkeiten mit Zustimmung der Tarifvertragsparteien eine Verlängerung des Verteilzeitraums bis zu 36 Monate zulässig. Projektbezogene Tätigkeiten in diesem Sinne sind vorübergehende Tätigkeiten für einen bestimmten Zweck, nicht aber konjunkturbedingte Mehraufträge und Saisonarbeiten.

Anhang

In vollkontinuierlichen Betrieben bleibt es der betrieblichen Vereinbarung überlassen, zur Erreichung zusätzlicher Sonntagsfreischichten Schichten bis zu 12 Stunden an Sonntagen einzulegen.

Die Arbeitszeiten in vollkontinuierlichen und teilkontinuierlichen Betrieben sind im Rahmen eines betrieblichen Schichtplans zwischen Arbeitgeber und Betriebsrat zu vereinbaren unter Zugrundelegung eines Verteilzeitraums von bis zu 12 Monaten.

Die tägliche Arbeitszeit kann auf 12 Stunden verlängert werden, wenn in die Arbeitszeit regelmäßig und in erheblichem Umfang Arbeitsbereitschaft fällt[2]; Absatz 2 bleibt unberührt.

3. Für einzelne Arbeitnehmergruppen kann im Einvernehmen zwischen Arbeitgeber und Betriebsrat abweichend von der regelmäßigen tariflichen wöchentlichen Arbeitszeit eine bis zu zwei Stunden längere oder kürzere regelmäßige Arbeitszeit festgelegt werden. Die Arbeitnehmer haben Anspruch auf eine der vereinbarten Arbeitszeit entsprechende Bezahlung.

Diese Arbeitnehmer erhalten zusätzliches Urlaubsgeld und vermögenswirksame Leistungen in gleicher Höhe wie vollzeitbeschäftigte Arbeitnehmer.

II. Beginn und Ende der Arbeitszeit

Beginn und Ende der regelmäßigen täglichen Arbeitszeit und der Pausen werden betrieblich im Einvernehmen mit dem Betriebsrat geregelt.

III. Pausen

1. Den Arbeitnehmern sind mindestens die gesetzlich vorgeschriebenen Pausen zu gewähren.

2. Pausen sind in ihrem Beginn und Ende gleichbleibende oder vorhersehbare Unterbrechungen der Arbeitszeit von bestimmter Dauer; sie dienen der Erholung.

3. Wird der Arbeitnehmer während einer Pause ausnahmsweise zur Leistung von Arbeit herangezogen, so ist die Zeit der Unterbrechung der Pause als Arbeitszeit zu bezahlen. Die dabei ausgefallene Pausenzeit ist am gleichen Tage nachzugewähren, falls nicht ausnahmsweise dringende betriebliche Gründe eine Nachgewährung verhindern.

4. Wird die Arbeit aus technischen Gründen unvorhergesehen unterbrochen, so kann die Pause verlegt werden, es sei denn, daß dies dem Zweck der Pause widerspricht oder sonst dem Arbeitnehmer nicht zumutbar ist.

5. Arbeitnehmern in voll- und teilkontinuierlicher Wechselschichtarbeit können statt fester Ruhepausen Kurzpausen von angemessener Dauer gewährt werden. Diese Kurzpausen gelten als Arbeitszeit und sind entsprechend zu bezahlen.

6. Die Gewährung von Pausen darf nicht zu unzumutbaren Mehrbelastungen einzelner beteiligter Arbeitnehmer oder Arbeitnehmergruppen führen.

---

[2] Die Tarifvertragsparteien sind sich einig, daß Regelungen nach § 5 nicht unter diese Bestimmungen fallen und daß in den Betrieben, in denen bisher 12-Stunden-Schichtsysteme praktiziert wurden, diese einschließlich der Pausenregelungen weitergeführt werden können.

MTV Chemische Industrie

IV. Frühschluß

Samstags soll die Arbeitszeit nicht über 13 Uhr ausgedehnt werden. Am Tage vor Ostern, Pfingsten, Weihnachten und Neujahr endet die Arbeitszeit um 13 Uhr; hierdurch ausfallende Arbeitszeit ist zu bezahlen.

Diese Bestimmungen finden keine Anwendung auf die regelmäßige Schichtarbeit und die Reparaturarbeiten, die nicht während des laufenden Betriebes ausgeführt werden können.

V. Gleitende Arbeitszeit

Gleitende Arbeitszeit kann durch Betriebsvereinbarung eingeführt werden.

Bei gleitender Arbeitszeit kann die tägliche Arbeitszeit bis zu 10 Stunden betragen.

Zeitschulden oder Zeitguthaben sind im Abrechnungszeitraum auszugleichen. Betrieblich ist festzulegen, bis zu welcher Höhe Zeitguthaben oder Zeitschulden in den nächsten Abrechnungszeitraum übertragen werden können. Die zu übertragenden Zeitguthaben oder Zeitschulden dürfen jedoch 16 Stunden nicht überschreiten.

Kann der Zeitausgleich wegen Krankheit, Urlaub, Dienstreise oder aus ähnlichen Gründen nicht erfolgen, so ist er spätestens im darauffolgenden Abrechnungszeitraum vorzunehmen.

Beginn, Ende und Dauer der Pausen können variabel gestaltet werden. Die gesetzlichen Vorschriften über die Mindestdauer und über die zeitliche Lage der Ruhepausen sind zu beachten.

Zeitguthaben und Zeitschulden bleiben bei der Ermittlung der Höhe des Urlaubsentgelts, bei der Entgeltfortzahlung nach dem Lohnfortzahlungsgesetz und bei entsprechenden gesetzlichen, tariflichen oder betrieblichen Leistungen des Arbeitgebers außer Ansatz.

Zuschlagspflichtige Mehrarbeit ist die über die Dauer der betrieblichen Normalarbeitszeit ausschließlich der Pausen hinausgehende Arbeit, soweit sie ausdrücklich angeordnet war. Zeitguthaben sind keine Mehrarbeit.

Der Ausgleich von Zeitguthaben darf nicht im unmittelbaren Zusammenhang mit dem Urlaub erfolgen.

In den Fällen der Freistellung von der Arbeit ist bei der Entgeltfortzahlung die zeitliche Lage der betrieblichen Normalarbeitszeit zugrunde zu legen.

Wird wöchentlich an 5 Werktagen gearbeitet, so beträgt die betriebliche tägliche Normalarbeitszeit ein Fünftel der regelmäßigen wöchentlichen Arbeitszeit, soweit betrieblich oder arbeitsvertraglich keine andere tägliche Arbeitszeit vereinbart worden ist.

Über eine Aussetzung der Regelung der gleitenden Arbeitszeit ist der Betriebsrat unverzüglich zu unterrichten, sofern nicht nur einzelne Arbeitnehmer betroffen sind. Soll die Regelung der gleitenden Arbeitszeit für mehr als zwei aufeinanderfolgende Arbeitstage ausgesetzt werden, so ist hierfür das Einvernehmen mit dem Betriebsrat erforderlich, sofern nicht nur einzelne Arbeitnehmer betroffen sind.

Anhang

VI. Jugendliche

Die vorstehenden Bestimmungen gelten für Jugendliche entsprechend, soweit dem nicht gesetzliche Bestimmungen zum Schutz der Jugendlichen entgegenstehen.

§ 2a Altersfreizeiten

1. Arbeitnehmer, die das 57. Lebensjahr vollendet haben, erhalten eine zweieinhalbstündige Altersfreizeit je Woche.

Soweit für Arbeitnehmer aufgrund einer Regelung nach § 2 I. Ziff. 3 oder einer Einzelvereinbarung oder aufgrund von Kurzarbeit eine um bis zu zweieinhalb Stunden kürzere wöchentliche Arbeitszeit als die regelmäßige tarifliche wöchentliche Arbeitszeit gilt, vermindert sich die Altersfreizeit entsprechend. Liegt die Arbeitszeit um zweieinhalb Stunden oder mehr unter der tariflichen Arbeitszeit, entfällt die Altersfreizeit.

2. Die Lage der Altersfreizeiten kann zwischen Arbeitgeber und Betriebsrat unter Beachtung des § 76 Abs. 6 Betriebsverfassungsgesetz vereinbart werden. Vorrangig sollen Altersfreizeiten am Dienstag, Mittwoch oder Donnerstag gewährt werden.

Ist aus Gründen des Arbeitsablaufs eine Zusammenfassung der Altersfreizeiten zu freien Tagen erforderlich, können sich die Betriebsparteien hierauf einigen.

Einigen sich Arbeitgeber und Betriebsrat nicht, so fallen die Altersfreizeiten auf den Mittwochnachmittag.

3. Arbeitnehmer in voll- oder teilkontinuierlicher Wechselschichtarbeit sowie Arbeitnehmer in Zweischichtarbeit, wenn sie regelmäßig auch Spätschichten leisten, erhalten abweichend von Ziffer 1 bereits ab Vollendung des 55. Lebensjahres eine zweieinhalbstündige Altersfreizeit je Woche.

Für Arbeitnehmer in vollkontinuierlicher Wechselschichtarbeit, die das 55. Lebensjahr vollendet und mindestens 15 Jahre vollkontinuierliche Wechselschichtarbeit geleistet haben, erhöht sich die Altersfreizeit je Woche um eine Stunde auf dreieinhalb Stunden.

Ziffer 1 Absatz 2 gilt entsprechend.

Für Arbeitnehmer in voll- oder teilkontinuierlicher Wechselschichtarbeit sind die Altersfreizeiten zu Freischichten zusammenzufassen. Die Freischichten sind möglichst gleichmäßig verteilt in dem Verhältnis auf Früh-, Spät- und Nachtschichten zu legen, wie diese im Laufe des Kalenderjahres nach dem jeweiligen Schichtplan anfallen.

4. Arbeitnehmer, deren höchstens 24stündige Anwesenheitszeit im Betrieb sich unterteilt in Arbeit, Arbeitsbereitschaft und Bereitschaftsruhe, erhalten nach dem vollendeten 57. Lebensjahr möglichst gleichmäßig verteilt acht weitere 24stündige Freizeiten als Altersfreizeiten.

5. Für die Arbeitszeit, die infolge einer Altersfreizeit ausfällt, wird das Entgelt fortgezahlt, das der Arbeitnehmer erhalten hätte, wenn er gearbeitet hätte, einschließlich der Schichtzulagen, jedoch ohne Erschwerniszulagen und ohne die Zuschläge nach § 4 I.

6. Die Altersfreizeit entfällt, wenn der Arbeitnehmer am gleichen Tag aus einem anderen Grund, insbesondere wegen Urlaub, Krankheit, Kuren, Feiertag oder Frei-

MTV Chemische Industrie

stellung von der Arbeit nicht arbeitet. Macht der Arbeitnehmer von einer Altersfreizeit keinen Gebrauch, so ist eine Nachgewährung ausgeschlossen.

Wird auf Verlangen des Arbeitgebers eine Altersfreizeit aus dringenden betrieblichen Gründen nicht am vorgesehenen Tag gegeben, so ist sie innerhalb von drei Monaten nachzugewähren.

§ 3 Mehrarbeit, Nachtarbeit, Sonn- und Feiertagsarbeit, Rufbereitschaft und Reisekosten

I. Mehrarbeit

Mehrarbeit ist die über die tarifliche wöchentliche oder über die in diesem Rahmen betrieblich festgelegte regelmäßige tägliche Arbeitszeit hinausgehende Arbeitszeit ausschließlich der Pausen, soweit sie angeordnet war. Dies gilt nicht für Teilzeitbeschäftigte und Arbeitnehmer, die gemäß § 2a Anspruch auf Altersfreizeit haben, solange nicht die regelmäßige tarifliche wöchentliche Arbeitszeit gemäß § 2 I Ziffer 1 überschritten wird.

Für Arbeitnehmer in voll- oder teilkontinuierlicher Wechselschichtarbeit ist Mehrarbeit die über die in § 2 I Ziffer 2 genannten Grenzen hinausgehende Wochenarbeitszeit.

Für Arbeitnehmer mit gemäß § 2 I Ziffer 3 abweichend festgelegten längeren Regelarbeitszeiten gilt die über die regelmäßige tarifliche wöchentliche Arbeitszeit hinausgehende regelmäßige Wochenarbeitszeit als Mehrarbeit.

Die gemäß § 2 vorgenommene anderweitige Verteilung der regelmäßigen Arbeitszeit führt nicht zur Mehrarbeit.

Die an einem Tag geleistete Mehrarbeit kann im beiderseitigen Einvernehmen oder im Einvernehmen mit dem Betriebsrat an einem anderen Tag eingespart werden. Die Zuschlagspflicht bleibt hiervon unberührt, sofern der Ausgleich nicht in derselben Kalenderwoche erfolgt.

Gelegentliche geringfügige Überschreitungen der täglichen Arbeitszeit sind bei Arbeitnehmern der Gruppen E 9 bis E 13 mit dem Tarifentgelt abgegolten.

II. Nachtarbeit

Als Nachtarbeit gilt die in der Zeit von 22 bis 6 Uhr geleistete Arbeit. Statt der Zeit von 22 bis 6 Uhr kann betrieblich – aus Verkehrs- oder sonstigen Gründen – eine Änderung von Beginn und Ende festgelegt werden, wobei jedoch die Zeitspanne von 8 Stunden beibehalten werden muß.

III. Sonn- und Feiertagsarbeit

Als Sonn- und Feiertagsarbeit gilt jede Arbeit an Sonn- und gesetzlichen Feiertagen von 6 bis 6 Uhr des folgenden Tages. Statt der Zeit von 6 bis 6 Uhr kann betrieblich eine Änderung von Beginn und Ende festgesetzt werden, wobei jedoch die Zeitspanne von 24 Stunden beibehalten werden muß.

Anhang

IV. Betriebliche Maßnahmen

Mehrarbeit ist, soweit angängig, durch innerbetriebliche Umsetzung von Arbeitskräften oder Neueinstellungen nach Maßgabe der betrieblichen oder technischen Möglichkeiten zu vermeiden. Andernfalls ist notwendige Mehrarbeit, Nachtarbeit, Sonn- und Feiertagsarbeit im Rahmen der gesetzlichen und tariflichen Bestimmungen zu leisten; hierbei ist, abgesehen von betrieblich oder technisch notwendigen Sofortmaßnahmen, das Einvernehmen mit dem Betriebsrat erforderlich [3].

Änderungstarifvertrag vom 26.1.1994 für die chemische Industrie

I. Änderung des Manteltarifvertrages für die chemische Industrie vom 24. Juni 1992

§ 2 I Ziffer 3 wird wie folgt neu gefaßt:

Für einzelne Arbeitnehmergruppen oder mit Zustimmung der Tarifvertragsparteien für größere Betriebsteile oder ganze Betriebe kann im Einvernehmen zwischen Arbeitgeber und Betriebsrat abweichend von der regelmäßigen tariflichen wöchentlichen Arbeitszeit eine bis zu zweieinhalb Stunden längere oder kürzere regelmäßige Arbeitszeit festgelegt werden. Die Arbeitnehmer haben Anspruch auf eine der vereinbarten Arbeitszeit entsprechende Bezahlung.

Diese Arbeitnehmer erhalten zusätzliches Urlaubsgeld und vermögenswirksame Leistungen in gleicher Höhe wie vollzeitbeschäftigte Arbeitnehmer.

§ 3 I Absatz 3 wird wie folgt neu gefaßt:

Für Arbeitnehmer mit gemäß § 2 I Ziffer 3 abweichend festgelegten längeren oder kürzeren Regelarbeitszeiten ist die jeweils darüber hinausgehende Arbeitszeit Mehrarbeit, soweit sie angeordnet ist.

---

3 Die Tarifvertragsparteien sind sich darüber einig, daß diese notwendige Mehrarbeit, die bis zu 10 Stunden Gesamtarbeitszeit werktäglich ausgedehnt werden kann, betrieblich zu vereinbaren ist. Die Tarifvertragsparteien verpflichten sich, durch gemeinsame Überwachung Mißbräuche auszuschalten. Stellen sie in einem Betrieb einen Mißbrauch fest und bleiben ihre Bemühungen ohne Erfolg, dann können die Tarifvertragsparteien für diesen Betrieb die Ermächtigung gemäß Absatz 1 dieser Anmerkung außer Kraft setzen.

MTV Baugewerbe

4. (Allgemeinverbindlicher) Bundesrahmentarifvertrag für das Baugewerbe

(vom 3. Februar 1981 i.d.F. v. 10. September 1992; erstmals kündbar zum 31. 12. 1995)

§ 3 Arbeitszeit

1. Regelmäßige Arbeitszeit

1.1 Allgemeine Regelung

Die regelmäßige werktägliche Arbeitszeit ausschließlich der Ruhepausen beträgt montags bis donnerstags acht, freitags sieben Stunden, die wöchentliche Arbeitszeit beträgt 39 Stunden.

Die regelmäßig an einzelnen Werktagen ausfallende Arbeitszeit kann durch Verlängerung der Arbeitszeit ohne Mehrarbeitszuschlag an anderen Werktagen innerhalb derselben Woche gleichmäßig ausgeglichen werden. Die Wochenarbeitszeit kann somit nach den betrieblichen Erfordernissen und den jahreszeitlichen Lichtverhältnissen im Einvernehmen zwischen Arbeitgeber und Betriebsrat auf die Werktage verteilt werden. Ist eine Einigung über die Verteilung der Wochenarbeitszeit nicht zu erzielen, so sind die Organisationsvertreter hinzuziehen, um eine Einigung herbeizuführen.

Durch Betriebsvereinbarung kann innerhalb von zwei zusammenhängenden Lohnabrechnungszeiträumen (zweimonatiger Ausgleichszeitraum) an einzelnen Werktagen regelmäßig ausfallende Arbeitszeit durch Verlängerung der Arbeitszeit an anderen Werktagen des Ausgleichszeitraumes ohne Mehrarbeitszuschlag ausgeglichen werden. Die Summe der regelmäßigen werktäglichen Arbeitszeiten in den einzelnen Wochen des Ausgleichszeitraumes darf 32 Stunden nicht unterschreiten. Am Ende des Ausgleichszeitraumes muß für jeden Arbeitnehmer durchschnittlich die wöchentliche Arbeitszeit gemäß Abs. 1 erreicht werden. Ist eine Einigung zwischen Arbeitgeber und Betriebsrat nicht zu erzielen, so sind die Organisationsvertreter hinzuzuziehen, um eine Einigung herbeizuführen.

Beginn und Ende der täglichen Arbeitszeit einschließlich der Pausen werden vom Arbeitgeber im Einvernehmen mit dem Betriebsrat festgelegt.

Durch Witterungseinflüsse ausgefallene Arbeitsstunden können innerhalb der folgenden 24 Werktage im Einvernehmen mit dem Betriebsrat nachgeholt werden.

Ausgefallene Arbeitsstunden des Arbeitnehmers, für die in der vorangegangenen Schlechtwetterzeit ein Anspruch auf Schlechtwettergeld entstanden ist, kann der Arbeitgeber, soweit sie nicht gemäß Abs. 5 nachgeholt worden sind, im Einvernehmen mit dem Betriebsrat in der Zeit vom 1. Mai bis 31. Oktober (Nachholzeitraum) nachholen lassen. In diesem Fall können in jedem Kalendermonat des Nachholzeitraumes nicht mehr als 20 und in dem gesamten Nachholzeitraum nicht mehr als 50 Arbeitsstunden an den Tagen Montag bis Freitag nachgeholt werden. Die Regelung des Abs. 5 bleibt unberührt.

Anhang

Soweit durch nachgeholte Stunden die regelmäßige werktägliche Arbeitszeit überschritten wird, sind die nachgeholten Stunden zuschlagspflichtig.

1.2 Wochenarbeitszeit für Maschinen- und Kraftwagenpersonal

Die regelmäßige Arbeitszeit für das Maschinenpersonal darf wöchentlich bis zu 4 Stunden, diejenige für Kraftwagenfahrer und Beifahrer bis zu 5 Stunden über die wöchentliche Arbeitszeit von 39 Stunden hinaus verlängert werden. Für Kraftwagenfahrer und Beifahrer darf der reine Dienst am Steuer 8 Stunden täglich nicht überschreiten. Außerdem gelten die gesetzlichen Vorschriften.

1.3 Wochenarbeitszeit für Bewachungspersonal, Pförtner, Sicherungsposten und Küchenpersonal

Die regelmäßige Arbeitszeit

1.3.1 der Barackenwärter, des Küchenpersonals und der Sicherungsposten kann wöchentlich bis zu 5 Stunden,

1.3.2 des Büro-, Gelände- und Baustellenüberwachungspersonals, der Pförtner und Pumpenwärter wöchentlich bis zu 10 Stunden über die wöchentliche Arbeitszeit von 39 Stunden hinaus verlängert werden.

1.4 Arbeitszeit in fachfremden Betrieben

Werden Bauarbeiten in einem fachfremden Betrieb, für den eine andere Arbeitszeitregelung als für das Baugewerbe gilt, durchgeführt, so kann die Arbeitszeit der des fachfremden Betriebes angepaßt werden.

1.5 Beginn und Ende der Arbeitszeit an der Arbeitsstelle

Die Arbeitszeit beginnt und endet an der Arbeitsstelle, sofern zwischen Arbeitgeber und Arbeitnehmer keine andere Vereinbarung getroffen wird. Bei Baustellen von größerer Ausdehnung beginnt und endet die Arbeitszeit an der vom Arbeitgeber im Einvernehmen mit dem Betriebsrat zu bestimmenden Sammelstelle. Kommt eine Einigung im Falle des Satzes 2 nicht zustande, so sind vor Anrufung der tariflichen Schlichtungsstelle die Organisationsvertreter zu hören.

2. Überstunden (Mehrarbeit), Nachtarbeit, Sonn- und Feiertagsarbeit

2.1 Überstunden

Überstunden (Mehrarbeit) sind die über die regelmäßige werktägliche Arbeitszeit der Nr. 1.1 hinaus geleisteten Arbeitsstunden. Bei den in Nr. 1.3 genannten Arbeitnehmern bleibt die in Nr. 1.3 festgelegte Wochenarbeitszeit bis zu 44 Stunden zuschlagsfrei, soweit es sich um Vor- und Abschlußarbeiten handelt oder in die Arbeitszeit Arbeitsbereitschaft fällt.

2.2 Nachtarbeit

Als Nachtarbeit im Sinne der Zuschlagsbestimmungen (Nr. 3) gilt die in der Zeit von 20.00 bis 5.00 Uhr
bei Zwei-Schichten-Arbeit die in der Zeit
von 22.00 bis 6.00 Uhr,
bei Drei-Schichten-Arbeit die in der Zeit der Nachtschicht geleistete Arbeit.

2.3 Sonn- und Feiertagsarbeit

Sonn- und Feiertagsarbeit ist die an Sonn- und Feiertagen in der Zeit von 0.00 bis 24.00 Uhr geleistete Arbeit.

Werden Pförtner, Köche, Küchen-, Kantinen-, Lager- und Bewachungspersonal regelmäßig an Sonn- und Feiertagen beschäftigt, so ist ihnen in jeder Woche als Ausgleich eine zusammenhängende Freizeit von 24 Stunden zu gewähren. Die Freizeit ist so zu legen, daß der Arbeitnehmer entweder an jedem zweiten Sonntag mindestens in der Zeit von 6.00 bis 18.00 Uhr oder in jeder dritten Woche den ganzen Sonntag arbeitsfrei bleibt; im letzteren Falle muß jedoch die zusammenhängende Freizeit in der dritten Woche auf 36 Stunden verlängert werden.

2.4 Anordnung von Mehr-, Nacht-, Sonn- und Feiertagsarbeit

Bei dringenden betrieblichen Erfordernissen kann Mehr-, Nacht-, Sonn- und Feiertagsarbeit im Einvernehmen mit dem Betriebsrat angeordnet werden. Dabei darf die tägliche Arbeitszeit 10 Stunden nicht überschreiten, wenn nicht eine Zustimmung des Gewerbeaufsichtsamtes nach der Arbeitszeitordnung vorliegt. Die vorstehenden Bestimmungen dürfen nicht mißbräuchlich ausgenutzt werden.

3. Zuschläge

3.1 Höhe der Zuschläge

Für Überstunden (Mehrarbeit), Nachtarbeit, Sonn- und Feiertagsarbeit sind die folgenden Zuschläge zu zahlen; sie betragen

3.1.1 für Überstunden (Mehrarbeit) 25 v.H.,
3.1.2 für Nachtarbeit 20 v.H.,
3.1.3 für Arbeit an Sonntagen sowie an gesetzlichen Feiertagen, sofern diese auf einen Sonntag fallen 75 v.H.,
für Arbeit am Oster- und Pfingstsonntag, ferner am 1. Mai und 1. Weihnachtsfeiertag, auch wenn sie auf einen Sonntag fallen 200 v.H.,
für Arbeit an allen übrigen gesetzlichen Feiertagen, sofern sie nicht auf einen Sonntag fallen 200 v.H.

des Gesamttarifstundenlohns.

3.2 Sonderregelung für Bewachungspersonal und Pförtner

Auf die in Nr. 3.12 und Nr. 3.13 geregelten Zuschläge haben das Bewachungspersonal und die Pförtner keinen Anspruch; sie erhalten jedoch für die am Oster- und Pfingstsonntag, am 1. Mai und 1. Weihnachtsfeiertag geleisteten Arbeitsstunden 100 v. H. des Gesamttarifstundenlohns. Dieser Zuschlag entfällt, wenn für den Feiertag ein bezahlter freier Tag gewährt wird.

3.3 Zusammentreffen mehrerer Zuschläge

Fallen in die Nachtarbeit gleichzeitig Überstunden, so sind beide Zuschläge zu bezahlen.

Soweit an Sonn- und Feiertagen über die regelmäßige wöchentliche Arbeitszeit der Nrn. 1.1 bis 1.3 hinaus gearbeitet wird, gelten diese Stunden als Überstunden im Sinne dieses Tarifvertrages, für das Maschinenpersonal, die Kraftfahrer und Beifahrer jedoch bereits ab der 40. Stunde. Der Zuschlag dafür ist neben dem Sonn- und

Anhang

Feiertagszuschlag zu bezahlen. Wird Nachtarbeit an Sonn- oder Feiertagen geleistet, so ist der Nachtarbeitszuschlag neben dem Sonn- und Feiertagszuschlag zu bezahlen; sind diese Nachtarbeitsstunden gleichzeitig Überstunden, so gelten somit drei Zuschläge.

§ 3 a (Neue Bundesländer)

Für das Beitrittsgebiet gelten folgende Abweichungen von § 3:

a) Nr. 1.1 gilt bis zum 31. August 1994 in folgender Fassung:

1.1 Allgemeine Regelung

Die regelmäßige werktägliche Arbeitszeit ausschließlich der Ruhepausen beträgt

– bis zum 30. September 1992:
montags bis donnerstags achteinhalb, freitags acht Stunden. Die wöchentliche Arbeitszeit beträgt 42 Stunden.

– ab 1. Oktober 1992:
montags bis donnerstags achteinviertel, freitags acht Stunden. Die wöchentliche Arbeitszeit beträgt 41 Stunden.

– vom 1. Oktober 1993 bis zum 31. August 1994:
montags bis freitags acht Stunden. Die wöchentliche Arbeitszeit beträgt 40 Stunden.

Die regelmäßig an einzelnen Werktagen ausfallende Arbeitszeit kann durch Verlängerung der Arbeitszeit ohne Mehrarbeitszuschlag an anderen Werktagen innerhalb derselben Woche gleichmäßig ausgeglichen werden. Die Wochenarbeitszeit kann somit nach den betrieblichen Erfordernissen und den jahreszeitlichen Lichtverhältnissen im Einvernehmen zwischen Arbeitgeber und Betriebsrat auf die Werktage verteilt werden. Ist eine Einigung über die Verteilung der Wochenarbeitszeit nicht zu erzielen, so sind die Organisationsvertreter hinzuzuziehen, um eine Einigung herbeizuführen.

Beginn und Ende der täglichen Arbeitszeit einschließlich der Pausen werden vom Arbeitgeber im Einvernehmen mit dem Betriebsrat festgelegt.

Durch Witterungseinflüsse ausgefallene Arbeitsstunden können innerhalb der folgenden 24 Werktage im Einvernehmen mit dem Betriebsrat nachgeholt werden.

Soweit durch nachgeholte Stunden die regelmäßige werktägliche Arbeitszeit überschritten wird, sind die nachgeholten Stunden zuschlagspflichtig.

b) Nr. 1.1 Abs. 6 gilt auch nach dem 31. August 1994 nicht.

c) In den Nummern 1.2 – Wochenarbeitszeit für Maschinen- und Kraftwagenpersonal – und 1.3 – Wochenarbeitszeit für Bewachungspersonal, Pförtner, Sicherungsposten und Küchenpersonal – tritt an die Stelle der Zahl 39

– bis zum 30. September 1992 die Zahl 42,
– ab 1. Oktober 1992 die Zahl 41,
– vom 1. Oktober 1993 bis zum 31. August 1994 die Zahl 40.

5. Manteltarifvertrag für Arbeitnehmer im Groß- und Außenhandel NRW

(Gültig ab 1. März 1994 bzw. 1. April 1994; erstmals kündbar zum 31. 12. 1996)

§ 2 Arbeitszeit

1. Die regelmäßige Wochenarbeitszeit beträgt ausschließlich der Pausen 38,5 Stunden. Sie vermindert sich um die an gesetzlichen Wochenfeiertagen ausfallenden Arbeitsstunden. Die regelmäßige tägliche Arbeitszeit ist festzulegen.

Die regelmäßige Arbeitszeit ist auf 5 Tage in der Woche zu verteilen. Aus dringenden betrieblichen Erfordernissen kann die Arbeitszeit auf 6 Tage verteilt werden. Wird an Samstagen gearbeitet, soll die Arbeitszeit um 13 Uhr enden. Soweit ein Betriebsrat vorhanden ist, ist hierüber eine Betriebsvereinbarung abzuschließen.

Am 24. und 31. Dezember endet die Arbeitszeit um 12.00 Uhr. Hierdurch ausfallende Arbeitszeit gilt als geleistet und ist zu bezahlen.

2. Eine von Nr. 1 abweichende Verteilung der regelmäßigen Arbeitszeit ist aus betrieblichen Gründen unter Beachtung der Höchstarbeitszeit der §§ 3, 7 AZG bis zu 50 Stunden in der Woche zulässig, wenn innerhalb von Regelungszeiträumen von bis zu jeweils 26 Wochen die durchschnittliche wöchentliche Arbeitszeit von 38,5 Stunden nicht überschritten wird.

Besteht ein Betriebsrat, so ist über die abweichende Einteilung der Arbeitszeit eine Betriebsvereinbarung abzuschließen.

3. Die tägliche Arbeitszeit und die Pausen regelt die Betriebsleitung unter Mitbestimmung des Betriebsrates. Diese Regelung ist durch Aushang im Betrieb bekanntzugeben.

4. Die Einführung der gleitenden Arbeitszeit ist zulässig.

Nachstehende Grundsätze sind zu beachten:

a) Die Kernarbeitszeit und die darin liegenden Pausen sind festzulegen;
b) die Gleitzeitspanne sollte einen Zeitraum von je 1 1/2 Stunden vor Beginn und nach Ende der Kernarbeitszeit umfassen;
c) angeordnete Mehrarbeitsstunden sind jeweils gesondert auszuweisen und entsprechend den tariflichen Bestimmungen monatlich abzurechnen und zu vergüten;
d) die monatliche Sollarbeitszeit wird aus der tariflichen Wochenarbeitszeit und der Zahl der Arbeitstage des Monats ermittelt und ist für jeden einzelnen Monat festzulegen.

5. Die Arbeitszeitregelung für Fahrer und Kraftfahrer von Kraftfahrzeugen ist in Anlage I dieses Manteltarifvertrages festgelegt.

Anhang

§ 3 Teilzeitarbeit

1. Der Arbeitgeber darf einen teilzeitbeschäftigten Arbeitnehmer nicht wegen der Teilzeitarbeit gegenüber vollzeitbeschäftigten Arbeitnehmern unterschiedlich behandeln, es sei denn, daß sachliche Gründe eine unterschiedliche Behandlung rechtfertigen.

2. Die tägliche Arbeitszeit muß mindestens 3 Stunden betragen und – unbeschadet vereinbarter Pausenregelungen – grundsätzlich zusammenhängend erbracht werden. Die wöchentliche Arbeitszeit soll mindestens 20 Stunden betragen und auf höchstens 5 Tage in der Woche verteilt werden.

Ausnahmen sind nach einvernehmlicher Regelung zwischen Arbeitgeber und Arbeitnehmer möglich; die Mitbestimmungsrechte des Betriebsrats gemäß Betriebsverfassungsgesetz bleiben unberührt.

3. Arbeitnehmer, die Teilzeitarbeit anstreben, haben das Recht, über die in ihrem Betrieb aktuell zu besetzenden Teilzeitarbeitsplätze informiert zu werden. Bei innerbetrieblicher Stellenausschreibung genügt diese.

4. Umwandlungswünschen der Arbeitnehmer hinsichtlich ihres Arbeitszeitvolumens soll Rechnung getragen werden, sofern die arbeitsorganisatorischen Gegebenheiten sowie die personelle Situation dies zulassen.

5. Bei der Besetzung von Teilzeitarbeitsplätzen sollen bei gleicher persönlicher und fachlicher Eignung interne vor externen Bewerbern vorrangig berücksichtigt werden.

§ 4 Mehr-, Sonn-, Feiertags-, Nacht- und Schichtarbeit

1. Mehr-, Sonn-, Feiertags-, und Nachtarbeit sind nach Möglichkeit zu vermeiden. Sie sind aber im Rahmen der Bestimmungen des Arbeitszeitgesetzes und des Betriebsverfassungsgesetzes zulässig und können bei dringenden betrieblichen Erfordernissen bis zu einer Gesamtarbeitszeit von höchstens 10 Stunden täglich angeordnet oder vereinbart werden. Die berechtigten Interessen der betroffenen Arbeitnehmer sind nach Möglichkeit zu berücksichtigen. Die Mehrarbeit ist möglichst am Vortag anzukündigen. Weitergehende Mehrarbeit kann im Rahmen der gesetzlichen Bestimmungen nur im Einvernehmen mit dem Betriebsrat – soweit vorhanden – und in außergewöhnlichen Notfällen (§ 14 AZG) sowie nach Bewilligung des Gewerbeaufsichtsamtes nach § 15 AZG verlangt werden.

Mehrarbeit ist jede über 38,5 Std. in der Woche hinausgehende angeordnete oder mit dem Betriebsrat vereinbarte Arbeit.

Bei anderweitiger Verteilung der Arbeitszeit (§ 2 Nr. 2) liegt zuschlagpflichtige Mehrarbeit vor, wenn die festgelegte Wochenarbeitszeit überschritten wird; dies gilt auch bei Abweichung von einer einmal festgelegten Planung.

Teilzeitbeschäftigte leisten zuschlagpflichtige Mehrarbeit, wenn für Vollzeitbeschäftigte zuschlagpflichtige Mehrarbeit vorliegt und die Arbeit der Teilzeitbeschäftigten außerhalb deren regelmäßiger Arbeitszeit geleistet wird.

Die in diesem Rahmen angeordnete Mehr-, Sonn-, Feiertags- und Nachtarbeit ist zu leisten.

(6)[4] in Verwaltungen/Verwaltungsteilen bzw. Betrieben/Betriebsteilen, deren Aufgaben Sonntags-, Feiertags-, Wechselschicht-, Schicht- oder Nachtarbeit erfordern, muß dienstplanmäßig bzw. betriebsüblich entsprechend gearbeitet werden.

Bei Sonntags- und Feiertagsarbeit sollen jedoch im Monat zwei Sonntage arbeitsfrei sein, wenn die dienstlichen oder betrieblichen Verhältnisse es zulassen. Die dienstplanmäßige bzw. betriebsübliche Arbeitszeit an einem Sonntag ist durch eine entsprechende zusammenhängende Freizeit an einem Werktag oder ausnahmsweise an einem Wochenfeiertag der nächsten oder der übernächsten Woche auszugleichen. Erfolgt der Ausgleich an einem Wochenfeiertag, wird für jede auszugleichende Arbeitsstunde die Stundenvergütung (§ 35 Abs. 3 Unterabs. 1) gezahlt.

Die dienstplanmäßige bzw. betriebsübliche Arbeitszeit an einem Wochenfeiertag soll auf Antrag des Angestellten durch eine entsprechende zusammenhängende Freizeit an einem Werktag der laufenden oder der folgenden Woche unter Fortzahlung der Vergütung (§ 26) und der in Monatsbeträgen festgelegten Zulagen ausgeglichen werden, wenn die dienstlichen oder betrieblichen Verhältnisse es zulassen.

(6a)[5] Der Angestellte ist verpflichtet, sich auf Anordnung des Arbeitgebers außerhalb der regelmäßigen Arbeitszeit an einer vom Arbeitgeber bestimmten Stelle aufzuhalten, um im Bedarfsfalle die Arbeit aufzunehmen (Bereitschaftsdienst). Der Arbeitgeber darf Bereitschaftsdienst nur anordnen, wenn zu erwarten ist, daß zwar Arbeit anfällt, erfahrungsgemäß aber die Zeit ohne Arbeitsleistung überwiegt.

Zum Zwecke der Vergütungsberechnung wird die Zeit des Bereitschaftsdienstes einschließlich der geleisteten Arbeit entsprechend dem Anteil der erfahrungsgemäß durchschnittlich anfallenden Zeit der Arbeitsleistung als Arbeitszeit gewertet und mit der Überstundenvergütung (§ 35 Abs. 3 Unterabs. 2) vergütet. Die Bewertung darf 15 v.H., vom 8. Bereitschaftsdienst im Kalendermonat an 25 v. H. nicht unterschreiten.

Die danach errechnete Arbeitszeit kann statt dessen bis zum Ende des dritten Kalendermonats auch durch entsprechende Freizeit abgegolten werden (Freizeitausgleich). Für den Freizeitausgleich ist eine angefangene halbe Stunde, die sich bei der Berechnung ergeben hat, auf eine halbe Stunde aufzurunden. Für die Zeit des Freizeitausgleichs werden die Vergütung (§ 26) und die in Monatsbeträgen festgelegten Zulagen fortgezahlt.

(6b)[6] Der Angestellte ist verpflichtet, sich auf Anordnung des Arbeitgebers außerhalb der regelmäßigen Arbeitszeit an einer dem Arbeitgeber anzuzeigenden Stelle aufzuhalten, um auf Abruf die Arbeit aufzunehmen (Rufbereitschaft). Der Arbeitgeber darf Rufbereitschaft nur anordnen, wenn erfahrungsgemäß lediglich in Ausnahmefällen Arbeit anfällt.

---

4 In § 15 Abs. 6 Unterabs. 1 Satz 3 wurden mit Wirkung v. 1.1.1990 die Worte „laufenden oder der folgenden" durch die Worte „nächsten oder der übernächsten" ersetzt durch § 1 Nr. 1 des 63. Änderungs-TV v. 23.10.1989. – § 15 Abs. 6 S. 1 wurde mit Wirkung v. 1.4.1991 neu gefaßt durch § 1 Nr. 8 des 66. Änderungs-TV v. 24.4.1991. Satz 1 wurde zu Unterabs. 1, die folgenden Sätze wurden zu Unterabs. 2.

5 § 15 Abs. 6 Unterabs. 2 Satz 1 wurde mit Wirkung v. 1.4.1991 geändert, Abs. 6a eingefügt durch § 1 Nr. 8 des § 66. Änderungs-TV v. 24.4.1991

6 § 15 Abs. 6 b wurde mit Wirkung v. 1.4.1991 eingefügt durch § 1 Nr. 8 des 66. Änderungs-TV v. 24.4.1991.

Anhang

Zum Zwecke der Vergütungsberechnung wird die Zeit der Rufbereitschaft mit 12,5 v.H. als Arbeitszeit gewertet und mit der Überstundenvergütung (§ 35 Abs. 3 Unterabs. 2) vergütet.

Für angefallene Arbeit einschließlich einer etwaigen Wegezeit wird daneben die Überstundenvergütung gezahlt. Für eine Heranziehung zur Arbeit außerhalb des Aufenthaltsortes werden mindestens drei Stunden angesetzt. Wird der Angestellte während der Rufbereitschaft mehrmals zur Arbeit herangezogen, wird die Stundengarantie nur einmal, und zwar für die kürzeste Inanspruchnahme, angesetzt.

Die Überstundenvergütung für die sich nach Unterabsatz 3 ergebenden Stunden entfällt, soweit entsprechende Arbeitszeitbefreiung erteilt wird (Freizeitausgleich). Für den Freizeitausgleich gilt Absatz 6a Unterabs. 3 entsprechend.

(7) Die Arbeitszeit beginnt und endet an der Arbeitsstelle, bei wechselnden Arbeitsstellen an der jeweils vorgeschriebenen Arbeitsstelle oder am Sammelplatz.

(8)[7] Woche ist der Zeitraum von Montag 0 bis Sonntag 24 Uhr.

Dienstplanmäßige Arbeit ist die Arbeit, die innerhalb der regelmäßigen Arbeitszeit an den nach dem Dienstplan festgelegten Kalendertagen regelmäßig zu leisten ist.

Arbeit an Sonntagen ist die Arbeit am Sonntag zwischen 0 Uhr und 24 Uhr; Entsprechendes gilt für Arbeit an Feiertagen, Vorfesttagen (§ 16 Abs. 2) und Samstagen.

Wochenfeiertage sind Werktage, die gesetzlich oder auf Grund gesetzlicher Vorschriften durch behördliche Anordnung zu gesetzlichen Feiertagen erklärt sind und für die Arbeitsruhe angeordnet ist.

Nachtarbeit ist die Arbeit zwischen 20 Uhr und 6 Uhr.

Wechselschichtarbeit ist die Arbeit nach einem Schichtplan (Dienstplan), der einen regelmäßigen Wechsel der täglichen Arbeitszeit in Wechselschichten vorsieht, bei denen der Angestellte durchschnittlich längstens nach Ablauf eines Monats erneut zur Nachtschicht (Nachtschichtfolge) herangezogen wird. Wechselschichten sind wechselnde Arbeitsschichten, in denen ununterbrochen bei Tag und Nacht, werktags, sonntags und feiertags gearbeitet wird.

Schichtarbeit ist die Arbeit nach einem Schichtplan (Dienstplan), der einen regelmäßigen Wechsel der täglichen Arbeitszeit in Zeitabschnitten von längstens einem Monat vorsieht.

Protokollnotiz zu Absatz 5:

Bis zur Vereinbarung der Anlage 5 verbleibt es für die Einführung von Kurzarbeit bei den gesetzlichen Vorschriften.

Protokollnotiz zu Absatz 7[8]:

Der Begriff der Arbeitsstelle ist weiter als der Begriff des Arbeitsplatzes. Er umfaßt z.B. den Verwaltungs-/Betriebsbereich in dem Gebäude/Gebäudeteil, in dem der Angestellte arbeitet.

---

7 § 15 Abs. 8 Unterabs. 6 und 7 wurden mit Wirkung v. 1.11.1981 angefügt durch § 1 Nr. 2 des 47. Änderungs-TV v. 1.7.1981. – § 15 Abs. 8 Unterabs. 1, 3 und 5 wurden mit Wirkung v. 1.1.1990 neu gefaßt durch § 1 Nr. 1 des 63. Änderungs-TV v. 23.10.1989.
8 Satz 2 der Protokollnotiz zu Absatz 7 wurde mit Wirkung v. 1.4.1991 neu gefaßt durch § 1 Nr. 8 des 66. Änderungs-TV v. 24.4.1991.

BAT mit § 15 c BAT-O

Sonderregelungen:

Nr. 5 der SR 2 a	(Kranken-, Heil-, Pflege- und Entbindungsanstalten);
Nr. 4 der SR 2 b	(Sonstige Anstalten und Heime);
Nr. 7 der SR 2 c	(Ärzte und Zahnärzte an Anstalten und Heimen);
Nr. 4 der SR 2 e I	(Bereich des Bundesministers für Verteidigung);
Nr. 4 der SR 2 e II	(Schiffe der Bundeswehr);
Nr. 7 der SR 2 e III	(Bundeswehrkrankenhäuser);
Nr. 3 der SR 2 f I	(Schiffe – ohne Schiffe der Bundeswehr, des Bundesamtes für Seeschiffahrt und Hydrographie);
Nr. 3 der SR 2 g	(Schiffe des Bundesamtes für Seeschiffahrt und Hydrographie);
Nr. 4 der SR 2 h	(Flugsicherungsdienst);
Nr. 3 der SR 2 l I	(Lehrkräfte);
Nr. 2 der SR 2 l II	(Lehrkräfte an Musikschulen);
Nr. 2 der SR 2 m	(Bibliothekare);
Nr. 2 der SR 2 n	(Justizvollzugsdienst);
Nr. 4 der SR 2 o	(Kernforschungseinrichtungen);
Nr. 2 der SR 2 p	(Landwirtschaftliche Verwaltungen);
Nr. 3 der SR 2 q	(Forstlicher Außendienst);
Nr. 3 der SR 2 r	(Hausmeister);
Nr. 3 der SR 2 s	(Sparkassen);
Nr. 2 der SR 2 t	(Versorgungsbetriebe);
Nr. 2 der SR 2 u	(Nahverkehrsbetriebe);
Nr. 3 der SR 2 v	(Flughafenbetriebe);
Nr. 2 der SR 2 x	(Kommunaler feuerwehrtechnischer Dienst);
Nr. 4 der SR 2 z 2	(Ziviler Bevölkerungsschutz).

Hinweis:

Die Arbeitszeit der Jugendlichen unter 18 Jahren richtet sich nach §§ 8 ff. Jugendarbeitsschutzgesetz v. 12. 4. 1976 (BGBl. I S. 965), geändert durch Gesetz v. 15. 10. 1984 (BGBl. I S. 1277).

§ 15a Arbeitszeitverkürzung durch freie Tage[9]. (1) Der Angestellte wird in jedem Kalenderhalbjahr an einem Arbeitstag (§ 48 Abs. 4 Unterabs. 1) unter Zahlung der Urlaubsvergütung von der Arbeit freigestellt. Der neueingestellte Angestellte erwirbt den Anspruch auf Freistellung erstmals, wenn das Arbeitsverhältnis fünf Monate ununterbrochen bestanden hat. Die Dauer der Freistellung beträgt höchstens ein Fünftel der für den Angestellten geltenden durchschnittlichen wöchentlichen Arbeitszeit.

(2) Die Freistellung von der Arbeit soll grundsätzlich nicht unmittelbar vor oder nach dem Erholungsurlaub erfolgen.

(3) Wird der Angestellte an dem für die Freistellung vorgesehenen Tag aus dienstlichen bzw. betrieblichen Gründen zur Arbeit herangezogen, ist die Freistellung innerhalb desselben Kalenderhalbjahres nachzuholen. Ist dies aus dienstlichen bzw.

---

[9] § 15a wurde mit Wirkung v. 1. 1. 1985 eingefügt durch § 2 Nr. 1 des 53. Änderungs-TV v. 12. 12. 1984. – In § 15a Abs. 1 Satz 1 wurde mit Wirkung v. 1. 1. 1986 die Zahl 58 durch die Zahl 50 ersetzt und mit Wirkung v. 1. 1. 1987 die Worte „zu Beginn des Kalenderjahres das 50. Lebensjahr vollendet hat" gestrichen.

Anhang

betrieblichen Gründen nicht möglich, ist die Freistellung innerhalb der ersten zwei Monate des folgenden Kalenderhalbjahres nachzuholen.

Eine Nachholung in anderen Fällen ist nicht zulässig.

(4) Der Anspruch auf Freistellung kann nicht abgegolten werden.

Sonderregelungen:

Nr. 4 der SR 2 b   (Sonstige Anstalten und Heime);
Nr. 4 a der SR 2 e I   (Bereich des Bundesministers für Verteidigung);
Nr. 3 a der SR 2 f I   (Schiffe – ohne Schiffe der Bundeswehr, des Bundesamtes für Seeschiffahrt und Hydrographie);
Nr. 4 der SR 2 k   (Theater und Bühnen);
Nr. 3 der SR 2 l I   (Lehrkräfte);
Nr. 2 der SR 2 l II   (Lehrkräfte an Musikschulen);
Nr. 2 der SR 2 x   (Kommunalerfeuerwehrtechnischer Dienst).

§ 15b Teilzeitbeschäftigung[10]. (1) Mit vollbeschäftigten Angestellten soll auf Antrag eine geringere als die regelmäßige Arbeitszeit (§ 15 und die Sonderregelung hierzu) vereinbart werden, wenn sie

a) mindestens ein Kind unter 18 Jahren oder
b) einen nach ärztlichen Gutachten pflegebedürftigen sonstigen Angehörigen

tatsächlich betreuen oder pflegen und dringende dienstliche bzw. betriebliche Belange nicht entgegenstehen.

Die Teilzeitbeschäftigung nach Unterabsatz 1 ist auf Antrag auf bis zu fünf Jahre zu befristen. Sie kann verlängert werden; der Antrag ist spätestens sechs Monate vor Ablauf der vereinbarten Teilzeitbeschäftigung zu stellen.

(2) Vollbeschäftigte Angestellte, die in anderen als den in Absatz 1 genannten Fällen eine Teilzeitbeschäftigung vereinbaren wollen, können von ihrem Arbeitgeber verlangen, daß er mit ihnen die Möglichkeit einer Teilzeitbeschäftigung mit dem Ziel erörtert, zu einer entsprechenden Vereinbarung zu gelangen.

(3) Ist mit einem früher vollbeschäftigten Angestellten auf seinen Wunsch eine nicht befristete Teilzeitbeschäftigung vereinbart worden, soll der Angestellte bei späterer Besetzung eines Vollzeitarbeitsplatzes bei gleicher Eignung im Rahmen der dienstlichen bzw. betrieblichen Möglichkeiten bevorzugt berücksichtigt werden.

§ 16[11] **Arbeitszeit an Samstagen und Vorfesttagen.** (1) Soweit die dienstlichen oder betrieblichen Verhältnisse es zulassen, soll an Samstagen nicht gearbeitet werden.

(2)[12] An dem Tage vor Neujahr, vor Ostersonntag, vor Pfingstsonntag oder vor dem ersten Weihnachtsfeiertag wird, soweit die dienstlichen oder betrieblichen Verhältnisse es zulassen, ab 12 Uhr Arbeitsbefreiung unter Fortzahlung der Vergütung (§ 26) und der in Monatsbeträgen festgelegten Zulagen erteilt. Dem Angestellten, dem

---

10 § 15b wurde mit Wirkung v. 1.5.1994 eingefügt durch § 1 Nr. 3 des 69. Änderungs-TV v. 25.4.1994.
11 § 16 wurde mit Wirkung v. 1.10.1974 neu gefaßt durch § 1 Nr. 2 des 33. Änderungs-TV v. 12.6.1974.
12 § 16 Abs. 2 Satz 3 wurde mit Wirkung v. 1.1.1990 neu gefaßt durch § 1 Nr. 2 des 63. Änderungs-TV v. 23.10.1989. – Er wurde mit Wirkung v. 1.4.1991 gestrichen durch § 1 Nr. 9 des 66. Änderungs-TV v. 24.4.1991.

BAT mit § 15 c BAT-O

diese Arbeitsbefreiung aus dienstlichen oder betrieblichen Gründen nicht erteilt werden kann, wird an einem anderen Tage entsprechende Freizeit unter Fortzahlung der Vergütung (§ 26) und der in Monatsbeträgen festgelegten Zulagen erteilt.

Sonderregelungen:

    Nr. 4 der SR 2 e II (Schiffe der Bundeswehr);
    Nr. 3 der SR 2 l I   (Lehrkräfte);
    Nr. 3 der SR 2 q   (Forstlicher Außendienst);
    Nr. 4 der SR 2 s   (Sparkassen);
    Nr. 2 der SR 2 x   (Kommunaler feuerwehrtechnischer Dienst).

§ 16a[13] **Nichtdienstplanmäßige Arbeit.** (1)[14] Werden unmittelbar vor Beginn der dienstplanmäßigen bzw. betrieblichen täglichen Arbeitszeit oder in unmittelbarem Anschluß daran mindestens zwei Arbeitsstunden geleistet, ist eine viertelstündige, werden mehr als drei Arbeitsstunden geleistet, ist eine insgesamt halbstündige Pause zu gewähren, die als Arbeitszeit anzurechnen ist.

(2)[15] Wird nach Nacht-, Sonntags- oder Feiertagsarbeit geleistet, die der dienstplanmäßigen bzw. betriebsüblichen täglichen Arbeitszeit nicht unmittelbar vorangeht oder folgt, werden für die Vergütungsberechnung mindestens drei Arbeitsstunden angesetzt. Bei mehreren Inanspruchnahmen bis zum nächsten dienstplanmäßigen bzw. betrieblichen Arbeitsbeginn wird die Stundengarantie nach Satz 1 nur einmal, und zwar für die kürzeste Inanspruchnahme, angesetzt.

Voraussetzung für die Anwendung des Unterabsatzes 1 ist bei Angestellten, die innerhalb der Verwaltung oder des Betriebes wohnen, daß die Arbeitsleistung außerhalb der Verwaltung oder des Betriebes erbracht wird.

Unterabsatz 1 gilt nicht für gelegentliche unwesentliche Arbeitsleistungen, die die Freizeit der Angestellten nur unerheblich (etwa 15 Minuten) in Anspruch nehmen, oder für Arbeitsleistungen während der Rufbereitschaft.

Sonderregelungen:

    Nr. 4 der SR 2 e II (Schiffe der Bundeswehr);
    Nr. 3 der SR 2 l I   (Lehrkräfte);
    Nr. 3 der SR 2 q   (Forstlicher Außendienst);
    Nr. 4 der SR 2 s   (Sparkassen);
    Nr. 2 der SR 2 x   (Kommunaler feuerwehrtechnischer Dienst).

§ 17[16] **Überstunden.** (1) Überstunden sind die auf Anordnung geleisteten Arbeitsstunden, die über die im Rahmen der regelmäßigen Arbeitszeit (§ 15 Abs. 1 bis 4 und

---

13 § 16a wurde mit Wirkung v. 1.10.1974 eingefügt durch § 1 Nr. 3 des 33. Änderungs-TV v. 12.6.1974.
14 In § 16a Abs. 1 wurden mit Wirkung v. 1.1.1980 die Worte „Werden in unmittelbarem Anschluß an die dienstplanmäßige bzw. betriebliche tägliche Arbeitszeit" durch die Worte „Werden unmittelbar vor Beginn der dienstplanmäßigen bzw. betriebsüblichen Arbeitszeit oder in unmittelbarem Anschluß daran" ersetzt durch § 1 Nr. 2 des 45. Änderungs-TV v. 31.10.1979.
15 In § 16a Abs. 2 Unterabs. 1 wurden mit Wirkung v. 1.1.1980 die Worte „die sich nicht unmittelbar an die dienstplanmäßige bzw. betriebsübliche tägliche Arbeitszeit anschließt" durch die Worte „die der dienstplanmäßigen bzw. betriebsüblichen täglichen Arbeitszeit nicht unmittelbar vorangeht oder folgt" ersetzt durch § 1 Nr. 2 des 45. Änderungs-TV v. 31.10.1979.
16 § 17 wurde mit Wirkung v. 1.10.1974 neu gefaßt durch § 1 Nr. 4 des 33. Änderungs-TV v. 12.6.1974.

Anhang

die entsprechenden Sonderregelungen hierzu) für die Woche dienstplanmäßig bzw. betriebsüblich festgesetzten Arbeitsstunden hinausgehen.

Überstunden sind auf dringende Fälle zu beschränken und möglichst gleichmäßig auf die Angestellten zu verteilen. Soweit ihre Notwendigkeit voraussehbar ist, sind sie spätestens am Vortage anzusagen.

Die im Rahmen des § 15 Abs. 3 für die Woche dienstplanmäßig bzw. betriebsüblich festgesetzten Arbeitsstunden, die über die ihm Rahmen der regelmäßigen Arbeitszeit des § 15 Abs. 1 festgesetzten Arbeitsstunden hinausgehen, gelten für die Vergütungsberechnung als Überstunden.

(2) Bei Dienstreisen gilt nur die Zahl der dienstlichen Inanspruchnahme am auswärtigen Geschäftsort als Arbeitszeit. Es wird jedoch für jeden Tag einschließlich der Reisetage mindestens die dienstplanmäßige bzw. betriebsübliche Arbeitszeit berücksichtigt.

Muß bei eintägigen Dienstreisen von Angestellten, die in der Regel an mindestens zehn Tagen im Monat außerhalb ihres ständigen Dienstortes arbeiten, am auswärtigen Geschäftsort mindestens die dienstplanmäßige bzw. betriebsübliche Arbeitszeit abgeleistet werden und müssen für die Hin- und Rückreise zum und vom Geschäftsort einschließlich der erforderlichen Wartezeiten mehr als zwei Stunden aufgewendet werden, wird der Arbeitszeit eine Stunde hinzugerechnet.

(3) Bei der Überstundenberechnung sind für jeden im Berechnungszeitraum liegenden Urlaubstag, Krankheitstag sowie für jeden sonstigen Tag einschließlich eines Wochenfeiertages, an dem der Angestellte von der Arbeit freigestellt war, die Stunden mitzuzählen, die der Angestellte ohne diese Ausfallgründe innerhalb der regelmäßigen Arbeitszeit dienstplanmäßig bzw. betriebsüblich geleistet hätte. Vor- oder nachgeleistete Arbeitsstunden bleiben unberücksichtigt.

(4) Gelegentliche Überstunden können für insgesamt sechs Arbeitstage innerhalb eines Kalendermonats auch vom unmittelbaren Vorgesetzten angeordnet werden. Andere Überstunden sind vorher schriftlich anzuordnen.

(5)[17] Überstunden sind grundsätzlich durch entsprechende Arbeitsbefreiung auszugleichen; die Arbeitsbefreiung ist möglichst bis zum Ende des nächsten Kalendermonats, spätestens bis zum Ende des dritten Kalendermonats nach Ableistung der Überstunden zu erteilen. Für die Zeit, in der Überstunden ausgeglichen werden, werden die Vergütung (§ 26) und die in Monatsbeträgen festgelegten Zulagen fortgezahlt. Im übrigen wird für die ausgeglichenen Überstunden nach Ablauf des Ausgleichszeitraumes lediglich der Zeitzuschlag für Überstunden (§ 35 Abs. 1 Satz 2 Buchst. a) gezahlt. Für jede nicht ausgeglichene Überstunde wird die Überstundenvergütung (§ 35 Abs. 3 Unterabs. 2) gezahlt.

(6) Angestellte der Vergütungsgruppen Ib bis IIb bei obersten Bundesbehörden und obersten Landesbehörden mit Ausnahme des Landes Berlin, der Freien Hansestadt Bremen sowie der freien und Hansestadt Hamburg erhalten nur dann Überstundenvergütung, wenn die Leistung der Überstunden für sämtliche Bedienstete ihrer Dienststelle, gegebenenfalls ihrer Verwaltungseinheit, angeordnet ist. Andere über

---

[17] § 17 Abs. 5 Satz 1 wurde mit Wirkung v. 1.1.1987 neu gefaßt durch § 1 Nr. 2 des 55. Änderungs-TV v. 9.1.1987.

Verzeichnis der Unternehmen

AGFA-GEVAERT AG 68, 115
Alfa Romeo, Mailand 42, 49
AUDI AG 42
Oskar Anders GmbH 75, 138
Bahlsen, Hannover 37
Bank für Gemeinwirtschaft AG, Frankfurt 98
Deutsche Bank, Frankfurt 35, 132
Bankgewerbe 35
Betten-Fachgeschäft Gebrüder Barhorn, Emden 34, 132
BASF AG, Ludwigshafen 30, 58, 80
Bayer AG, Leverkusen 31, 59, 80, 111
Kaufhaus Beck, München 111, 141
Beck-Feldmeier KG 133
Bertelsmann AG, Gütersloh 45
Bertelsmann Distribution GmbH, Gütersloh 35, 66, 98, 112
BHW Bausparkasse AG, Hameln 36, 67, 113
BMW, Regensburg 18, 27, 49, 102, 130
Bischof + Klein GmbH & Co., Lengerich 59, 81
Sportmodehaus Willy Bogner 121, 142
Bayerische Brauereien 34, 141
B. Braun Melsungen AG 31, 45, 60, 81, 111, 141
Braun GmbH, Arzneimittelbetrieb, Berlin 81
Büroartikelhersteller 39, 68, 85
Deutsche Bundesbahn 36, 132
Burda GmbH, Offenburg 68, 86
Cannstatter Volksbank 46, 113
Chemiebetrieb 32, 60
Chemieindustrie 32, 111
Ciba-Geigy, Schweiz 131, 141
Daimler-Benz-Konzern 27, 138
Daten- und Medienverlag (DMV), Eschwege 115, 122
Didymus, Holzbetrieb, Mehring 143
Drägerwerk AG Lübeck 27, 43, 50, 103
Druckerei 143

Verzeichnis der Unternehmen

Dunlop-Reifen 61
Effem GmbH, Verden/Aller 63
Einzelhandelsbetrieb 63, 83
Hamburgerische Elektrizitätswerke, Hamburg 36
EMERSON ELECTRIC GmbH & Co., Waiblingen bei Stuttgart 28, 50
Esso AG, Hamburg 98
Ford UK Halewood, Liverpool 43, 50, 97
Fulda-Reifen 61, 82
Gambro Dialysatoren KG, Hechingen 67, 114
General Motors Continental (GM), Antwerpen 50
General Motors, Portugal 138
Getriebehersteller 51, 76
Deutsche Goodyear, Köln 61
Großhandelsbetrieb 34, 63, 83
Versicherungskonzern John Hancock Mutual Life, U.S.A. 150
Hasenkopf, Mehring 46, 143
Hengstler 116
Hessische-Niedersächsische Allgemeine (HNA), Kassel 39, 86, 116, 122
Hewlett-Packard, Böblingen 28, 43, 97, 104, 130, 139
Farbwerke Hoechst AG, Frankfurt 33, 131
IBM Deutschland Informationssysteme GmbH, Stuttgart 28, 52, 76, 104, 149
Interflex Datensysteme GmbH, Stuttgart 37, 114, 132, 142
Karstadt AG, Essen 34
Kaufhof Warenhaus AG, Köln 83
Nordelbisches Kirchenamt, Kiel 37
Klöckner-Humboldt-Deutz AG 139
Klöckner-Moeller-Gruppe 130
Klöckner Möller GmbH, Bonn 28, 52, 104
Städtisches Krankenhaus, Frankfurt-Hoechst 37, 67
Kreisverwaltung Santa Clara, U.S.A. 114, 142
Krupp Polysius AG, Beckum 43, 105
Landert-Motoren AG, Bülach bei Zürich 28, 43, 130
Leuchtenhersteller 52, 76, 92
MAHO AG, Werk Emstal 43, 77
Mannesmannröhren-Werke AG, Düsseldorf 28
Martinswerk GmbH, Bergheim 61, 82
Maschinenbaufirma 52, 77

Sachregister

Dienstleistungen (Banken usw.) 35–37, 45, 46, 66, 67, 85, 93, 94, 98, 112–115, 132, 133, 142, 143, 150
Dienstzeitmodell 37, 67, 148
Direktionsrecht 47, 72

Einzelvertrag 41, 42, 47
Eisen-, Metall- u. Elektroindustrie 15, 16, 27–30, 42–45, 49–58, 75–79, 92, 93, 96–98, 102–110, 130, 131, 138–140, 149
Ettenheimer-Modell 30

Facharbeitermangel 47, 101
Fehlzeiten 119
Flexibilisierung
– Optionen 19, 119
– Potential 19, 20, 48, 72, 73, 89, 95, 100, 118, 125, 136, 146, 151
Fortschritt
– sozialer 15
Freischichten 17–18, 68, 75–91, 154
Freizeit 43, 66
– Ausgleich 46
– Blöcke 54, 56, 74
– Modell 83

Gewerkschaften 21, 43, 48, 50
Gleitzeit 19–23, 92, 155
– einfache 92–95
– qualifizierte 23, 95, 102–120
– Schichtmodell 68
– Spanne 44, 110
– Sparbuch 110
Grundmuster 19, 22, 23, 25

Handel 34, 35, 45, 63–66, 83–85, 98, 111, 112, 121, 122, 132, 141, 142, 149, 150
Hausfrauenschicht 32, 35, 58, 60
Heimarbeit 19, 148–152
Heimarbeitsplatz 19, 148–152

Industriegewerkschaft Metall 15
ISDN 152

Jahresarbeitszeit 19–23, 46, 144, 146
– Verträge 146
Job Pairing 129–132
Job Sharing 19, 21, 23, 128–137
Job Splitting 129, 132, 136

KAPOVAZ 19, 22, 23, 119, 121–127, 153–155
Kernzeit 21, 54, 69, 102–109, 113, 114, 115, 116
Kollektivvertrag 24, 40, 47, 71, 88, 94, 99, 117, 118
Konti-Schicht-Modell 52, 57, 76
– Vollkonti- 59, 69, 80
Kurzarbeit 44

Langzeitkonto 44, 146
Langzeiturlaub 39, 86, 110, 144
Lebensarbeitszeit 34, 96–99, 141
Leber-Kompromiß 15, 75
Lohnausgleich 27

Maschinenlaufzeit 15, 49, 73
Mehr-Schichtsysteme 15, 18, 19, 49, 62
Mehrfachbesetzungssysteme 60
Mitbestimmungsrecht 41, 47, 71, 94, 118, 145, 151

231

Sachregister

– erzwingbares 41
– zwingendes 71, 124
Mitsprache 90

Nachtarbeit 87
Neueinstellungen 44
Normalarbeitszeit 47, 108, 110

Öffnungsklauseln 71, 88, 145
Personalbestand 48
Personaleinsatzplanung 126

Regelungsabsprache 47, 89
Ruhestand 39, 40
– gleitender 96–101

Sabbatical 22, 23, 146
Sachverständigenrat 22
Samstagsarbeit 42, 46, 60, 87
Schichtarbeit 19, 23, 49–74
Schichtpläne 50, 63
– individuelle 50
Schichtzyklus 53–54, 61–65, 66, 68, 83
Schutznormen 99
Sonderschichten 42, 44
– Samstag 44, 49, 50
Sonntagsarbeit 53
– Verbot 70
Split Level Sharing 129

Tagesarbeitszeit 19, 20
Tarif
– Bindung 94, 100
– Parteien 99
– Partner 47
– Sperre 71

– Verbands- 71
– Vertrag 23, 30, 40, 46, 59, 70, 88, 94, 109, 117, 118, 134, 150
– Zulagen 42
Tauschbörse 68, 115
Technisierung 74
Technologien
– IuK- 152
Teilzeit 16, 19, 20–23, 24–41, 74, 93, 101, 153
Telearbeit 19, 148–152
Treuepflicht 47

Überarbeit/Mehrarbeit 19, 20, 23, 42–48, 75, 87, 90, 119
Überstunden 42, 46
Umschulung 36
Umverteilung der Arbeitszeit 16, 23, 73

Verwaltung 102, 107, 109
Vorruhestand 97

Weiterbildung 36
Wochenarbeitszeit 17–20, 27
– individuelle, regelmäßige 69, 70

Zeit
– Erfassung 108
– Guthaben 33, 108
– Jahres- 36
– Konto 43, 44, 53, 65, 84, 144
– Kontrolle 21
– Souveränität 22, 27, 74, 90, 151

Unentbehrlich für die Praxis:
Betriebs-Berater. Diese Zeitschrift für Recht und Wirtschaft bietet jede Woche das Neueste aus dem Bereich Recht, Wirtschaft, Steuern — mit schneller Berichterstattung und aktueller Kommentierung. 3 kostenfreie Probehefte stehen zur Verfügung, bitte anfordern.

Betriebs-Berater
Zeitschrift für Recht und Wirtschaft

Wer sich täglich mit dem komplexen Recht der Wirtschaft auseinandersetzen muß, benötigt die Sicherheit, ständig auf dem neuesten Stand der juristischen Entwicklung zu sein. Der Betriebs-Berater ist dabei die kompetente und umfassende Unterstützung.

Mit den Schwerpunkten **Wirtschaftsrecht und Steuerrecht, Bilanzrecht und Wirtschaftsprüfung, Arbeits- und Sozialrecht** bietet diese Fachzeitschrift jede Woche das gesamte Recht der Wirtschaft — mit allem, was in der Praxis benötigt wird: Schnelle Berichterstattung über alle die Wirtschaft betreffenden Grundsatzentscheidungen der Gerichte, Erlasse und Verfügungen der Steuer- und Verwaltungsbehörden, außerdem aktuelle Kommentierung von neuen Gesetzen und Entscheidungen und Darstellung zusammenhängender Rechtsprobleme durch namhafte und anerkannte Experten aus Praxis, Verwaltung und Wissenschaft.

Mit detaillierten Literaturhinweisen wird die Bewältigung von Rechtsproblemen leicht gemacht. Und damit keine Zeit verloren wird, der Betriebs-Berater ist zweckmäßig gegliedert mit sachlich knapper Darstellung.

Bitte fordern Sie mit dieser Karte kostenfrei und unverbindlich 3 Probehefte an.

Bitte
frankieren

Betriebs-Berater
Zeitschrift für Recht und Wirtschaft

Bitte senden Sie mir kostenfrei und unverbindlich 3 Probehefte.

Name/Vorname

Firma/Beruf

Straße/Postf.

PLZ/Ort

Bitte Ihrer Buchhandlung übergeben oder einsenden an:
Verlag Recht und Wirtschaft GmbH, Postfach 10 59 60,
69049 Heidelberg

die regelmäßige Arbeitszeit hinaus geleistete Arbeit dieser Angestellten ist durch die Vergütung (§ 26) abgegolten.

(7) Für Angestellte der Vergütungsgruppen I und Ia bei obersten Bundesbehörden und obersten Landesbehörden mit Ausnahme des Landes Berlin, der Freien Hansestadt Bremen sowie der Freien und Hansestadt Hamburg sind Überstunden durch die Vergütung (§ 26) abgegolten.

Protokollnotiz zu den Absätzen 6 und 7:

Die Ausnahme für die Angestellten des Landes Berlin gilt nicht für die Angestellten beim Senator für Bundesangelegenheiten, Dienststelle Bonn, beim Senator für Finanzen, Zentrale Datenstelle der Landesfinanzminister, und beim Senator für Wissenschaft und Kunst, Sekretariat der Ständigen Konferenz der Kultusminister.

Sonderregelungen:

Nr. 6 der SR 2 a	(Kranken-, Heil-, Pflege- und Entbindungsanstalten);
Nr. 5 der SR 2 b	(Sonstige Anstalten und Heime);
Nr. 8 der SR 2 c	(Ärzte und Zahnärzte an Anstalten und Heimen):
Nr. 4 der SR 2 d	(Auslandsdienststellen des Bundes);
Nr. 5 der SR 2 e I	(Bereich des Bundesministers für Verteidigung);
Nrn. 4 und 5 der SR 2 e III	(Schiffe der Bundeswehr);
Nr. 8 der SR 2 e II	(Bundeswehrkrankenhäuser);
Nr. 4 der SR 2 f I	(Schiffe – ohne Schiffe der Bundeswehr, des Bundesamtes für Seeschiffahrt und Hydrographie);
Nr. 4 der SR 2 g	(Schiffe des Bundesamtes für Seeschiffahrt und Hydrographie);
Nr. 2 der SR 2 i	(Wetterdienst),
Nr. 5 der SR 2 k	(Theater und Bühnen);
Nr. 3 der SR 2 l I	(Lehrkräfte);
Nr. 2 der SR 2 m	(Bibliothekare);
Nr. 3 der SR 2 n	(Justizvollzugsdienst);
Nr. 5 der SR 2 o	(Kernforschungseinrichtungen);
Nr. 3 der SR 2 q	(Forstlicher Außendienst);

15c BAT-O

§ 15c Besondere regelmäßige Arbeitszeit[18]. (1) Zur Sicherung von Beschäftigungsmöglichkeiten, die Vorrang vor betriebsbedingten Kündigungen hat, sind alle Möglichkeiten zum sozial verträglichen Personalabbau auszuschöpfen.

(2) Bis zum 31. Dezember 1995 kann durch bezirkliche oder örtliche Tarifverträge die regelmäßige Arbeitszeit (§ 15 Abs. 1) für längstens drei Jahre auf bis zu 32 Stunden wöchentlich herabgesetzt werden. In den Tarifverträgen nach Satz 1 ist ein nach der Verkürzung gestaffelter Teillohnausgleich zu vereinbaren.

Unterabsatz 1 gilt in den Fällen des § 15 Abs. 2 bis 4 und der Sonderregelungen zu § 15 mit der Maßgabe, daß die jeweilige Arbeitszeit um bis zu 20 v.H. herabgesetzt werden kann.

---

[18] § 15c wurde mit Wirkung v. 1.4.1994 eingefügt durch § 1 Nr. 4 des Änderungs-TV Nr. 4 v. 25.4.1994.

Anhang

(3) Solange für den Angestellten eine Arbeitszeit nach Absatz 2 gilt, kann ihm nicht betriebsbedingt gekündigt werden.

(4) Diese Vorschrift tritt mit Ablauf des 31. Dezember 1998 außer Kraft; die auf ihrer Grundlage abgeschlossenen Tarifverträge treten spätestens zu diesem Zeitpunkt außer Kraft. Die Nachwirkung nach § 4 Abs. 5 des Tarifvertragsgesetzes wird ausgeschlossen.

Zu den Autoren

Linnenkohl, Karl, Jg. 1933, Dr. iur., Universitätsprofessor für Privatrecht, Arbeits- und Sozialrecht, Rechtsinformatik. Studium der Rechtswissenschaft und Promotion in Marburg an der Lahn, Assessorprüfung am Oberlandesgericht Frankfurt a.M. sowie mehrjährige Tätigkeit als Justitiar bei einem Spitzenverband der landwirtschaftlichen Sozialversicherung. Seit 1971 an der Universität-Gesamthochschule Kassel. Von 1992 bis 1994 Wahrnehmung einer Vertretungsprofessur an der Technischen Universität Ilmenau. Arbeitsschwerpunkte: Fragen des Rechts der Informationsverarbeitung (Rechtsinformatik), des Arbeitszeitrechts und Fragen des Personalmanagements, soweit es um den Grenzbereich zwischen Betriebswirtschaftslehre und Rechtswissenschaft geht.

Rauschenberg, Hans-Jürgen, Jg. 1956, Dr. rer. pol., Assessor, Studium der Rechtswissenschaft in Frankfurt/Main; Personalleiter (Metall-Industrie); wissenschaftlicher Mitarbeiter beim Bundesarbeitsgericht (BAG), Kassel; ab 1990 Assistent an der Universität Kassel. Seit 1991 Richter beim Arbeitsgericht Berlin, z. Zt. beim Arbeitsgericht Suhl (Thür.). Zahlreiche Veröffentlichungen im Betriebs-Berater (BB), in der Neuen Zeitschrift für Arbeits- und Sozialrecht (NZA) sowie in der Zeitschrift Recht der Datenverarbeitung (RDV) zu Fragen des Informations- und Arbeitszeitrechts.

Literaturverzeichnis

Bellgardt, Peter	Flexible Arbeitszeitsysteme, Heidelberg, I. H. Sauer-Verlag, 1987.
Buschmann, Rudolf/ Ulber, Jürgen	Arbeitszeitgesetz, 1994.
Danne, Harald	Das Job-sharing: Seine arbeits- und sozialversicherungsrechtliche Beurteilung nach Inkrafttreten des Beschäftigungsförderungsgesetzes 1985, Neuwied (u. a.), Luchterhand, 1986.
Denecke, Johannes/ Neumann, Dirk/ Biebl, Josef	Arbeitszeitordnung, 11., überarbeitete Auflage, München, Beck'sche Verlagsbuchhandlung, 1991.
Fiedler-Winter, Rosemarie	Flexible Arbeitszeiten, Verlag moderne industrie, 1995.
Hartz, Peter	Jeder Arbeitsplatz hat ein Gesicht, Die Volkswagen-Lösung, Campus, 1994.
Linnenkohl, Karl	Das Arbeitszeitrecht, S. 1–41, § 13 A in HAS.
Linnenkohl, Karl u. a.	Abschied vom „Leber-Kompromiß" durch das Günstigkeitsprinzip? BB 1990, S. 628–631.
Marienhagen, Rolf	Der Job Sharing-Vertrag (Heidelberger Musterverträge, Heft 60), Heidelberg, Verlag Recht und Wirtschaft, 2. neubearbeitete Auflage, 1986.
Marr, Rainer (Hrsg.)	Arbeitszeitmanagement, 2. Auflage, Erich Schmidt Verlag, 1993.
Neumann, Dirk/ Biebl, Josef	Arbeitszeitgesetz, 12. Aufl., 1995.
Pulte, Peter	Kapazitätsorientierte variable Arbeitszeit (KAPOVAZ) (Heidelberger Musterverträge, Heft 68), Heidelberg, Verlag Recht und Wirtschaft, 1987.
Schüren, Peter	Job Sharing, Arbeitsrechtliche Gestaltung unter Berücksichtigung amerikanischer Erfahrungen (Abhandlungen zum Arbeits- und Wirtschaftsrecht, Bd. 41) Heidelberg, Verlagsgesellschaft Recht und Wirtschaft, 1983.

MTV Groß- und Außenhandel NRW

2. Die nach § 4 Nr. 1 angeordnete Mehrarbeit ist mit 1/167 des Monatsgehalts bzw. Monatslohnes (Grundvergütung), zuzüglich eines Zuschlags von 25 % (Mehrarbeitszuschlag) zu vergüten. Bei abweichender Verteilung der Arbeitszeit (§ 2 Nr. 2) ist für die die festgelegte Wochenarbeitszeit überschreitende Arbeitszeit zusätzlich der Mehrarbeitszuschlag zu zahlen. Überschreitet die Arbeitszeit an einem Arbeitstag 10 Stunden (siehe § 4 Nr. 1), so ist ab der 11. Stunde ein Zuschlag von 50 % zu vergüten. Samstagsarbeit ist nach 13 Uhr mit einem Zuschlag von 50 % zu vergüten.

Soweit im Regelungszeitraum gemäß § 2 Nr. 2 Arbeitszeiten festgelegt werden, die über 44 Stunden pro Woche hinausgehen, ist – unabhängig ob Mehrarbeit vorliegt oder nicht – ein Zuschlag von 25 % ab der 45. Wochenstunde zu gewähren.

Anhang

6. Bundesangestelltentarifvertrag in der z.Zt. geltenden Fassung

(mit § 15 c BAT-Ost)

Arbeitszeit

Sonderregelungen:

Nr. 6 der SR 2 c (Ärzte und Zahnärzte an Anstalten und Heimen);
Nr. 6 der SR 2 e III (Bundeswehrkrankenhäuser);
Nr. 4 der SR 2 k (Theater und Bühnen);
Nr. 2 der SR 2 v (Flughafenbetriebe).

§ 15[1] **Regelmäßige Arbeitszeit.** (1)[2] Die regelmäßige Arbeitszeit beträgt ausschließlich der Pausen durchschnittlich 38 1/2 Stunden wöchentlich. Für die Berechnung des Durchschnitts der regelmäßigen wöchentlichen Arbeitszeit ist in der Regel ein Zeitraum von 26 Wochen zugrunde zu legen. Bei Angestellten, die ständig Wechselschicht- oder Schichtarbeit zu leisten haben, kann ein längerer Zeitraum zugrunde gelegt werden.

(2)[3] Die regelmäßige Arbeitszeit kann verlängert werden

a) bis zu zehn Stunden täglich (durchschnittlich 49 Stunden wöchentlich), wenn in sie regelmäßig eine Arbeitsbereitschaft von durchschnittlich mindestens zwei Stunden täglich fällt,

b) bis zu elf Stunden täglich (durchschnittlich 54 Stunden wöchentlich), wenn in sie regelmäßig eine Arbeitsbereitschaft von durchschnittlich mindestens drei Stunden täglich fällt,

c) bis zu zwölf Stunden täglich (durchschnittlich 60 Stunden wöchentlich), wenn der Angestellte lediglich an der Arbeitsstelle anwesend sein muß, um im Bedarfsfall vorkommende Arbeiten zu verrichten.

(3) Die regelmäßige Arbeitszeit kann bis zu zehn Stunden täglich (durchschnittlich 50 Stunden wöchentlich) verlängert werden, wenn Vor- und Abschlußarbeiten erforderlich sind.

(4) In Verwaltungen und Betrieben, die in bestimmten Zeiten des Jahres regelmäßig zu saisonbedingt erheblich verstärkter Tätigkeit genötigt sind, kann für diese Zeiten die regelmäßige Arbeitszeit bis zu 60 Stunden wöchentlich, jedoch nicht über zehn Stunden täglich, verlängert werden, sofern die regelmäßige Arbeitszeit in den übrigen Zeiten des Jahres entsprechend verkürzt wird (Jahreszeitenausgleich).

(5) Die Einführung von Kurzarbeit ist nach Maßgabe der Anlage 5 zulässig.

---

1 § 15 wurde mit Wirkung v. 1.10.1974 neu gefaßt durch § 1 Nr. 1 des 33. Änderungs-TV v. 12.6.1974.
2 § 15 Abs. 1 wurde zuletzt mit Wirkung v. 1.5.1994 geändert durch § 1 Nr. 2 des 69. Änderungs-TV v. 25.4.1994.
3 § 15 Abs. 2 wurde mit Wirkung v. 1.4.1989 neu gefaßt durch § 1 Abschn. III Nr. 1 des 60. Änderungs-TV v. 5.7.1988.

Sachregister

Abmahnung 47
Altersgrenze
– flexible 23, 96–101
Amorphe Arbeitszeit, siehe Arbeitszeit
Arbeitgeber 15, 17, 23, 26, 40, 47, 48, 58, 71, 72, 73, 88, 89, 90, 95, 101, 117, 119, 126
Arbeitnehmer 23, 26, 39, 40, 47, 48, 74, 90, 95, 101, 119, 126
– Interessen 26, 90
Arbeitsbedingungen 15, 20, 71
Arbeitsergebnis 22
Arbeitsgruppen
– teilautonome 120
– zeitautonome 113, 115
Arbeitskräftemangel 20
Arbeitslosigkeit 15
Arbeitsorganisation 90
Arbeitsschutzgesetze 40
Arbeitsvertrag 23, 49, 123
– Einzel- 72, 95, 121
Arbeitszeit
– amorphe 19, 22, 23, 120, 138–147
– betriebliche 16
– familienfreundliche 15, 35, 152
– Flexibilisierung 17–20, 24
– Formen 19, 24, 25, 41, 48, 72
– – rollierende 39, 49
– Management 73
Arbeitszeitgesetz 17, 20, 22, 23, 46, 48, 70, 72, 87, 94, 117, 144

230

AZO 20, 70
Bandbreiten-Modell 114
Belegschaft 16, 34
Bemessungszeitraum 19, 21, 121, 123, 144
Beschäftigungsförderungsgesetz 21, 23, 27, 40, 58, 123, 124, 128, 133, 134
Betriebsrat 21, 41, 44–47, 71, 88, 94, 118, 124, 153
Betriebsrente 96
Betriebsvereinbarung 23, 37, 47, 71, 88, 102, 107, 108, 110, 111, 112, 113, 117, 120, 124, 147, 152, 153
– Gesamt- 80
– Muster- 153
– Rahmen- 112, 114
– – ergänzende 71, 88
Betriebsverfassungsgesetz 41, 88
Betriebszeit 45, 51, 64, 65
– Erweiterung 51, 52, 60
Branchen 25
Brückentage 86
Bundesarbeitsgericht 88
Cafeteria-Modell 107
Chemieindustrie 21, 30–34, 45, 58–63, 80–82, 93, 98, 111, 131, 141
Corporate Identity 152

– Verkürzung 15–17, 27, 39, 78, 90
– Volumen 22

Literaturverzeichnis

Teriet, Bernhard Neue Strukturen der Arbeitszeitverteilung – Möglichkeiten, Voraussetzungen und Konsequenzen – (Kommission für wirtschaftlichen und sozialen Wandel 72), Göttingen, Verlag Otto Schwartz & Co., 1976.

Tikart, Johann Wohin steuert die Unternehmenspolitik? in Gewerkschaftliche Monatshefte 11 '94, S. 685–698.

Wagner, Dieter (Hrsg.) Arbeitszeitmodelle, Göttingen, Verlag für Angewandte Psychologie, 1995.

Zmarzlik, Johannes/ Anzinger, Rudolf Kommentar zum Arbeitszeitgesetz, Heidelberg, Verlag Recht u. Wirtschaft, 1995.

Verzeichnis der Unternehmen

Luft- und Raumfahrtkonzern McDonnell Douglas, U.S.A. 149
E. Merck AG, Darmstadt 33
Metallbetrieb 43, 53, 77, 105
Metallgießerei 53, 77
Mettler-Toledo (Albstadt) GmbH 106
MTU Friedrichshafen GmbH 28, 54, 92, 106, 139
Nacanco Deutschland GmbH, Gelsenkirchen 55
Nahrungsmittelhersteller 69, 86
NCR, Computerhersteller, Augsburg 44, 97, 107
Versicherungskonzern New York Life, U.S.A. 150
Nixdorf Computer AG 139
NN (mehrere namentlich nicht bekannte Unternehmen) 39, 40, 69, 86, 87, 116
NN (Schweden) 39
Adam Opel AG, Rüsselsheim 44, 55, 78, 107, 139
Opel, Antwerpen 55
Otto-Versand Hamburg 132
Telefonfirma Pacific Bell, Anaheim, Kalifornien 149
Pegulan-Werke AG, Frankenthal 33
Peugeot-Werk, Poissy bei Paris 55, 78, 97
Kaufhauskonzern J.C. Penney, U.S.A. 149
Pharmahersteller 62, 82
Philips GmbH, Röhren- und Halbleiterwerke, Hamburg 55, 107
Pieroth GmbH, Burg Layen 40
Pinsel- und Bürstenhersteller, Mittelfranken 40, 46, 87, 99, 116, 122, 144
Pirelli Reifenwerke, Breuberg/Odw. 62
Polygram, Hannover 62
RAFI GmbH & Co. in Berg bei Ravensburg 24, 55, 97, 107, 121, 131, 139
Rank-Xerox GmbH, Düsseldorf 142
H.F. & Ph.F. Reemtsma, Hamburg 98
Risse & Co. GmbH, Warstein-Suttrop 56, 78
Kaufhauskonzern Roebuck, U.S.A. 150
Rolm Corporation, Kalifornien 144
Sandoz 131
Satzbetrieb 69, 117
Schering AG, Berlin 33, 82, 93, 131
Gustav u. Grete Schickedanz Holding KG (Quelle), Fürth/Bay. 45, 114

Verzeichnis der Unternehmen

Ch. Schweizer und Söhne GmbH, Schramberg 44, 56, 78
Kaufhauskonzern Sears, U.S.A. 150
SEL, Stuttgart 57
Sender Freies Berlin (SFB) 37
Siemens AG, München 29, 57, 79, 97, 108, 121, 131
Softwarehaus 45, 85, 115, 132, 142
Sparkasse 37, 85, 98, 115, 133, 143
Spedition 93
Sperry GmbH, Frankfurt 97
Bochumer Stadtverwaltung 37, 133
Stahlunternehmen 30, 131
Textilbetrieb (mehrere namentlich nicht bekannte Unternehmen) 34, 45, 64, 65, 66, 83, 84
Thyssen-Henschel, Kassel 79, 108
Trumpf GmbH & Co., Ditzingen 57
Deutsche Unilever GmbH, Hamburg 35, 66, 85
Uniroyal, Aachen 63
J.M. Voith GmbH, Heidenheim 44, 140
Volksfürsorge Deutsche Sachversicherung AG, Hamburg 99
Volkswagen AG, Wolfsburg 30, 44, 58, 79, 98, 109, 131, 140
Volvo, Limburg 58, 140
Vorwerk, Wuppertal 132
VVA Vereinigte Verlagsauslieferung GmbH 37, 143
C.A. Weidmüller GmbH & Co., Detmold 30, 45, 58, 79, 110, 131